武村雅之

＊

復興百年誌

＊

石碑が語る関東大震災

鹿島出版会

本文中の［ ］は、巻末の参考文献番号を示す。

復興は、地震、水害、大規模な火災など深刻な災害や戦争によって損害を被った社会に求められるものである。通常、行政機関などがトップダウン的に行うものと、個人が互いに助け合う形でボトムアップ的に行われるものに分けられるが、被災者も含めわれわれ一般市民やマスコミが求めるものの大半はトップダウンによるもののように思われる。

筆者は、5年前に『関東大震災を歩く』という書物を著わした［1］。その中で、大正12（1923）年の関東大震災の復興についても触れた。関東大震災からの復興といえば、東京における帝都復興事業が有名で、当時の内務大臣後藤新平が、多くの抵抗勢力に足を引っ張られながらも、強いリーダーシップを発揮して実現させた大規模な都市改造がある。復興という言葉はここから生まれたといわれるほどの事業で、まさにトップダウン的復興として知られている。ところがよくよく調べてみると、それだけではない。

当時の東京市の区画整理を例にとると、具体的には焼け跡のほぼ全域を65地域に分け、そのうち15地区を国の復興局が、残りの50地区を東京市が直轄で事業を進めた。その際、公平を期すために、地区ごとに土地所有者、および借地権者の互選によって委員を選び、土地区画整理委員会を設けて、必要事項を諮問し答申を得る方法がとられた。減歩率《げんぶりつ》（自分の所有する土地が、道路拡張などの公的な土地の増加によってどの程度減少するかという割合）は平均1割5分3厘となったが、1割を超える場合には超えた部分について公費による補償が支払われた。

なるほど復興局や東京市が事業主体ではあるが、区画整理によって減ってしまう土地を最終的にどのように分配するかを決めたのは土地区画整理委員会の委員、つまり住民なのである。住民が減歩率の制度を理解し了承した上で、自分たちの街の将来像を描きながら自主的に話し合って土地の分配を決めたからこそ事業は成功したのである。台東区の御徒町《おかちまち》公園の一角には昭和6（1931）年8月に建立された第31区の「区画整理完成之碑」がある。碑文には以下のような一節がある。

「多数街路の新設拡築、神田川の改修、小公園の新設等、新規に用地を要する施設多く、ために事業遂行上すこぶる困難を極めたりしも、土地区画整理委員会の公正なる審議と地区民の協力を得、大正十三年三月本事業に着手せられて以来、換地設計、移転工事等、極めて順調に進捗し、昭和四年三月二十二日、他の地区に率先して換地処分を決せられ、ここに全く事業完成を見たり。」

たとえ公的な枠組みや予算が与えられても、住民同士が協力し、苦労してでも成し遂げようとする強い意思がなければ、復興は実現しないのである。ところが、復興には欠かせないこのような被災者や周りの住民の努力を伝える資料は意外に少ない。関東大震災でも、トップダウン的な復興の記載は多いが、それを受けて住民同士がどのように協力して復興を成し遂げたかということはなかなかわからない。そのような中で注目したのが、震災後に建立された慰霊碑や記念碑、さらには震災をくぐり抜けた遺構にまつわる話などである。これらのほとんどすべては住民によって建立され、語り継がれてきたものである。

筆者は、前著で東京23区を対象として260もの震災関連物を調査したが、今回は神奈川県（一部静岡県熱海市、伊東市を含む）に調査範囲を広げた。神奈川県は全域が関東地震の震源域に含まれ、建物の倒壊、火災、土砂災害、津波などあらゆる種類の地震災害を被った。また被災地域には当時の横浜市や横須賀市などの都市部、相模川流域や酒匂川《さかわがわ》流域の農村部、丹沢や箱根などの中山間地、さらには相模湾沿岸の漁村など様々な特性をもつ地域が含まれている。調査は平成25（2013）年から3年かけて行い、455か所で634件を対象とした。本書では、それらの調査結果［2～4］に基づいて、震災復興に努力した住民の姿を明らかにしていきたい。本書の試みは、関東大震災復興100年の歴史を住民目線で明らかにしようとするものである。未曽有の大災害を経験し、そこから奇跡の復興を成し遂げた人々は、われわれにいったい何を語りかけようとしているのであろうか。来るべき地震に対する防災・減災を考えるヒントがそこにありそうである。

なお、本書ではできるだけ多くの方に石碑に親しんでいただくために、石碑の記述を引用する場合は、カタカナ書きの場合はひらがな書きに、旧かな使いを新かな使いに、また句読点を加え、読みにくい漢字にはルビを振った。一方、石碑の所在地については現在の住所表示を採用したが、関東大震災当時の地域をより深く理解するために、当時の旧市町村名も併記した。その際、人名と同様に字体は当時のままとし読みにくい場合にはルビを振った。

先に述べたように本書は神奈川県における現地調査によっている。調査に当っては、県内の博物館、図書館、神社仏閣、住民の方々に多大な協力を得るとともに、科研費（JSPS KAKENHI 25350496）の助成を受けた。本書をまとめることができたのは、著者が所属する名古屋大学減災連携研究センター中部電力寄附研究部門に負うところが大きい。また編集にあたっては鹿島出版会の川嶋勝氏に、校正では中神直子氏と阿部めぐみ氏に大変お世話になった。関係者各位に心よりお礼申し上げる。

平成29（2017）年盛夏　著者

復興百年誌　石碑が語る関東大震災

目次

第一章　震災の語り部

現在の神奈川県横浜市中心部の関内《かんない》地区（中区）は、安政6（1859）年の開港以来の歴史的遺産が多く、これらを巡る人々などで、休日も大変なにぎわいを見せている。そのような人々もあまり足を止めないのが、本書の主人公たる震災関連の石碑である。しかしながらいったん足を止めて碑文を読み始めると、慰霊碑であれ復興碑であれ、石碑は雄弁に震災を伝える語り部であることがわかる。かつて全域が関東地震の震源域に入った神奈川県では、建物の倒壊、火災、土砂災害、津波などあらゆる種類の地震災害が起こり、これらは現在でも石碑によって語られている。

本章では、横浜市内の震災関連の石碑や遺構を例に、その特徴や意味するところを紹介し、次に石碑が語る県下の関東大震災を概観してみることにする。かつて各所が受けた被害の特徴を知ることは、その後の復興を考える上での第一歩だからである。

なお、本書では特に断りをしない場合、被害統計として諸井・武村による文献[5]を用いる。

一　石碑を読む

復興碑

ＪＲ関内駅の目の前に広がる横浜公園は、明治9（1876）年にできた公園で、関東大震災直後には避難してきた人々が4万人から6万人に達したといわれている。園内も火災に襲われ樹木や建物などはすべて焼失したが、幸い死者は50名程度で済んだ[6]。その公園から真っすぐに横浜港大さん橋に向けて延びる広い通りが日本大通りで、その通りから公園に入るとすぐ左手に樹木が生い茂る中、ひっそりとたたずむ白い石碑がある(図1)。

図1　横浜市中区の横浜公園にある震災復興記念碑

この碑は横浜公園の「震災復興記念碑」で、正面には開園以来の公園の歴史が書かれ、続いて震災時の様子が以下のように刻まれている。「大震火災の際、本市の大半猛火に蔽《おお》わるゝや、多数の市民は緑陰池辺に避難して、危《あやう》くも九死に一生を得たり」。そして、震災後の復興事業で、貿易商の忽那《くつな》惟次郎《これじろう》ほかの有志が樹栽を助けて再生謝恩の意を表そうとしたところ、かつて避難した人々が賛同してこれが実現したと記されている。最後に「幾百星霜の後、その鬱蒼《うつそう》繁茂の状を観んか、必ずや回想の念の禁ぜざるものあるべし。よりてここに由来を録《しる》してこれを他日に伝うと云爾《しかいう》」「昭和四年三月、横濱市長正三位勲二等有吉忠一」とある。

「云爾」は「これにほかならない」という意味を表す語で、碑文の最後にしばしば使われる表現である。昭和4(1929)年4月23日には昭和天皇が横浜市内を巡覧され、それをお迎えして横浜公園運動場(現在の横浜スタジアム)で市民奉迎式が行われた。翌年、横浜市はその日を市の復興記念日に定めた。碑文の昭和4年3月という日付から、天皇の巡覧に合わせて横浜公園を再興し、復興碑が建立されたことがわかる。また碑文を書いた有吉忠一は、当時の横浜市長である。「正三位勲一等」はいわゆる勲位で、もとは律令制に端を発するが、明治8年に太政官布告《だじょうかんふこく》に基づいて制定されたもので、第二次世界大戦前は政治家や官僚をはじめ勲功があったとされた多くの人々が授かったものである。石碑で、題字（題額の文字を書く）や撰文《せんぶん》（碑文などの文章を作る）、書（文字を書く）などを担当した人の名前が刻まれている場合、同時にその人の勲位が刻まれることが多い。

石碑の背面に回ると、「発起人氏名」として、4段にわたり、いろはの順に125の個人名や団体名が刻まれている。碑文中の有志ならびに賛同者で、忽那惟次郎の名前もある。石碑の背面にも重要なことが書かれていることが多いので、読むようにしたい。

慰霊碑

横浜公園を後に日本大通りを大さん橋方向に進むと、左側に横浜地方裁判所の旧庁舎の建物（中区日本大通）がある（新庁舎は平成11年完成）。旧庁舎の建物は昭和4（1929）年に竣工したもので、横浜市認定歴史的建造物に指定されている。スクラッチタイルの外壁から3面に半円アーチを構える車寄せが張り出し、その左側の植え込みに立派な石碑がある（図2）。石碑の高さは優に3ｍはある。見上げるとまず目に入るのが、碑の最上段に書かれた「慰霊碑」の文字である。

この部分は通常「題額」と呼ばれ、横書きの場合が多い。最近のものは別にして、特に第二次大戦前の

図2　横浜市中区日本大通りにある横浜地方裁判所旧庁舎（手前の建物）と慰霊碑。左は拡大したもの

ものは右から読むのが普通である。よく昔の日本語は横書きを右から書いたといわれるが、私の解釈では日本語にはもともと横書きの習慣はなく、おそらく1行1字の縦書きと考えるのが妥当ではないかと思われる。石碑によっては題額が2行の横書きのように見えるものもあるが、ほとんどの場合1行2文字の縦書きとして読まないと意味が通じない。また題額の文字には印章などでよく用いられる篆書体《てんしょたい》という書体が使われることが多く、その場合は篆額《てんがく》と呼ばれる。石碑は読みにくいと敬遠される要因の一つに篆書体の文字がわかりにくいことがあるのではないかと思われるが、横浜地裁の場合はわかりやすい書体で書かれているため容易に読める。

　題額の下に書かれた本文に目を移すと、はじめに関東大震災による被害のことが書かれている。被害について書かれる場合は、全体、地元、対象地点の順に書くのが普通である。この石碑でも、まず関東地方を襲った今回の地震は強烈で近年類を見ないとあり、次に横浜市は震源に近く震動が最も激甚で、開港以来60年苦心して経営されてきた市の文化的施設も一朝にしてほとんど烏有《うゆう》に帰したとある。そして、横浜地裁庁舎の状況に触れ、「当時の横浜地方裁判所は巍然《ぎぜん》たる（高くそびえ立つ）煉瓦《れんが》建築なりしが、これまたその惨害を免れざりしのみか、あたかも執務中なりし末永所長を始め、判事、検事、弁護士等多数の殉職者を出し、偶《ぐう》（たまたま）召喚に応じて出廷せし証人、鑑定人、その他訴訟関係人等の厄難《やくなん》を共にせし者もまた鮮《すくな》からず。その死者の多きこと全市中首位にあり」と書かれている。

次に復興について、「ここに十有三年、市の復興は既に成り、裁判所もまた新にこの所を選びて建造せられ」とある。裁判所は、震災前は別の場所（中区北仲通5丁目、現在の第二合同庁舎の場所）にあったが、移転してこの地で復興したことがわかる。さらに石碑建立の動機については、「建物は復興したが、当時のことを思い出し悲しみに人知れず涙を流さない人があろうか」とし、このため同志が計り多くの篤志家の賛助を受けて碑を立て、殉職者諸氏の姓名を書きとめて追憶の資に供すると書かれている。最後に「諸氏の英霊もまたもって聊《いささ》か慰むるに足るものあらむか」と結ばれている。日付は「昭和十年九月一日」とあり、13回忌に合わせて建立されたものである。以下「司法大臣小原直題字、横浜地方裁判所長長岡熊雄撰文、水竹　長屋鉄之助書」とある。この場合は各人の勲位は書かれていない。長岡熊雄は石碑が建立されたときの横浜地方裁判所長である。水竹は長屋鉄之助の雅号であろう。

左面には「建設発起人」として、長岡所長をはじめ関係法曹機関のトップ5名が名を連ねている。また背面には、正面本文にもあったように「殉職者氏名」として亡くなった人々の名前が全部で94名刻まれている。トップは所長の末永晃庫《こうこ》（55歳）判事で、以下39名は判事、検事、弁護士などで、なかには典獄《てんごく》補も含まれている。典獄は刑務所の所長のことで、その補佐官であろう。これらの人々については享年も刻まれている。それ以下の54名のうち40名はその他の在庁者となっているが、14名は職業と名前が刻まれている。巡査、運転手、裁判所や弁護士会の事務員、新聞記者、さらには印紙売捌《うりさばき》人など、仕事中に地震に襲われ、多くの人々が非業の死を遂げたことが生々しく伝えられている。

頌徳碑

震災のことは、慰霊碑、復興碑のほかに、個人の生前の業績をたたえる頌徳碑《しょうとくひ》にも書かれている。頌徳とは読んで字のごとく徳を褒めることである。寺院の代々の住職の墓石には、生前故人がなした業績が刻まれていることも多いが、それらも広い意味では頌徳碑である。ここでは、横浜市泉区中田北2丁目（旧中和田村）にある浄土宗中田寺《ちゅうでんじ》の頌徳碑を例として紹介する。境内に入ると本堂の右前に、「南無阿弥陀仏」と書かれた碑が立っている（図3）。

背面に刻まれた碑文を読むと、この碑は中田寺中興開山と仰がれる17世住職の香川法隆上人の頌徳碑であることがわかる。そこには法隆上人の生い立ち、明治維新後の廃仏毀釈《はいぶつきしゃく》の中で毅然として念仏教化に努めたこと、不作によって疲弊する中田村（明治22年からほか3村と合併して中和田村）の村民を鼓舞し「法は財なり財は法なり」という考えに基づいて、中田信用組合を創設して地域振興に尽くしたことなどが書かれ、その上で以下のような記載がある。「大正十二年関東大震災により、村落ほとんど全潰し、中田寺

図3　横浜市泉区の中田寺の本堂と前に立つ香川法隆上人の頌徳碑

の本堂庫裡《くり》もまたその厄に遭《あ》い、圧死者六名、病死者十六名、惨状言語に絶す。上人悲嘆一方《ひとかた》ならず。罹災者に対する温情懇切を極め、人感銘せざるなし」。さらに続けて「震災の惨禍は、いたく上人の心を傷《いため》しめ、翌十三年三月初旬遂に四大不調となり、臥床《がしょう》せらるに至り、同月二十三日世寿七十五歳をもって遷化《せんげ》せらる」。建立年は昭和15（1940）年3月23日で17周年にあたり、上人の教えを受けた人々がその徳を後世に伝えるためのものである。台座にも文字が刻まれており、台座背面から右側面にかけて、「建設者」として法隆上人の弟子や法類（同じ宗派の僧侶）、檀信徒一同、さらに発起人として26名の名前が刻まれている。筆頭は横須賀市田浦町の長善寺31世住職で浄土宗台湾開教総長も務めた吉水省三上人である。背面の撰文も同人によっており、法隆上人の僧侶としての経歴なども書かれている。

なお、この碑で見逃してはならないのは、右側面に書かれた辞世の句である。「今まではいかいお世話になりました　ご恩がえしは弥陀の浄土で」と、法隆上人の優しい人柄を彷彿とさせる句である。

遺構

近年の震災においても震災遺構を保存するかどうかの議論をよく耳にするが、横浜市内には関東大震災に関連する煉瓦建築の遺構が3つ残されている。一つは西区高島2丁目の高層マンションの敷地内に保存されている2代目にあたる横浜駅の遺構である。二つめは中区の元町公園内にある山手80番館遺跡と呼ばれている遺構である(図4)。関東大震災当時はマクガワンという外国人夫妻の住居となっていたもので、煉瓦壁が鉄の棒によって補強されており、一応耐震上の配慮がなされていたが床部のせり上がりや壁体の亀裂が随所に見られ、被害状況が見てとれる。

図4　横浜市中区の元町公園内にある山手80番館遺跡

3つめは、中区山下町の旧横浜居留地48番館と呼ばれる建物である。明治16(1883)年に建てられたという建物で、居留地時代から残る唯一の煉瓦造の遺構である。関東大震災で2階部分が損壊し、またその復興事業の道路整備によって建物の西側部分が除去された。昭和53(1978)年までヘルム兄弟商会が所有し、補修が繰り返されていたが、神奈川県は平成13(2001)年2月に県指定重要文化財に指定して保存工事を行い、現在に至っている。最近まで使われていたことから震災遺構ではなく、震災を生き延びた建物というべきものかもしれない。横浜の市内にはこのほかにも震災を生き延びた建物や橋梁で、現在も使われているものがいくつかある。後で詳しく紹介するが、これらも震災を伝える生き証人である。

二　刻まれた被害状況

超震度7

20年あまり前の兵庫県南部地震（阪神・淡路大震災、平成7年1月）や平成28（2016）年4月の熊本地震など、震度7という強い揺れが話題となることが多いが、歴史に記録されている地震を調べてみると、震度7の揺れはそれほど珍しいことではない[7]。関東地震は、その中でも震度7の揺れに襲われた地域が最も広い地震である。その範囲は兵庫県南部地震のじつに10倍以上にもなり、大半は神奈川県下に含まれる。24ページの図Aに住家の全潰率から当時の市町村ごとに求めた神奈川県下の震度分布を示す[8]。本書に関連する旧市町村名も同時に記されている。

震度として7が定義されたのは、昭和24（1949）年で前年の福井地震の影響を受けてのことであった。その際の定義には「家屋の倒壊が30％以上」という一文がある。この場合倒壊は全潰と同義に使われているので、定義された時点での家屋（ほとんどが木造）の全潰率が30％以上となるような揺れが震度7である。当時の全潰の定義は、家屋の屋根の一部以上が地面についた状況で、2階建てでは2階の床部分が地面についたものも含むというものである。家がぺしゃんこに潰れて、とうてい引き起こせない状況を意味していた。

図Aに示す震度7も全潰率が30％以上の地域である。その中で全潰率が75％以上の超震度7とでも呼べるような被害の大きかった地域を示すと、26ページの図Bのようになる。集中している場所としては、相模川の中流域と、酒匂川《さかわがわ》の東側で足柄平野が大磯丘陵に接する地域である。前者は地形的には後背湿地《こうはい》と呼ばれるところで、洪水時に堤防を越流した河川水が泥水として湛水《たんすい》し、長年にわたり洪水のたびに微細な粘土や有機質土が堆積して、揺れやすい軟弱地盤が形成されている。一方、後者については平野の一部ではあるが、酒匂川からある程度離れており後背湿地ではなさそうである。国府津《こうづ》―松田断層と呼ばれる活断層が通っている地域でもあり、断層地形と揺れやすさがなんらかの要因で関連している可能性も考えられる。

相模川の中流域に注目すると、全潰率100％の相川村《あいかわむら》を筆頭に、神田村、有馬村はいずれも全潰率が90％以上である。相川村は現在の厚木市に、神田村は平塚市、有馬村は海老名市に属している。旧相川村のエリア内には被害を伝えるいくつかの慰霊碑がある。村全体の慰霊碑は現在の厚木市酒井にある。厚木市立相川中学校の北側に広場があり、鬱蒼と樹木が茂るなかに3つの石碑がある。その一番右側が「大震災記念碑」である。1周忌にあたった大正13（1924）年9月1日に村長名で建立されたもので、碑文には「建造物また悉《ことごと》く倒潰し、死者三十一名重傷者三十四名を出せり」と書かれ、全潰率100％の様子がしのばれる。さらに「畏《おそれおお》くも」と行を改め、天皇陛下から3816円（現在の貨幣価値で約2000万円相当）

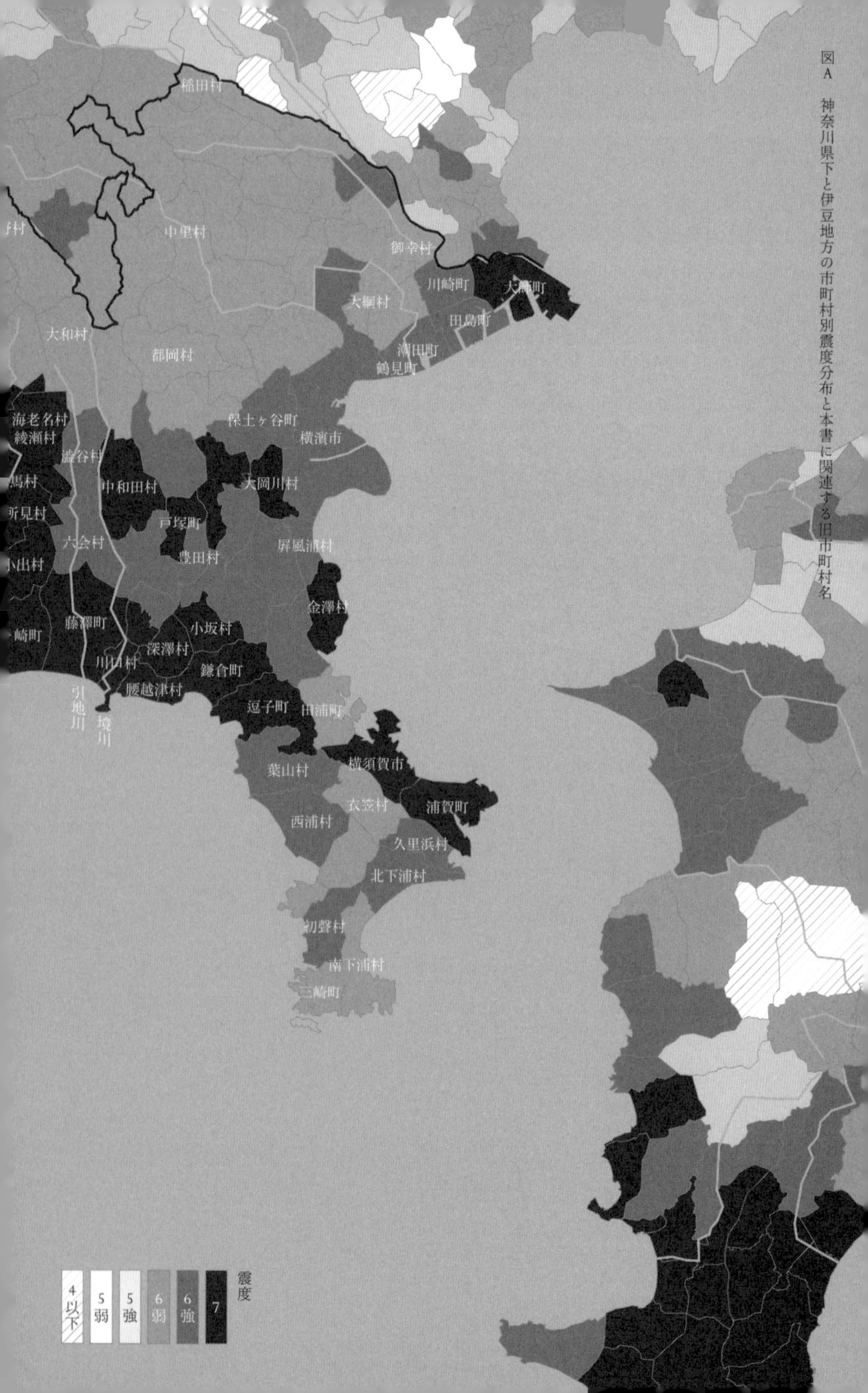

図A　神奈川県下と伊豆地方の市町村別震度分布と本書に関連する旧市町村名

田名村
愛川村
鳥屋村
荻野村
小鮎村
玉川村
南毛利村
高部屋村
三保村
北秦野村
神縄村
東秦野村
共和村
伊勢原町
大田村
西秦野村
秦野町
清水村
大根村
岡崎村
南秦野村
川村
金目村
松田町
大野村
福澤村
吉田島村
酒田村
金田村
中井村
平塚町
北足利村
南足利村
曽我村
下曽我村
吾妻村
大磯町
花水川
上府中村
岡本村
豊川村
田島村
國府津村
下府中村
足柄村
酒匂村
仙石原村
小田原町
酒匂川
大窪村
温泉村
早川村
早川
元箱根村
湯本村
片浦村
箱根町
吉濱村
岩村
土肥村
眞鶴村
福浦村
熱海町
伊東町
對馬村
小室村

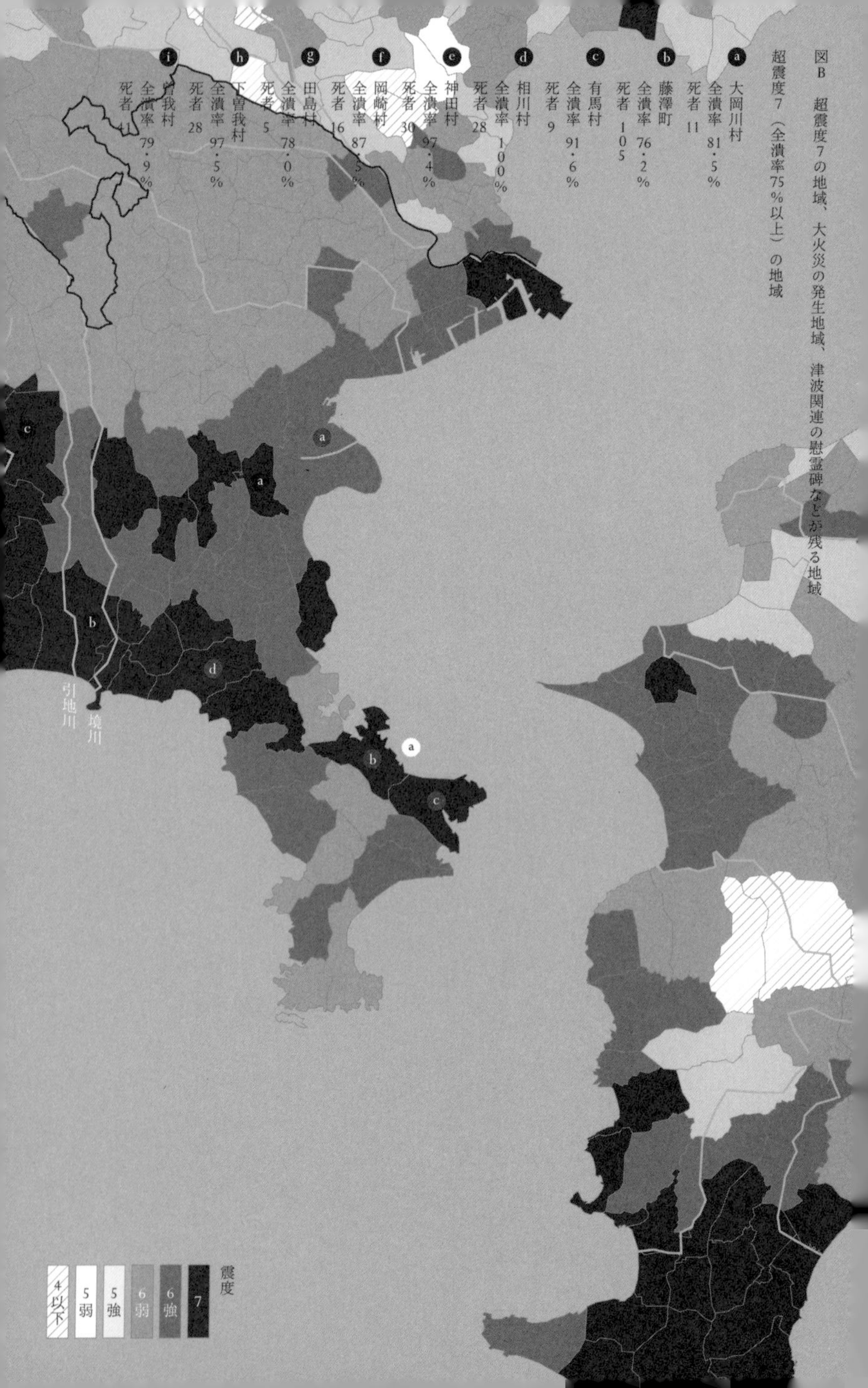

図B　超震度7の地域、大火災の発生地域、津波関連の慰霊碑などが残る地域
超震度7（全潰率75%以上）の地域

大火災発生地域
a 横濱市 焼失率 66・6% 死者 26623(92・6)
b 横須賀市 焼失率 29・1% 死者 665(25・6)
c 浦賀町 焼失率 3・6% 死者 307(5・5)
d 鎌倉町 焼失率 19・9% 死者 497(40・6)
e 秦野町 焼失率 13・2% 死者 21(0・0)
f 小田原町 焼失率 70・8% 死者 280(20・0)
g 眞鶴村 焼失率 59・8% 死者 103(82・5)
津波関連の慰霊碑など
a 横須賀市 みかさ公園 三笠浸水着底
b 岩村 龍門寺慰霊碑 津波死者 61
c 眞鶴村 貴船神社 社殿高台移転
d 熱海町 温泉寺万霊塔 津波死者 77
e 伊東町 佛現寺・稲葉邸・山へい 津波死者 87
f 對島村 八幡野大江院 赤沢清月院 漂着遺体の墓
相模川
花水川
酒匂川
早川

の御下賜金《ごかしきん》が出たことも書かれている。最後に翌年の1月15日の明け方に丹沢の余震（M7・3）があり、「本村の被害復《また》少なからざりし」とある。

旧相川村には、このほかに中戸田八幡神社と子易《しえき》神社（いずれも現在は厚木市戸田）にそれぞれ中戸田の慰霊碑と上戸田の記念碑がある。さらに浄土真宗長徳寺（厚木市上落合）に戸田と長沼の人々が建立した「大震横死者供養塔」の地蔵尊がある。地蔵尊は3年忌（3回忌であれば大正14年建立）、中戸田地区の慰霊碑は7回忌（昭和4年）、上戸田地区の記念碑は13回忌（昭和10年）のいずれも9月1日に建立されている。碑には犠牲者の氏名も刻まれており、その数は中戸田が10名、上戸田が7名で、旧相川村全体（31名）の犠牲者の半数以上が二つの地域から出ていることがわかる。被害の大きい二つの集落では復興に時間がかかり、またその感慨もひときわ大きかったために碑が立てられたのだろう。13回忌に立てられた上戸田地区の記念碑には「本村は県下の最激震地にして惨状極なし。しかるに各人の辛苦により漸《ようや》く旧に復し、ここにあたかも十三年に当る」と刻まれている。

ほかに超震度7の揺れの恐ろしさを伝える碑は対岸の寒川町倉見《さむかわまちくらみ》（旧寒川村）の倉見神社にもある。旧寒川村の全潰率は60％で死者12名を出した。近くの浄土宗行安寺の住職は「大震災記念碑」（大正14年1月）の最後に「嗚呼《ああ》怖るべきは天災地変かな」と結んでいる。

火災

地震には出火がつきもので、建物が倒壊すると消火を妨げ、木造密集地帯では延焼火災となって多くの犠牲者が出る場合がある。神奈川県下で大火災となった旧市町村は横濱市（現・横浜市）、横須賀市、浦賀町（現・横須賀市）、鎌倉町（現・鎌倉市）、秦野町《はだのまち》（現・秦野市）、小田原町（現・小田原市）、眞鶴村（現・真鶴町）である。図Bにそれらの場所を示す。市町村毎に全世帯数に対する焼失世帯数の割合を焼失率（％）として示す。また死者数の合計値と、そのうち焼死と推定される犠牲者の割合を（　）内に100分率（％）で示す。なかでも旧横濱市における火災はすさまじく、2万6623人の犠牲者のうち、実に92・6％が火災による死者であった。

横浜市の火災で犠牲者を多く出した要因の一つとして、もともと横浜が坂の街であったことを挙げることができる。JR根岸線石川町駅に近い中区石川町1丁目の大丸谷坂《おおまるだにざか》を上る途中にある石地蔵がそのことをよく物語っている。近くには火災から人々の命を救ったとされる打越の霊泉（中区打越の湧水）もある。大丸谷の石地蔵は震災地蔵として建立されていたが、震災から50周年の昭和48（1973）年に改修され、その際に立てられた由来板には以下のような記載がある。「当時この付近一帯は各所より発生した大火災により一面火の海となり、避難民は高台（十三番）の安全地帯を求めて大丸谷道路上を山に向って殺到した。その数約三百名、しかし下方より吹き上る火焔は物凄《すご》く道路上は忽《たちま》ち灼熱の地獄と化し、前進をはゞまれ止むなく右手の崖を草の根につかまりつゝ我先にと登りはじめたが、後続の避難民は火焔にあおられ熱さに耐えかね、つゝじの灌木の中に身を伏せこらえたが、後方よりせまる火勢の猛威には抗しきれず、ついに二十七名が二度と帰らぬ犠牲者となった」。

さらに、多くの犠牲者を出したのは、京浜急行日ノ出町《ひのでちょう》駅近くの西区東ケ丘《あずまがおか》にある天神坂で死者275

図5　横浜市西区の戸部本町から御所山に通じる通称〃お化け段々〃

名を数えた。また、西区戸部本町には〃お化け段々〃と呼ばれる階段のある急坂がある(図5)。住民は火災から逃れるべく、坂上の御所山《こしょやま》を目指して急勾配のこの石段を上ったが、崖上と背後の火災に挟まれて平地から2、3mのところで60名が焼死した。また坂上の避難民も火災に巻き込まれて70名が焼死した[9]。このようななかで、戸部本町には〃助命池〃と命名された池があった。あったのは海老塚という家の屋敷で、『横浜市震災誌』第2冊[10]によれば、「この付近において奇《く》しくも生命を取り留めた者は、坂下の海老塚氏庭内なる小池の約三十名であった」と記載されている。

一方、秦野市には関東大震災時の火災で有名になった神社がある。寿町の古峯《ふるみね》神社である。焼け止まりとなったこの神社は大正15(1926)年に町の神社として再建され、以来、火伏せの神としての御神徳が広く知れ渡り、地元では信仰というより畏敬の念をもたれ、地域の守り神として根づいたといわれている。

津波

関東大震災では津波も被害を大きくした要因の一つであった。津波は東伊豆から鎌倉にかけての相模湾沿岸で最も高く5mから10mにも達した。ところが、小田原以東では地震による土地の隆起も大きく、その分津波の被害が軽減されて犠牲者の数はそれほど多くなかった。このため津波の犠牲者は、現在の真鶴町、熱海市、伊東市にかけての地域に集中している。津波を伝える石碑などの関連物と町村ごとの津波による犠牲者数も26ページの図Bにまとめた。

真鶴町の旧岩村地域では津波による犠牲者は61名で、曹洞宗瀧門寺《りゅうもんじ》にある岩小学校の慰霊碑には職員1名、児童11名が亡くなったことが刻まれている。また旧眞鶴村の貴船神社には「震災復旧記念碑」と「復興鳥居」（いずれも大正15年5月建立）があり、社殿は石段を上がった高台にある。神社の話では、旧社殿は地震による揺れの被害もなく津波で流されることもなかったが、将来の津波のことなどを考えて高いところに移転させたのだという。

一方、静岡県の旧熱海町での津波による犠牲者は77名で、死者総数92名のうち実に83・7%に達した。慰霊碑は現在の熱海市役所に近い熱海市上宿町《かみじゅくちょう》の臨済宗温泉寺にある。「大震災万霊塔」と呼ばれ、1周忌に熱海新報社、地元・熱海をはじめとする静岡県内の7寺院、ならびに日本工業会社が発起人となって建立されたものである。

さらに被害が大きかったのは旧伊東町で犠牲者は87名に達した。伊東市物見が丘の日蓮宗佛現寺《ぶつげんじ》には「万霊塔」と「五輪塔」がある。「万霊塔」の正面には、伊東町が大津波に襲われて民家が多数流失

図6　伊東市和田1丁目の游心楼山へいに残る津波に耐えたとされる一本松

し、殃死者《おうししゃ》84名を出したこと、他所で惨死した者や負傷して数日後に亡くなった人を入れれば105名となったこと、1周忌追弔法会に際して10数名の僧侶が托鉢し浄財を集めて宝塔1基を造立し、元禄地震（元禄16、1703年）の「大地震羅災殃死者」の供養塔とともにこれを安置したことなどが書かれている。隣接して建立されている「五輪塔」は托鉢の浄財によって造立されたものである。また元禄地震の「万霊塔」と「供養塔」もあり、「万霊塔」には当所で130余人が津波で亡くなったと書かれている。関東大震災の220年前の津波では、関東大震災を上回る犠牲者が出ていたことがわかる。なお、関東大震災の「万霊塔」の右側面には以下のような記載がある。「九月一日を忘れるな……大地震の際は火の元用心第一に老幼相扶《あいたす》けて安全なる高地に避難すべし」。

伊東市にはこのほかにも津波にまつわるものがある。例えば市街地の和田2丁目にある角屋《かどや》酒店（稲葉邸）の裏庭には、津波の遡上で折れた伊東大川（松川）に架かる大川橋の欄干が保存されている。また和田1丁目の旅館、游心楼《ゆうしんろう》山へいには、和田浜にあった十本松が津波で流され、1本だけ残ったとされる松が保存されている（図6）。さらに伊東市南部（旧對島村）では津波の被害は比較的軽微であったが、八幡野《やはたの》の曹洞宗大江院墓地と赤沢の曹洞宗清月院墓地には、それぞれ

「関東震災殃死者墓」と「関東大震災漂着死体之墓」という供養碑が立っている。いずれも津波で漂流しそれぞれの地に漂着した身元不明の遺体を、地元住民が手厚く葬ったお墓である。さらに伊東市内には確認できただけでも11か所に「関東大震災つなみ浸水地点標識」という小さな石の標柱が立っている。昭和61（1986）年から63（88）年にかけて伊東市が立てたもので、関東大震災の津波を記憶にとどめようとする努力が今でも続けられている。

地変

土地の陥没や隆起などを一般に「地変」というが、その原因の一つに地盤の液状化がある。関東大震災でも各所で地盤の液状化と思える現象が確認されている。なかでも相模川下流域の茅ヶ崎市《ちがさきし》（旧茅ヶ崎町）にはそれらを伝える石碑や痕跡が今も残されている。茅ヶ崎市今宿の国道1号線今宿交差点から200mほど北へ行ったところに松尾大神《まつおおおかみ》がある。そこにある「震災記念碑」には、地元の被害の様子が以下のように記されている。「震度甚《はなは》だ激しく、地表決裂し至る所に水を噴き、家屋ほとんど倒潰して里民一時居住に窮《きゅう》し、飢餓に迫り、惨憺の状得て言うべからず」、地表が地割れして至る所から水が噴いたというのは、まさに液状化現象である。そのことを反映するかのように、今宿交差点から東へ100mほどのところにある小出川《こいでがわ》の橋のたもとに、「国指定史跡　旧相模川橋脚」という標柱を見つけることができる。本震と翌年に起きた丹沢の余震で、水田の液状化に伴い土中から太い木の柱が何本も出現したもので、歴史学者の沼田頼輔《らいすけ》によって、鎌倉時代に相模川に架けられた橋の遺構（橋脚）と考証され、大正15

図7　茅ヶ崎市下町屋にある地盤の液状化で出現した旧相模川橋脚の遺構

（1926）年に国の史跡に指定された。現在は図7に示すように精巧なレプリカが製作され、その下に実物が保存されている。この地点に相模川に架かる橋があったということは、相模川の本流は現在より約1・2km も東に蛇行していたことになり、今宿一帯は相模川の旧河道であった可能性が高い。

　この地点から小出川に沿って南へ約200m下ると、東から千ノ《ちの》川《かわ》という河川と合流する。震災前、小出川は国道1号線付近から東へ大きく蛇行し、合流地点はより東の鳥井戸橋付近（茅ヶ崎市下町屋）にあった。その先は松尾川と呼ばれて、現在の浜見平団地付近を通り相模川河口の入り江に注いでいた。相模川河口の入り江には江戸時代から続く柳島の港もあったという。ところが、地震によって相模川河口付近は約1m程度隆起して松尾川の水流を滞らせ、港も消滅してしまった。小出川の水流を安定させるための河川改修工事は、第二次世界大戦後の昭和32（1957）年から始まる小出川改修工事まで続いた。

　地震の震源断層の動きに伴う隆起は、相模湾沿岸の小田原付近から三浦半島まで広い範囲に及び、藤沢市の江の島と聖天島《しょうてんじま》（旧川口村）が陸続きになったのもそのためだといわれている。36ページの図Cに地盤の液状化地点も含めて隆起を示す地点をまとめた。三浦半島の西岸、三浦市小網代《こあじろ》（旧三崎町）では、

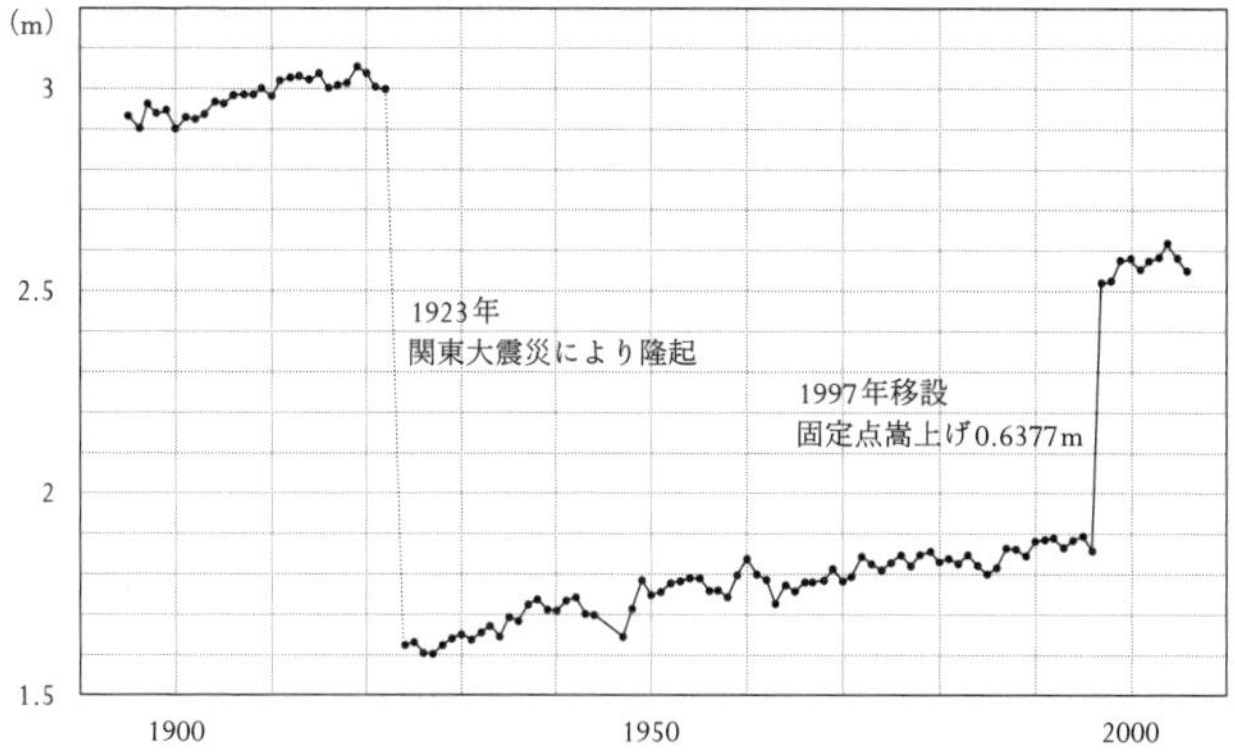

図8　油壺験潮場における観測開始以来の年平均潮位（文献11）

隆起現象を潮位の変化として観測した国土地理院油壺験潮場がある。図8がその結果である[11]。図は観測開始以来の年平均潮位変化を示す。関東地震を境に1・5m近く潮位が下がったことがわかる。実際には海面が一挙に下がることはないので陸地が地震によって隆起したことを表している。隆起現象を伝えるものは葉山町（旧葉山村）にもある。葉山御用邸と葉山しおさい公園との間の一色海岸（一色公園）の一角にある三十番神堂横の石碑もその一つである。正面に「妙法　海中出現地蔵」と書かれているこの石碑は、震災後に海岸が2mあまり退き、「地蔵磯」と呼ばれる岩礁の間から出現した地蔵さまであると伝えられている[12]。

陸地の隆起は、地震直後にはさらに激しかったようである。三浦半島の先端、三浦市三崎の日の出海岸と水道を隔てた城ヶ島での津波や地盤の変化をまとめると次のようになる[6]。「地震前、日の出海岸とその先に横たわる城ヶ島の間は最深所の水深は6m位、距離約900mの海峡で隔てられており、今のように橋はなく渡船で通行する状況であった。ところが地震と同時に海底の隆起によって潮水が減退し徒歩で渡れるほどになった。町民は津波が襲来する前兆

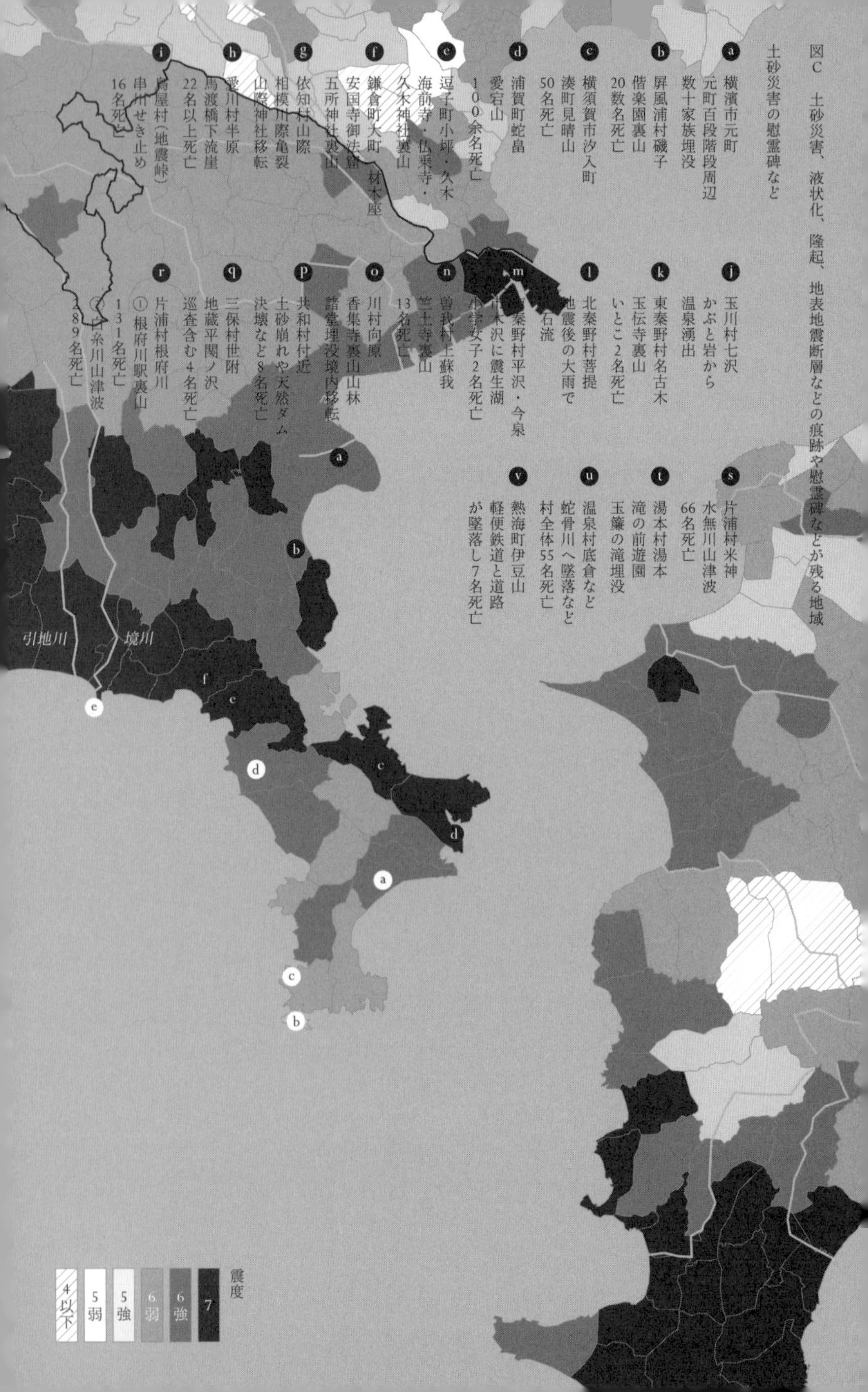
土砂災害の慰霊碑など
a 横濱市元町
元町百段階段周辺
数十家族埋没
b 屏風浦村磯子
偕楽園裏山
20数名死亡
c 横須賀市汐入町
湊町見晴山
50名死亡
d 浦賀町蛇畠
愛宕山
100余名死亡
e 逗子町小坪・久木
海前寺・仏乗寺・
久木神社裏山
f 鎌倉町大町
安国寺御法窟
五所神社裏山
g 依知村山際
相模川際亀裂
山際神社移転
h 愛川村半原
馬渡橋下流崖
22名以上死亡
i 鳥屋村(地震峠)
串川せき止め
16名死亡
j 玉川村七沢
かぶと岩から
温泉湧出
k 東秦野村名古木
玉伝寺裏山
いとこ2名死亡
l 北秦野村菩提
地震後の大雨で
石流
m 秦野村平沢・今泉
木沢に震生湖
小学女子2名死亡
n 曽我村上蘇我
竺土寺裏山
13名死亡
o 川村向原
香集寺裏山山林
諸堂埋没境内移転
p 共和村付近
土砂崩れや天然ダム
決壊など8名死亡
q 三保村世附
地蔵平関ノ沢
巡査含む4名死亡
r 片浦村根府川
①根府川駅裏山
131名死亡
②白糸川山津波
289名死亡
s 片浦村米神
水無川山津波
66名死亡
t 湯本村湯本
滝の前遊園
玉簾の滝埋没
u 温泉村底倉など
蛇骨川へ墜落など
村全体55名死亡
v 熱海町伊豆山
軽便鉄道と道路
が墜落し7名死亡
材木座
引地川
境川
震度
4以下
5弱
5強
6弱
6強
7
図C　土砂災害、液状化、隆起、地表地震断層などの痕跡や慰霊碑などが残る地域

液状化・隆起・断層の痕跡など
a 断層
北下浦村
荘厳寺裏山
本堂全潰
b 隆起
三崎町
城ヶ島周辺
(体験談など)
c 隆起
三崎町油壺
験潮場
d 隆起
葉山村
鐙摺葉山港
一色番神堂
e 隆起
川口村江の島
聖天島
f 地盤液状化
茅ヶ崎町
今宿・松尾大神
下町屋・旧橋脚
柳島共同墓地
g 隆起
茅ヶ崎町下町屋
千ノ川流路変更
港消滅
g
h
i
j
k
l
m
n
o
p
q
r
s
t
u
v
相模川
花水川
酒匂川
早川

だと思ってすぐに高台に避難したものが多かった。果たして地震の30分後津波が海峡の東西両方向から襲ってきたが、土地全体が7・5mも隆起していたので平素の大波程度にとどまった。水のない状況は3日ほど続きその間は歩いて城ヶ島に渡れる状況であったが、9月3日頃から次第に沈水し最初は日に60cmくらいも降下したがそのうち次第に降下量が減り9月20日に至って1・4m位の上昇に落ち着いた」。

なお、三浦市三崎町諸磯《もろいそ》（旧三崎町）には「諸磯の隆起海岸」と呼ばれる国の天然記念物に指定された崖がある。崖にある穿孔貝《せんこうがい》の巣穴が、地震による土地の隆起の繰り返しを示し、最後が関東大震災の際の隆起跡であると、地震学者の今村明恒が指摘したもので、それを受けて文部省（現・文部科学省）が昭和3年2月24日に国の天然記念物に指定した。最近の放射性年代測定による調査では、今村の結論は必ずしも妥当でないとされているが、海洋生物の遺骸をもとに過去の地震による地殻変動を推定しようとする研究の出発点となった意義は大きい。

地盤の液状化や隆起の他に、地変に関するもう一つの現象が断層の出現である。横須賀市津久井3丁目（旧北下浦村）では、臨済宗荘厳寺《しょうごんじ》を北西端として地震の際に長さ1kmにわたって地表地震断層が生じた。住職によれば、断層は寺の裏山で大きな段差をつくり、また京急長沢駅方向へ道を下りていくと以前は右側が田んぼで、その中に50cmくらいの段差があったという。現在は宅地開発などで確認は難しいが、この断層は「下浦《したうら》断層」と命名された。関東大震災の際には現在の千葉県南房総市（旧三芳村）にも「延命寺《えんめいじ》断層」と呼ばれる地表地震断層が出現したが、ともに成因ははっきりしない。

このほかに、秦野市今泉（旧南秦野村）と中井町では、崖崩れによって沢の水がせき止められ「震生湖《しんせいこ》」

と呼ばれる湖沼が生まれた。また厚木市七沢《ななさわ》（旧玉川村）には、震災時にかぶとの形をした岩のふもとから湧き出したという温泉もある。現在もかぶと湯温泉には山翠楼という旅館があり、震生湖と同様に人々の憩いの場となっている。

土砂災害

関東大震災は火災に注目が集まることが多いが、同時に多くの土砂災害が発生した震災でもあった。神奈川県内における主な土砂災害を慰霊碑や遺構に則してまとめると、表1のようになる。表中、死者数は原則慰霊碑から引用し、わからないものは表中に示す文献から引用した。一方、崖崩れの死者数を特定できない表1－25の温泉村底倉《そこくら》（現・箱根町）では、村全体の死者数を（　）で示したが、その多くは土砂災害によるものと推察される。犠牲者の多いところを見ると、小田原市根府川《ねぶかわ》では、山津波により集落で289名、駅裏の崖崩れで列車の乗客を含め131名が亡くなった（表1－22、23）。さらに隣の小田原市米神《こめかみ》では山津波で66名が亡くなり（同21）、旧片浦村全体では486名もの人が土砂災害の犠牲となった。根府川・米神での災害の詳細は文献6にまとめた。このほかには、横須賀市浦賀町蛇畠《じゃばたけ》で背後の愛宕山が崩れて100名あまり（同4）、同じく汐入町《しおいりちょう》では港町公園裏の見晴山が崩れて、通学途中の横須賀高等女学校の生徒など50名が生き埋めとなった（同3）。

36ページの図Cには上記26件（22項）の土砂災害発生地点も示している。震度分布と比較すると、揺れが強く震度が7や6強の地域だけでなく、6弱やところによっては5強のところでも土砂災害が発生して

表1a　神奈川県内における土砂災害に関連する慰霊碑や遺構

番号	市区町村	旧市町村	地点名	崖崩れの様子	死者数
1	横浜市中区	横濱市	元町	元町一帯の背後にある断崖崩壊。浅間神社への百段階段も崩れる	埋没家族数十
2	横浜市磯子区	屏風浦村	磯子	国道16号沿いで崖崩れ、料亭偕楽園、民家、通行人埋没	20数名
3	横須賀市	横須賀市	汐入町	横須賀停車場への道路に沿う高さ約30mの崖（見晴山）が約400mにわたって崩壊、横須賀高女への通学生など通行人を埋没させ、土砂は道路を隔てた海軍軍需部構内にも侵入	50
4	横須賀市	浦賀町	蛇畠	愛宕山の頂上高さ約60mから崩壊、蛇畠地区埋没	100余名
5	鎌倉市	鎌倉町	大町	安国論寺境内の日蓮上人縁の御法窟が崩れる	―
6	鎌倉市	鎌倉町	材木座	五所神社社殿の裏山が崩れる	―
7	逗子市	逗子町	小坪	時宗海前寺の背後の崖が崩れる	―
8	逗子市	逗子町	小坪	仏乗寺横の崖が崩れ諏訪神社境内喪失	―
9	逗子市	逗子町	久木	崖崩れで久木神社社殿倒壊	―
10	厚木市	依知村	山際	山際神社境内で相模川際の断崖に亀裂が入り、翌年の丹沢の余震でさらに亀裂が拡大、社殿が傾く	―
11	厚木市	玉川村	七沢	地震後、田んぼにあった「かぶと岩」から温泉が湧出	―
12	相模原市緑区	鳥屋村	鳥屋	山崩れで串川がせき止められ流路が変わった。その際住家9戸が埋没。それ以来、地震峠と呼ばれてきた	16
13	愛川町	愛川村	半原	馬渡橋の下流右岸の崖崩壊、妙誠寺の下方中津川沿いの集落埋没。中村家では唯一博直氏が生き残る	22名以上

14	秦野市	東秦野村	名古木	山崩れが開進小の代替えとして利用されていた玉伝寺を襲い、落合に住む2名が犠牲となる	2
15	秦野市	南秦野村	平沢・今泉	南市木の山林および畑の一部が崩壊し、その土砂が市木沢の谷を埋め、震生湖ができた	2
16	秦野市	北秦野村	菩提	地震直後から大雨のたびに葛葉川で土石流発生	―
17	山北町	三保村	世附	大又沢地蔵平の小字関ノ沢で山崩れ	4
18	山北町	共和村	皆瀬川	村周辺での土砂崩れや天然ダム決壊	8
19	山北町	川村	向原	香集寺後方の山林が10町にわたり崩壊し寺の諸堂が埋没、寺は移転を余儀なくされる	―
20	小田原市	曽我村	上曽我	曹洞宗竺土寺の墓地が地滑りを起こし、下方の民家3戸が埋没	13
21	小田原市	片浦村	米神	石橋山の一部が崩れ、山津波が水無川に沿って流下、米神集落のうち熱海線の築堤より山側の地域を埋没させた	66
22	小田原市	片浦村	根府川	根府川駅と下り真鶴行き109列車が駅背後からの地すべりに襲われて遭難	131
23	小田原市	片浦村	根府川	本震で箱根山の外輪山の一つ大洞山が崩れ、山津波となって白糸川沿いに下り、5分後に根府川集落を埋没させた	289
24	箱根町	湯本村	湯本	「滝の前遊園地」の崖崩れで滝が埋没	―
25	箱根町	温泉村	底倉	がけ崩れで橋や旅館が蛇骨川に墜落	(55)
26	熱海市	熱海町	伊豆山	軽便鉄道と道路が崖崩れで墜落	7

死者数は原則碑文による。ただし記載のないものは以下の文献から引用
『横浜市震災志』第2冊（文献10）がNo・2、『神奈川県下の大震火災と警察』（文献13）がNo・4、20、『未曾有の大災害と地震学』（文献6）がNo・22、23
死者数がわからないものは―とした。ただしNo・25は温泉村全体の数であり（　）付で示した

表1b　神奈川県内における土砂災害に関連する慰霊碑や遺構

番号	慰霊碑・遺構名	慰霊碑・遺構の由来	所在地
1	大震災殃死者慰霊碑	元町町内での圧死、焼死、溺死者150余名の慰霊碑	増徳院薬師堂
	浅間神社跡	「百段階段」の歴史をとどめるよう公園がつくられた	元町百段公園
2	大震災横死者碑	料亭偕楽園での11名の犠牲者の慰霊碑	真言宗金蔵院
3	遭難者名碑	崖崩れによる犠牲者50名の名簿記載の碑	港町公園
	追善地蔵尊と祠	遺族により建立された地蔵尊とその祠	
	大震遭難追善地蔵尊の碑	地蔵尊を示す碑	
	手水鉢	海軍軍需部の女性工員が奉納した手水鉢	
	大震災遭難者供養塔	追善地蔵を継承し7回忌に市が建立した全市の慰霊碑	
	由来記載プレート3枚	慰霊碑移転と記念閣建設の由来を刻んだプレート	
4	関東大震災慰霊塔	浦賀町建立の同町震災犠牲者297名の供養碑（再建）	西浦賀船着場脇
5	御法窟復興碑	日蓮上人縁の御法窟を昭和32年に復旧した記念碑	日蓮宗安国論寺
6	本殿	山崩れで埋没破壊し昭和5年に再建	五所神社
7	本堂	近藤紫雲画で被害確認。昭和9年に再建	時宗海前寺
8	社殿	山上の現在地に大正15年に社殿が移転再建	諏訪神社
9	由緒碑（社殿再建）	倒壊後、同一地点に大正14年社殿再建	久木神社
10	社殿移転記念碑	亀裂を避けて社殿を大正14年に移転した記念碑	山際神社
	山際神社社殿旧趾碑	移転した跡地に立てられた碑	

11	山水楼	温泉旅館として現在も営業	かぶと湯温泉
12	大震殃死諸精霊碑	地震峠における犠牲者16名の慰霊碑	鳥屋・地震峠
	中村喜作家慰霊碑	中村喜作家兄弟2家族8名の慰霊碑	
	地蔵尊	由来など詳細不明	
13	大震災殃死之精霊塔	土砂災害犠牲者22名以上の慰霊（7回忌建立）	日蓮宗妙誠寺
	母子地蔵	施主は博直氏、当時7、8歳でのちに彫刻家となる	
14	従兄弟地蔵	玉伝寺で生き埋めとなったいとこ2人の慰霊	曹洞宗玉伝寺
	大震災殃死者供養塔	名古木と落合の犠牲者18人の供養塔	
15	大震災埋没者供養塔	土砂崩れで犠牲となった2人の少女の慰霊碑	震生湖周辺
	寺田寅彦句碑	寺田寅彦は昭和5年に2度現地調査。その際の俳句碑	
16	復旧記念碑	相次ぐ土石流と闘い、7年かけて復旧した記念碑	菩提会館前
17	大震災殉難者精霊碑	山崩れに遭った巡査ならびに住民3名の慰霊碑	地蔵平
18	震災供養塔	共和村出身者11名の慰霊碑。3名は村外での死亡者	旧共和小学校
19	震災復興碑	砂防工事と諸堂移転ならびに再建の記念碑	曹洞宗香集寺
	地蔵菩薩像	近隣で震災により流失した地蔵尊の新刻	
20	墓地改修碑	崖崩れの復旧での墓域の区画整理完成記念碑	曹洞宗竺土寺ならびに付近
	鳥居家の馬頭観音石碑	崖崩れで亡くなった馬の供養碑（23回忌）	
21	大震災殃死者追悼碑	山津波を含む米神の犠牲者77名（他所11）の供養碑	正寿院墓地
	松本利吉方家族墓	山津波で亡くなった家族8名の7回忌の供養碑	

	前村長の墓ほか	追悼碑筆頭の木下権次郎前村長ほか個人墓多数	
22	関東大震災殉難碑	50周年を記念し建立された慰霊碑	根府川駅
23	大震災殉死者慰霊塔	岡野喜太郎氏による妻と娘の慰霊塔	駅北入り口路傍
	遭難列車プレート	海中に没した109列車のプレート	鉄道博物館（さいたま市）
	殉死者供養塔	根府川集落での犠牲者289名の供養塔	曹洞宗岩泉寺
	宮本家慰霊碑	山津波で亡くなった父母兄弟8名の慰霊碑	根府川集落
	釈迦堂	埋没した釈迦像を掘り出して建立した釈迦堂	
24	玉簾の滝	震災時山崩れで埋歿、昭和になり掘り出された	天成園ホテル
25	箱根温泉村新道碑	旧八千代橋復旧を含む道路復旧の記念碑	旧八千代橋跡
26	万霊塔	土砂崩れで亡くなった道路・鉄道工員の慰霊碑	国道135号線鳴沢

いることがわかる。なかでも揺れによる家屋の被害が比較的少ない相模原市や愛川町でも大きな土砂災害が発生していることは注視すべきである。

相模原市では、緑区鳥屋《とや》（旧鳥屋村）の馬石橋《まいしばし》近くの通称「地震峠」で、相模川水系支流の串川《くしかわ》が土砂崩れでせき止められ、9戸が埋没し16名が命を落とした（同12）。現地には「地震峠」の説明板と、地蔵尊を中心に右に「大震殃死諸精霊碑」、左に「中村喜作家慰霊碑」がある。「大震殃死諸精霊碑」には犠牲者全員16名の名前が刻まれており、そのうちの中村喜作と房次郎兄弟、ならびに母とそれぞれの妻子の合計

8名の墓が左の慰霊碑である。中村家は一家全滅であろうか。

土砂災害は逃げる間もなく一瞬にして人々の命を奪うことが多く、一家全滅や一人だけたまたまその場におらず残りの家族全員を亡くしたケースも見られる。根府川集落にある「宮本家慰霊碑」もその例で、建立者は次男の宮本藤吉、13回忌の昭和10（1935）年9月1日建立で、本人のみが米神の鰤網《ぶりあみ》の仕事で家におらず、父母、兄弟合わせて8名が山津波にのまれて命を落とした。また、米神の真言宗正寿院の墓地にある「松本利吉方家族墓」も同様で、たまたま小田原へ出張中の松本利吉のみが九死に一生を得、米神に残した父母、妻子合わせて8名が山津波で亡くなったケースである。建立年は7回忌の昭和4年9月1日である。

図9　愛川町半原の妙誠寺にある大震災殃死之精霊塔と母子地蔵

次に、愛川町半原《はんばら》（旧愛川村）では相模川水系支流の中津川に架かる馬渡橋《まわたりばし》の下流の右岸の崖が崩れて22名以上の犠牲者を出した（同13）。この崖は日蓮宗妙誠寺《みようじようじ》に隣接し、同寺には「大震災殃死之精霊塔」がある（図9）。碑は7回忌の昭和4年9月1日に建立されたもので、犠牲者22名の名前が刻まれている。最後に加島金太郎一族とあることから死者数を22名以上とした。犠牲者のうち冒頭の6名は中村姓、続いて使用人と見られる2人の名前が刻まれている。慰霊碑の右側には3つの石造物があるが、一番慰霊碑に近いのが「母子地蔵」と呼ばれる石像で、建立者はこの家族のなかで唯一生き残った中村博直である。大正5（1916）年生まれで、震災当時7歳であった。川で遊んでいて揺れが収まり振り返れば生家が埋没していたという。成人して彫刻家となり、文部大臣賞や日本芸術院賞などを受賞した。母子地蔵には建立年は刻まれていないが、おそらく成人してから建立したものであろう。先の慰霊碑が建立された昭和4年でも13歳で、慰霊碑の台座に刻まれた建立者に名前がないのもうなずける。震災後の苦労は計り知れないものがあったであろう。

各地の土砂災害の地点を訪れると、ほとんどの地点で共通していることは、どこにでもありそうな裏山が崩れているということである。表1や図Cを見ると、横浜市の元町や磯子など市街地でも土砂災害が起こり、多くの犠牲者が出ていたことがわかる。どこでも山や崖があれば、比較的低い震度でも崖崩れの危険性があるということである。

第二章　復興の始点

震災後、不幸にして最愛の人の死を知らされたときのショックは計り知れないものがある。関東大震災のような災害となると行方不明者の数も尋常ではなく、関東の1府6県で実に4万3213人を数えた[14]。かけがえのない人々を失った心の傷は癒えることはないが、残された人々にはこの世を生き続けねばならないという現実が待っている。慰霊碑建立には残された人々が亡くなった人々との別れを自覚し、悲しみにけじめをつける役割もあるのではないだろうか。そのような意味で、慰霊碑の建立は復興へのはじまりといえるかもしれない。

一方、人々が慰霊の対象としたのは家族や肉親だけではない。その範囲は地域社会にまで広がりを見せる。当時、地方のほとんどを占めていた農村では、農作業や祭りなどで協力し助け合ってきた村の仲間への慰霊が行われた。また横浜市や横須賀市など都市部においても、町内ごとに犠牲者の慰霊が行われたほかに、工場や商店などで働く人々や同業者、さらには社会の底辺で生きる人々に対しても、その死を弔い多くの慰霊碑が立てられた。

また、肉親や知人によって葬られることもなく、男女の区別すらつかない姿をさらさざるを得なくなった人々へも、深い悲しみと慈しみのまなざしが向けられた。震災で図らずも命を落としたすべての人々の魂が、いつまでも現世に彷徨《さまよい》続けることがないようにすることも、復興には必要とされたのであろう。第二章では復興の始点たる慰霊碑に注目する。

一　慰霊碑建立

碑は語る

横浜市西区の久保山墓地の近く、南区庚台《かのえだい》に浄土宗光明寺がある。東側の山門をくぐると正面に本堂、左手に庫裡《くり》がある。参道を挟んで庫裡前の植栽の間に3つの大きな石碑が立っている。一番山門に近い碑には「追遠碑」と書かれている。題額は珍しく左から横書きで、3行にわたって、「大正十二年九月一日激震猛火殃《おう》死《し》之精霊」と書かれ、震災の慰霊碑であることがわかる。

「追遠碑」の右横に小さな石碑があり、そこにこの碑が1周忌に合わせて立てられ、建立にかかわった有志31名の名前が記されている。名を連ねる横溝豊吉や鈴木歌吉は名高い大工職人の棟梁である。建設業にかかわっていた仲間の死を悼んで立てられたものかもしれない。さらに石碑には建立のためにおのおのが出した金額が書かれている。最高で1人100円、総額では858円（約430万円）にもなる。

一方、本堂の右脇の石塀に沿っても石碑が並んでおり、その中に「横浜市婦人美髪師並《ならびに》洗業　震火災殃死者追善供養塔」というのがある。これも震災の慰霊碑で、背面には発起人として横浜女子美髪模範研究会とあり、10名の名前が刻まれている。どのような組織かはわからないが、名前からして髪結人関係の仲間の死を悼む慰霊碑ではないだろうか。

さらにその奥に3つの石碑を見つけた（図10）。先の二つに比べてごく小さく簡素なものであるが、震災で人々のありふれた日常が奪われたという実感が湧く。左から順に「両縁供養塔」「石仏菩薩像」「天野

図10　横浜市西区の光明寺にある3つの慰霊碑

家供養塔」である。「両縁供養塔」は有無両縁、すなわち身内だけでなくそれ以外もという意味で、引き取り手のない遊女などの死を悼んで立てられる場合がよくある。右側面には「為大震災殃死第三回忌菩提」とある。台座におそらく店の名前であろう「辰海老」と刻まれている。二つ目は正面に菩薩像が彫られ、右側面に大正12年9月1日と命日が刻まれている。戒名の位号が童女となっていることから、15歳よりも下の女の子に対する慰霊碑であろう。左側面には大正15（1926）年8月に建立されたこと、施主として婦人の名前がある。女子の母または祖母が震災で亡くなった子か孫のために立てたものだろうか。三つ目は正面に「大震災殃死者　天野家供養塔」とある。背面に刻まれた3名の施主名に同姓の人がいないことから、天野家ゆかりの人々が、震災で全滅した家族を悼んで立てたものかもしれない。正面にあえて「大震災殃死者」と刻んでいるところに同情の深さを感じる。建立年は昭和5（1930）年9月1日で震災7周年にあたる。

おのおの慰霊碑の由来は、必ずしも明らかでなくあくまで推測の域を出ないが、光明寺の境内を歩くと慰霊碑が語りかけてくるようである。神奈川県内には、関東大震災関連の慰霊碑が160近くも残されている。

二つの慰霊碑

多くの慰霊碑の中でひときわ胸を打つ碑を二つ紹介する。一つは川崎市幸区神明町《しんめいちょう》2丁目（旧御幸村）の曹洞宗静翁寺《じょうおうじ》にある。境内に入ると墓地の入り口に高さ3m近くもある大きな石碑が立っている。石井重孝が建立した妻子の墓石である（図11）。正面に震災で亡くなった妻カノ、11歳の次男正雄、6歳の三男正考の名前が戒名とともに刻まれ、裏に回るとびっしり妻子のことが刻まれている。字数は本文だけで1245文字にもなる。

図11　川崎市幸区の清翁寺にある石井重孝による慰霊碑の正面（左）と背面（右）

当時、石井は40歳くらいで、横浜市尾上町《おのえ》で印刷材料の販売に従事していた。尾上町は関内《かんない》にあり、横浜公園から大岡川にかけての現在のJR根岸線沿いの地域である。ちょうど商用で自宅を出た刹那に地震が発生、すぐ家に戻ったがすでに家屋は倒壊していた。棟の下敷きとなっているらしい妻子をなんとか救おうとしたがなす術《すべ》もなく、「大声救《すくい》を求むれどもこの隣もまた皆同じ運命に陥《おちい》り、一人として来り助くる者なし」。さらに猛火が迫り、長男

図12　小田原市のJR根府川駅の近くに立つ岡野家の五輪塔とそこから望む朝日。地論左側面には施主岡野喜太郎の名前が見える

とともにやむなく避難せざるを得なかった。その後1日半焼け跡を彷徨《さまよ》い、3日になってやっと住んでいた場所を見つけて戻ったが妻子はすでに白骨となっていた。変わり果てた妻子に「慟哭血涙《どうこくけつるい》」したが、いかんともしがたかった。仕方なく骨を拾い、故郷の南河原に戻って葬儀を営み遺骨を静翁寺に納めた。さらに続けて、在りし日の妻の容姿や気だて、子への期待などがこと細かく書かれている。妻子を失った悔しさ悲しさが胸に迫ってくる。震災の折のことは終生父子の脳裏から離れることはなかったであろう。

もう一つ紹介したい碑は、小田原市根府川《ねぶかわ》（旧片浦村）にある。JR東海道線の根府川駅を出て小田原方向に坂を下り、東海道線のガードをくぐってすぐ左に折れるとその奥に五輪塔がある（図12）。写真は晩秋の朝7時半頃のもので、朝日が眼前の海上で輝いていた。途中、ガードの手前左手に崩れた崖の跡が見える。列車と駅舎をもろとも押し流し、131名の命を奪った崖崩れの跡である［6］。

五輪塔は一般に供養塔や墓塔として使われる仏塔で、上から空輪、風輪、火輪、水輪、地輪の5つの石材を積み上げてつくられる。この五輪塔には、地輪の正面に「為大正十二年九月一日大震災殃死者菩提」、左側面に「昭和七年十一月一日　施主　静岡県駿東郡《すんとうぐん》鷹根《たかね》村《むら》青野　岡野喜太郎」と記されている。記載はこれだけであるが、この五輪塔には石井家の場合にも勝るとも劣らない悲話が隠されている。

『岡野喜太郎伝』〔15〕によれば、岡野喜太郎は鷹根村青野（現・沼津市青野）出身の実業家で、駿河銀行（現・スルガ銀行）の初代頭取であった。震災の日9月1日は土曜日で、病後の療養のために沼津の実家に戻っていた三女を伴って、妻とともに湯河原温泉に行く予定であった。当初3人は一緒に行く予定であったが、三女を一刻も早く温泉でゆっくりさせてやりたいという親心から、妻と娘を早めに出発させることになった。

当時は丹那《たんな》トンネルの開通前で、東海道線で沼津から国府津《こうづ》へ戻り、そこから開通間もない熱海線に乗り換えて真鶴へ向かい、さらに軽便鉄道で湯河原へ行く道程である。通常は午前中に沼津を出発した場合、国府津で昼食をとってから真鶴に向かうのだが、朝になって岡野は、急行で国府津に出ると昼過ぎには湯河原に着けるからとより速い列車を勧めてしまった。妻子が乗り合わせた真鶴行き109列車は定刻の11時59分に根府川駅に到着、その瞬間地震による崖崩れで駅もろともに海中に没し、さらに津波にも襲われた（このとき遭難した109列車の機関車のナンバープレートは、今も埼玉県さいたま市大宮の鉄道博物館に保存されている）。結局、遺体は5遺体しか見つからず、そのうちの二人が妻と娘で、それぞれ根府川と真鶴の海岸に打ち上げられた。

地震で銀行も大きな被害を受け、公私両面でショックを受けた岡野であったが、頭取としての使命感からすぐに立ち上がり、陣頭指揮をとって復興にとりかかった。その岡野が妻と娘のことを思って海の見える道路の脇に建立したのがこの五輪塔である。そのときのことは、本人にとって終生痛恨の極みであったに違いない。五輪塔は今も岡野家によって大切に守られている。

お地蔵さま

最愛の子を亡くした親の気持ちはいかばかりか。横浜市磯子区上町《かみちょう》（震災当時すでに横濱市）の真言宗宝《ほう》積寺《しゃくじ》の山門前には、付近の住民による慰霊碑「大震災追悼之碑」があり、その隣には右手に学生帽を持った羽織袴姿の幼い子供の石像がある。台座正面には「大正十二年九月一日　俗名野口末吉五才」と刻まれ、台座背面の記載から、翌年の7月の初盆に立てられたもので、施主は野口春吉とある。さらに左側面にかけて総勢23名の親類縁者の名が刻まれている。

子供の死を悼む慰霊碑としては、このように本人の姿を映すものはむしろ珍しく、地蔵菩薩像として建立されているものが多い。地蔵菩薩は子供の守護尊とされるからである。その一つが厚木市上古沢（旧小鮎村）の曹洞宗宝増寺にある。境内の崖の際に本堂と対面するように台座と地蔵尊像が並んでいる。もとは3段の台座の上に地蔵尊像が載る背の高い供養塔であったが、倒壊を恐れた住職が地蔵尊像を台座から下したのである。

台座上段の左側面に二人の女性の戒名と俗名、ならびに死亡した場所が書かれている。戒名の位号が童女でなく信女《しんにょ》となっていることから、いずれも今でいう高校生以上の年頃で、一人は「東京被服廠跡にて」、もう一人は「長後《ちょうご》製糸工場にて」とある。台座上段の背面には建塔主として、中央に当時の漆谷得禪住職、左右にそれぞれの親族とおぼしき人（父親、ないしは兄弟か）の名前が刻まれている。台座上段の右側面には住職によって書かれた建塔の趣旨が書かれている。最後に「大正十四年大祥忌《しょうき》命日」とあることから3回忌に合わせて建塔されたことがわかる。亡くなった二人はいずれも他所に働きに出ていて震災に遭遇したようで、一人は東京で多くの避難民が火災にまかれて亡くなった陸軍被服廠跡［6］、もう一人は長後の製糸工場、具体的には現在の藤沢市（旧澁谷村）の持田製糸場の倒壊による犠牲者の一人ではないかと思われる。

図13　南足柄市沼田の西念寺にある義弘地蔵と本堂に安置された集合位牌

一方、南足柄市沼田（旧岡本村）の浄土宗西念寺の山門左側には「義弘地蔵」と呼ばれる地蔵像がある（図13）。碑文を見ると、地元出身の安藤政吉の次男義弘9歳の慰霊塔であることがわかる。小田原の御幸座《みゆきざ》で命を落とした息子のために父親が7回忌にあたって建立したものである。寺には本堂に関東大震災で亡くなった檀家16名の集合位牌《いはい》も祀《まつ》られており、その中に「震義善童子　小田原政吉子」と当人を確認できる。

また、秦野市名古木《はだのしながぬき》（旧東秦野村）の曹洞宗玉伝寺の境内には、「いとこ地蔵」と呼ばれる小さな石碑がある。41ページの表1-14にも示したように、震災時境内は山崩れに襲われ、そこに居合わせた18歳の青年と10歳の少女が命を落としたことに由来している。

二人がいとこ同士であったことからその名がつけられた。

同じく秦野市平沢・今泉（旧南秦野村）には、先に指摘した「震生湖《しんせいこ》」と呼ばれる湖沼がある（表1－15）。湖畔には学術調査にあたった寺田寅彦の句碑などもあり、休日には多くの人出がありにぎわっているが、駐車場脇の林の中にある小さな供養塔に気づく人はほとんどいない。この石碑は通常よくある尖頭型の板碑で、正面には「大震災埋没者供養塔」とあり、位号が童女となっている二人の少女の戒名が書かれている。背面を見ると、年は13歳と11歳で、石碑は南秦野村の有志が建立したものである。

地震当日は土曜日で2学期の始業式の日でもあった。少女らの家は平沢の小原地区にあり、地震後二人が学校から帰らないというので大騒ぎになった。探したところ地震の起こる少し前に二人が峰坂付近を上っているのを見たという人が現れた。峰坂は小学校から現在の駐車場方面へ上る坂であり小原地区への帰り道にあたる。震生湖が生まれる原因となった地すべりが起こった場所のすぐ近くである。そこで、学校の先生や消防団、地元平沢の住民たち、さらには在郷軍人会や青年団などが3か月にもわたって土地を掘り起こして捜索にあたったが、遺留品など何一つ発見できなかった[16]。

秦野市河原町（旧秦野町）の児童公園には、秦野一町五か村の供養塔が昭和5（1930）年9月1日に建立され、224名の犠牲者の名が刻まれている。その中に南秦野村の犠牲者として二人の少女の名を認めることができる。震生湖が生まれる過程で、いたいけな少女が犠牲になったことも忘れないようにしたいものである。

図14　横須賀市汐入町の港町公園にある石造物

遺族の思い

子供や家族を亡くした遺族の思いが行政を動かした例がある。横須賀市汐入町《しおいりちょう》2丁目の港町公園にある「追善地蔵尊」である（図14）。ここにはJR横須賀駅へ通じる道路があり、先に述べたように、その脇にそそり立つ見晴山が崩れて横須賀高女の生徒など50名が生き埋めとなった。「遭難者名碑」を見ると犠牲者50名の住所、氏名、年齢が書かれている。なかでも最初の8名は横須賀高女補習科2人、高女4年2人、高女1年4人と横須賀高等女学校の生徒であったこともわかる。当時の高等女学校は年齢的には現在の中学生と高校生にあたり、通常4年制で希望に応じてその後1年間の補習科に在学することができた。

現在、公園には、「大震遭難追善地蔵尊」と書かれた碑があり、その奥の祠に「追善地蔵尊」が祀られている。その前の賽銭箱に齋藤仲蔵を筆頭に奉納者13名の名が刻まれている。苗字の一致だけから血縁関係を厳密には判定できないが、先の「遭難者名碑」の名簿と比較すると、奉納者の苗字と一致する犠牲者が7名あり、うち5名は横須賀高女の生徒である。このことから「追善地蔵尊」は横須賀高女の生徒の親族が中心となって建立され、「遭難者名碑」もその際に建立されたと考えられる。碑文から地蔵尊の建立は大正13（1924）年4月24日である。同じ場所には昭和4（1929）年9月1日に建立された「大震災遭難者供養塔」と書かれた高さ3mにもおよぶ立派な御影石の供養塔がある。その基壇正面には、当時の横須賀市長の小栗盛太郎《おぐりもりたろう》の名前で、この供養塔が7回忌法要に合わせて、横須賀市全体の犠牲者517名の慰霊のために建立されたと記されている。またその前段には「ここに永くその諸霊を弔《とむら》わんがために、齋藤仲蔵氏外《ほか》数氏の発願を承継し」とある。地蔵尊を建立した遺族の思いが市を動かして、横須賀市の慰霊碑建立につながったことを示唆している。

遺族の思いは時を経ても弱まることはない。横須賀市久里浜《くりはま》2丁目（旧久里浜村）の浄土宗長安寺にある慰霊碑がそのことを物語っている。慰霊碑には正面に「大震災殃死者供養塔」と大書され、背面の上段には「嗚呼《ああ》大正十二年九月一日」、続いて犠牲者8名の氏名と年齢が書かれている。年齢は3歳から上は83歳までである。そのなかで同じ長島姓の29歳の女性と3歳の女の子は親子であろうか。下段には、建立者としてそれぞれの故人の遺族と見られる7名の氏名が刻まれている。その後に「昭和十四年拾七回忌命日」とある。震災後満16年を経過しての建立である。詳細な経緯はわからないが、故人に対する遺族の気持ちが16年たっても変わらないばかりか、むしろ時の経過とともにより強くなっていったのではないかと思わせる。

時空を超えて

藤沢市鵠沼《くげぬま》海岸2丁目（旧藤澤町）の有料老人ホームの敷地内には正面題額に「御遭難記念」と書かれた石碑がある。中央に大きく、「東久邇宮稔彦《ひがしくにのみやとしひこ》王　第二王子師正《もろまさ》王碑」、左側には「大正六年十一月三日御生誕」、右側には「大正十二年七月十九日より当邸に御避暑中、大正十二年九月一日正午大震災のため薨《こう》去《きよ》遊ばさる」と書かれている。背面を見ると建立者は「吉村鉄之助」となっている。

記念碑の由来について、近くの鵠沼市民センターの郷土資料展示室でうかがった。吉村鉄之助は当時衆議院議員で、大正11（1922）年に別荘としてこの地に立派な洋館を建築し、翌年、当時の皇族の東久邇宮家一家が避暑に訪れた。その際、地震が発生し洋館が倒壊、下敷きとなって幼い第二皇子の師正王（当時5歳）と侍女2名が命を落とした。吉村邸倒壊を聞いた地元の自警団、消防団、青年団が津波の恐れのあるなかを、直ちに宮家救出に駆けつけたことが、後日宮家から送られた感謝状によってわかるという。震災後の大正14年9月1日に、吉村は敷地の南東端の小高い砂丘の上にあった稲荷神社に師正王の遭難記念碑を建立した。

その後別邸は、一部が耳鼻科医院の手に、稲荷神社のある敷地は昭和32、33（1957、58）年頃に東京の不動産業者のものとなり、記念碑は行方不明となってしまう。それまでは藤沢市立鵠沼小学校の児童が9月1日に毎年お参りをしていたということも伝えられている。一方、不動産業者は自らの菩提寺である東京・白金の日蓮宗本妙寺に記念碑を移していた。それを見つけた地元の歴史研究家が記念碑を鵠沼市民センターの敷地に移設するよう藤沢市に働きかけたが市議会はそれを認めず、結局平成4（1992）年7

月に耳鼻科医院の理解で現在地に戻り、平成12年の老人ホーム開設でそのまま引き継がれた。様々な環境の変化のなかで記念碑は数奇な運命をたどってきたが、幼くして命を落とした皇子への思いは変わらず今に至っているのである。

一方、小田原市栄町4丁目（旧小田原町）の天台宗本源寺には、今から300年以上も前に震災で亡くなった子供を弔ったとみられる石仏がある。境内を入って本堂の前を左に進むと石造物の並ぶ一角に出る。その中にある小さな聖観音像の石仏がそれにあたる。記載は少なく、聖観音像の左側に「幻露童女」、右側に「元禄十六年十一月廿三日」とあるだけであるが、日付から元禄16（1703）年11月23日（旧暦）に発生した元禄地震によることが想像され、位号から女児を弔ったものであると推察される。寺の話では、過去帳の同じ日に母親とおぼしき人の戒名もあるという。母子が元禄地震で死亡し、それを弔った際の子供の分の石仏だけが残されているようである。地震によって幼くして命を落とした子供に対する悲しみがまさに時空を超えて伝えられている。

二　住民による慰霊

村での慰霊

市制地域以外の村や町、さらには集落単位で建立されたと見られる慰霊碑を表2にまとめた。そのうち土砂災害に関連するものは40ページの表1にも記載している。建立者は、遺族、住民、有志、篤志家、町会や青年団などの住民組織、さらには寺の住職や檀家組織など様々である。

犠牲者の数は300名近くのものから数名のものまでそれぞれであり、数に関係なく今でも地域で守り継がれているものも多い。例えば、三保村大又沢（現・山北町）の地蔵平は、昔は10戸ほどの集落があったが、昭和35（1960）年に全戸が浅瀬方面に移転して今は廃村となっている。立ち入るためには東京神奈川森林管理署の許可を得る必要がある。地名の語源にもなっている地蔵堂や神社を含むあたり一帯は、旧村民によって今でもきれいに整備されている。車一台がやっと通れるくらいの沢沿いの悪路を5km以上も入ったところにこんな場所が残されているとは驚きである。

三保小学校の分校があったあたりに水害による慰霊碑と並んで「大震災殉難者精霊碑」が立っている（表2-28）。碑には「死亡者　金森巡査　長谷川新助　後藤寅次郎　降矢いし」と書かれ、4人の犠牲者に対して住民29名が建立したものであることがわかる。金森巡査とは松田警察署神縄村《かみなわむら》駐在所の金森嘉兵衛のことで、管轄の大又沢に土地境界線に関して紛議が起こり、村民5名に請われて出張し、途中で小字関ノ沢というところで山崩れに巻き込まれて圧死したのだという[13]。長谷川、後藤の両名はその際一緒にいた住民らしい。なお、旧三保村にはこのほかに震災記念碑があったが、村の中心部は三保ダムの建設で昭和53年に丹沢湖の湖底に沈んだ。その際に神尾田《かみおだ》神社に再建されたのが現在の「震災記念碑」である（同29）。震災の記憶を大切に伝えようとする住民の姿勢に触れた思いがする。

一方、多くの慰霊碑の中で、ひときわ目を引くのは「ああ九月一日」と正面に大書された碑である（図

表2　神奈川県内における村や町での住民による慰霊碑

番号	慰霊対象地域（当時）	慰霊碑の所在地		死者数	慰霊碑名	建立年	西暦	建立者など
1	稲田村菅（詳細不明）	川崎市多摩区菅馬場	臨済宗玉林寺	—	大正震災遭難者供養塔	大正13年9月	1924年	第12世大塚春應代（1周忌）
2	浦賀町	横須賀市西浦賀1丁目	西浦賀町船着場脇	296	関東大震災慰霊塔	昭和47年9月	1972年	宮下、紺屋、蛇畑町会（再建）
3	浦賀町走水	横須賀市走水2丁目	浄土宗覚栄寺［1］	36	大震災供養塔	昭和6年9月	1931年	覚栄寺など隣接3寺院の住職
4	衣笠村小矢部（詳細不明）	横須賀市小矢部3丁目	曹洞宗大松寺	—	大震災殃死者霊魂塔（地蔵）	大正14年9月	1925年	地元女性17人（3回忌）
5	鎌倉町由比ヶ浜	鎌倉市由比ヶ浜2丁目	和田塚	—	大震災殃死者供養碑	昭和10年9月	1935年	由比ヶ浜区（13回忌）
6	腰越津村（含む江の島）	鎌倉市腰越2丁目	浄土宗浄泉寺	79	震災殃死者供養塔	大正13年9月	1924年	草繋全宜住職（1周忌）
7	川口村	藤沢市片瀬2丁目	上諏訪神社	33	震災記念碑	大正13年9月	1924年	氏子総代など16名（1周忌）
8	藤澤町	藤沢市藤沢	金砂山観音・鼻黒稲荷	116	震災記念碑（嗚呼九月一日）	昭和4年9月	1929年	町内の個人、団体（7回忌）
9	平塚町	平塚市幸町	善性寺墓地	—	震災殃死者慰霊碑	昭和4年8月	1929年	加納智珠・住民（丹精者）
10	須馬村	平塚市札場町	真言宗長楽寺	75	大震災殃死者供養塔	大正14年9月	1925年	住民54名（3回忌）

11	小出村（詳細不明）	茅ヶ崎市堤	曹洞宗正覚院	4 or 5	震災供養碑（嗚呼九月一日）	昭和10年頃	1935年	住職（29世）と有志（13回忌）
12	寒川村一之宮	寒川町一之宮1丁目	一之宮八幡大神	18	大震災紀念碑	大正15年9月	1926年	住民22名、戦友会、青年団
13	大田村	伊勢原市下谷	大田小学校隣地	35	大正震災記念碑	大正13年3月	1924年	中郡大田村青年団
14	大田村沼目	伊勢原市沼目1丁目	臨済宗泉龍寺	—	震災死者追善地蔵尊	昭和8年9月	1933年	医師岡田鎌吉（邸内建立）
15	相川村上戸田	厚木市戸田	子易神社	7	震災記念碑	昭和10年9月	1935年	上戸田の住民（13回忌）
16	相川村中戸田	厚木市戸田	中戸田八幡神社	10	震災慰霊碑	昭和4年9月	1929年	中戸田の住民（7回忌）
17	相川村戸田、長沼、小嶺	厚木市上落合	浄土真宗長徳寺	—	大震横死者供養塔（地蔵）	大正14年9月	1925年	住民5名（3年忌）
18	相川村	厚木市酒井	相川中学校隣地［2］	31	大震災記念碑	大正13年9月	1924年	相川村による（1周忌）
19	海老名村	海老名市中新田2丁目	浄土宗増全寺	28	震災横死者慰霊塔	昭和2年8月	1927年	34、35世玉城荘全住職
20	厚木町	厚木市（相模大橋のたもと）	厚木神社隣地	64	震災記念碑（あ、九月一日）	大正13年9月	1924年	厚木町有志（1周忌）
21	愛川村	愛川町半原	日蓮宗妙誠寺	22	大震災殃死之精霊塔	昭和4年9月	1929年	半原山身延参拝団（137名）（7回忌）
22	鳥屋村	相模原市緑区鳥屋	鳥屋・地震峠	16	大震殃死諸精霊碑	（不明）		鎌倉大町清田ヌイ

23	東秦野村名古木・落合	秦野市名古木	曹洞宗玉伝寺	18	大震災殃死者供養塔	昭和2年9月	1927年	念佛講、寺世話人一同
24	大根村瓜生野	秦野市南矢名	曹洞宗龍法寺	8	震災殃死者供養塔	昭和10年9月	1935年	瓜生野一同（13回忌）
25	秦野一町五箇村	秦野市河原町	河原町児童公園	224	震災殃死者供養塔	昭和5年9月	1930年	発願者3名、世話人178名
26	川村	山北町山北	山北国道脇路傍	21	震災復興紀念碑	大正14年9月	1925年	住民57名と戸主会（3回忌）
27	共和村	山北町皆瀬川	旧共和小学校	11	震災供養塔	大正14年4月	1925年	共和村
28	三保村大又沢	山北町大又沢	地蔵平	4	大震災殉難者精霊碑	昭和2年8月	1927年	住民29名（発起人6名）
29	三保村	山北町神尾田	神尾田神社	—	震災記念碑	昭和50年1月	1975年	住民16名（湖底に沈み再建）
30	岡本村沼田	南足柄市沼田	浄土宗西念寺	16	震災犠牲者集合位牌	震災直後		寺院関係者
31	岡本村臺河原（詳細不明）	南足柄市塚原	路傍	—	震災紀念碑	震災直後		臺河原住民
32	仙石原村	箱根町仙石原	曹洞宗長安寺	3	関東大震災供養塔	大正12年12月	1923年	仙石原村有志（百か日）
33	片浦村米神	小田原市米神	正寿院墓地	74	大震災殃死者追悼碑	昭和2年9月	1927年	住民（世話人4名）
34	片浦村根府川	小田原市根府川	曹洞宗岩泉寺	289	殃死者供養塔	大正14年8月	1925年	遺族一同

35	伊東町	伊東市物見が丘	日蓮宗佛現寺	105	万霊塔	大正13年8月	1924年	托鉢で浄財を集め1周忌追弔会に合わせて建立
					五輪塔	大正13年9月	1924年	

死者数は原則碑文による。うち氏名が記載されているものはNo.3、6～8、10～13、15、16、19、21～28、30、32～34
死者数がわからないものは—
[1] 横須賀市走水2丁目の覚栄寺の碑（No.3）の死者数には震災による13名のほかに水害による23名が含まれている
[2] 厚木市酒井の相川中学校隣地にある「大震災記念碑」（No.18）は村全体の慰霊碑で、相川村に関してはこの他地区ごとに3つの慰霊碑（No.15～17）がある

15）。写真右の碑（表2-8）は、藤沢市藤沢（旧藤澤町）の金砂山《きんささん》観音・鼻黒稲荷《はなぐろいなり》大明神のもので、7回忌の昭和4年に建立された。正面の書、背面の撰文《せんぶん》ともに遊行寺《ゆぎょうじ》65世の尊光和尚によるものである。藤澤町は町民を挙げて7回忌の法要を行い、震災の追憶を長く後世に残すために供養碑を立てることになり、和尚もそれに賛同して碑文をしたためたと書かれている。真ん中の石碑（同20）は厚木市の相模大橋のたもとにある。1周忌に町民有志によって建立されたもので、題文の「あゝ九月一日」は厚木町内より募集した結果選ばれたもので、天王町《てんのうまち》の清水弘之の作である。碑は初め当時の厚木町役場の東側に立てられていたが、その後現在地に移転したものである[17]。

さらに一番左側の碑（同11）は茅ヶ崎《ちがさき》市《し》堤《つつみ》（旧小出村）の曹洞宗正覚院にある。自然石を模したコンクリート製の碑である。29世養山住職と近所の有志が建立したものらしいが詳細はよくわからない。13回忌

図15 「ああ九月一日」と刻まれた慰霊碑。右から順に藤沢市金砂山観音・鼻黒稲荷、厚木市相模大橋のたもと、茅ヶ崎市正覚院にあるもの

の建立である。このほかにも相模原市中央区水郷田名《すいごうたな》1丁目（旧田名村）の田名八幡宮にもやや小さい震災記念碑があり、正面に「震災紀念　大正十二年　嗚呼《ああ》九月一日」と刻まれている。この言葉には様々な住民の思いが込められているように思う。「ああ、あの9月1日がなかったら、大切な人を失うこともなく自分たちはもっと幸せに暮らせていたのに！」「ああ、今年も9月1日がやってきた。あのときは苦しかったけれど、今はここまで復興できて頑張っているよ！　どうかあの世から心配せずに見守っていてほしい」などである。

横浜市

横浜市は当時人口が約42万人で、関東大震災での死者数は2万6623人と推定されている。横浜市西区元久保町3丁目にある市営の久保山墓地には合祀霊場がある。中央に円墳の合葬墓があり、その横に立つ石碑の正面には「横濱市大震火災横死者合葬之墓」と刻まれている。背面の記載や合葬墓の右側に立つ由来碑によれば、横浜市の震災犠牲者は約3万人でそのうち姓氏不詳

（身元不明）者で仮葬に伏したのが3300人にもなり、その1周忌に市によって立てられた墓碑がその石碑である。また合葬墓はその後皇室から下賜《かし》された7万5000円と義捐金のなかから2万円の合計9万5000円（約5億円）をかけて大正15（1926）年9月1日に造営されたものである。

このような横浜市の動きとは別に、市内では町ごとに住民の手によって次々と慰霊碑が建立された。表3にそれらをまとめた。表中、死者数は原則慰霊碑から引用し、わからないものは欄外記載の文献から推定した。一つの町内で100人以上の死者を出したところも珍しくない。1周忌に建立されたものが多いが、なかには百か日のものや13回忌のものなど様々である。真言宗玉泉寺（南区中村町1丁目、表3-15）にある「厄除地蔵尊」は摩耗により詳細な氏名の確認が難しいが、推定で約60名の犠牲者名の記載がある。また在日中国人の墓地である中華義荘（中区大芝台、同8）には「大震災遭難者之墓」と書かれた石碑がある。中国人の犠牲者は南京町（昭和30年以前の呼称、現在の中華街）を中心に約1500名にも達した[18]。また、中区大平町の日蓮宗圓大院（同12）の山門前にある「大震災殃死者《おうししゃ》追悼記念碑」には、檀信徒が知人の犠牲者の名前をすべて書きあげたとして89名の氏名が刻まれている。これらを含め、全部で20基の住民による慰霊碑が確認できる。

石碑建立の主体は、有志のほかに、青年会、在郷軍人会、衛生組合などいずれも住民組織である。青年会は今日の青年団にあたり、在郷軍人会は現役を離れた軍人によって組織された団体で、各府県を単位として支部があり、市町村を単位として分会が設置されていた。社会の公益を図り常に国民の中堅であるということを本分としていたために、震災に際して被災者救護などにあたる組織の中心的存在として活躍し

表3　横浜市ならびに横須賀市における住民による慰霊碑

番号	慰霊対象地域（当時）	慰霊碑の所在地		死者数	慰霊碑名	建立年	西暦	建立者など
1	横濱市全体	西区元久保町3丁目	久保山墓地	約30000	横濱市大震火災横死者合葬之墓	大正13年9月	1924年	横浜市（1周忌）、陵墓（無縁者3300余名）は大正15年
2	裏子安	鶴見区馬場1丁目	曹洞宗建功寺	―	大震火災殃死者供養之碑	昭和3年9月	1928年	衛生組合、青年同志会（5周年）
3	神奈川町	神奈川区東神奈川1丁目	真言宗金蔵院	84	大震火災横死者供養塔	大正13年9月	1924年	神奈川町有志（1周忌）
4	二本榎・斎藤分・中川・平尾	神奈川区斎藤分町	山田正浩邸	27	大震災遭難死者追悼記念供養碑	大正13年9月	1924年	二本榎など4町住民（1周忌）、もともと薬師堂にあり
5	藤棚、戸部付近	西区西戸部町3丁目	真言宗願成寺	―	大震災・風水害殃死者供養塔	昭和11年10月	1936年	地元青年会 水害は大正9年の台風か？
6	元町	中区元町1丁目	増徳院薬師堂	150余名	大震災殃死者慰霊碑	昭和10年9月	1935年	衛生組合、青年会、商工会など（13回忌）
7	谷戸坂	中区山手町	ブラフ山手100	―	大震災追悼碑	不明		発起人11名、建立経緯不明
8	南京町など	中区大芝台	中華義荘	1541	大震災遭難者之墓	大正13年10月	1924年	中国人による中国人犠牲者の慰霊
9	長者町五丁目	中区大平町	日蓮宗大圓寺	24	大正震災殃死者追悼碑	大正13年3月	1924年	長者町郵便局長の書による（詳細不明）
10	山元町・根岸町	中区大平町	日蓮宗大圓寺	―	大震災遭難殃死者之碑	大正13年9月	1924年	衛生組合、青年会など（1周忌）

11	（不明）	中区大平町	曹洞宗西有寺	ー	遭難殃死者供養塔	大正12年秋	1923年 2世住職と檀信徒か？（詳細不明）
12	圓大院檀徒や知人など	中区大平町	日蓮宗圓大院	89	大震災殃死者追悼記念碑	昭和4年9月	1929年 檀信徒・15講（7回忌）
13	本牧宮原	中区和田山	真言宗天徳寺	数十名	震災殃死者供養塔	昭和4年9月	1929年 衛生組合、青年会など（7回忌）
14	根岸町	中区根岸町3丁目	白滝不動	10数名	大震災記念碑	昭和10年9月	1935年 青年会、衛生組合、在郷軍人会（13回忌）
15	中村東	南区中村町1丁目	真言宗玉泉寺	約60	厄除地蔵尊	大正13年9月	1924年 発起人7名（1周忌）
16	中村町八幡	南区八幡町	西尾工務店	約10	大震災殃死者供養塔	大正12年10月	1923年 青年会など（49日）、寺の移転で現在地へ
17	吉岡・駿河	南区堀之内町1丁目	真言宗宝生寺	200	大震災横死者追悼之碑	大正13年9月	1924年 自衛保健組合、青年会（1周忌）
18	堀内町	南区堀之内町1丁目	真言宗宝生寺	64	震災横死者供養塔	大正12年12月	1923年 堀内町有志者（百か日）
19	井土ヶ谷町	南区井土ヶ谷上町	赤羽雄一邸	107	大震災殃死者追悼之碑	昭和4年9月	1929年 青年会、衛生組合、在郷軍人会、もとは地蔵堂（7回忌）
20	大岡町	南区大岡1丁目	真言宗吉祥寺	130	大震火災横死者諸精霊之碑	大正13年9月	1924年 青年会（1周忌）
21	根岸町上堀割・分田	磯子区上町	真言宗宝積寺	57	大震災追悼之碑	大正15年9月	1926年 根岸町上堀割・分田有志者
22	横須賀市全体	汐入町2丁目	港町公園	517	大震災遭難者供養塔	昭和4年9月	1929年 横須賀市（7回忌）、昭和11年に現在地へ

23	逸見地区	東逸見町2丁目	クリオ逸見壱番館脇	80	震災遭難者供養塔	大正13年8月	1924年	逸見住民28名1団体（初盆）
24	汐留町	本町3丁目	延命地蔵尊	45	大震災殉難者霊碑	大正14年9月	1925年	汐留町住民（元諏訪交笑会）（3回忌）
25	横須賀市第二町会地区	緑が丘	曹洞宗良長院	―	祇園観世音菩薩像	大正14年9月	1925年	町会有志（3回忌）

死者数は原則碑文による。うち氏名が記載されているものはNo・4、12、15、18～21、23、24
文献より引用したものは『横浜市震災志』第2冊（文献10）がNo・3、9、16、17、『横浜復興誌』第3巻（文献18）がNo・8
死者数がわからないものは―。ただし横須賀市緑が丘の良長院の観世音菩薩像には横死者名を銅版に刻み観音像の胎内に納めたとある

た。また、衛生組合は全町民を組合員として、衛生思想の向上と衛生的環境の実現に努力することを目的につくられた組織である。

これら住民によって建立された慰霊碑は、急速な街の変貌によって数奇な運命をたどって現在に至っているものも多い。神奈川区斎藤分町《さいとうぶんちょう》の山田邸のもの（表3-4）や、南区八幡町《はちまんちょう》の西尾工務店のもの（同16）、さらには南区井土ヶ谷上町《いどがやかみまち》の赤羽邸のもの（同19）は、もともと寺院の境内や御堂がある場所に建立されたが、その後それらが移転して、個人宅で守られることになったものである。図16は赤羽邸内の慰霊碑である。また、神奈川区東神奈川1丁目の真言宗金蔵院《こんぞういん》のもの（同3）は、震災の1周年に神奈川町の有志によって建立されて、以来毎年法要が営まれていたが、昭和20（1945）年の横浜大空襲で寺が焼失、供養塔も破損した。さらに終戦の年の9月の連合軍進駐の折に慰霊碑を守るためか、京浜急行線の土手に

埋められたまま行方不明になっていた。近年、京急仲木戸駅の改修工事に伴い偶然発掘され、平成15（2003）年の大震災80周年にあたり金蔵院に再建されたのである。

図16　民家の庭先に立つ慰霊碑。横浜市南区井土ヶ谷上町の赤羽邸

横須賀市

横須賀市は関東大震災当時、神奈川県下では横浜市に次ぐ都市で人口は約6万8000人を数え、横浜市同様大火災も発生し、死者は665人に達した。先に述べたように横須賀市によって建立された慰霊碑は汐入町《しおいりちょう》2丁目の港町公園にある。一方、住民によって建立された慰霊碑も3か所で確認され、今も慰霊が続けられている。

東逸見町《ひがしへみちょう》2丁目のマンションの脇にある「震災遭難者供養塔」（表3－23）は、隣に石地蔵の祠があり、合計80名の犠牲者の名が刻まれている。名前から5名は朝鮮の人々の犠牲者である。震災翌年の8月に建立されたもので、発起人は28名1団体で苗字の対応から犠牲者の親族が中心となっているようである。近隣の人の話では、今でも9月1日には毎年皆で集まって供養祭を行っている

図17　横須賀市緑が丘の良長院にある祇園観世音菩薩像

という。

次は本町3丁目の通称〃どぶ板通り商店街〃の一角にある延命地蔵尊にある「大震災殉難者霊碑」である（同24）。汐留町の住民によって3回忌の大正14（1925）年9月1日に建立されたもので45名の犠牲者の名前が刻まれている。延命地蔵尊はもともと現在の汐入小学校付近にあり、粗末なトンネルを往来する通行人の安全を守るために立てられたもので、震災後現在地に移された。今では商店街のシンボルとして震災の慰霊碑も一緒に大切に守られ、お参りする人も多い。

3つめは横須賀市緑が丘の曹洞宗良長院の「祇園観世音菩薩像」（同25）である（図17）。由来は、台座の背面にある銅板に書かれている。それによれば、震災で境内に避難してきた横須賀第二町内会の有志によって、大正14年9月1日にまず「震災記念観音」として門前に建立された。その後昭和6（1931）年には金燈籠《かなとうろう》一対が奉納され、町内の人々の心のよりどころとなって信仰が深められていった。第二次世界大戦後は敗戦の混乱で人心が混迷の極に達したときに、町内有志がこの観音を「祇園観音」と改称し、境内の現在の位置に移し、昭和25年10月17日に開眼供養を行って再び町民の心のよりどころとなってきたという。なお、震災による犠牲者名は銅版に刻み、観音菩薩像の胎内に納められている。つまり震災の犠牲者が観音菩薩像となり、住民を長年支えてきたということである。

最後に、横須賀市による慰霊碑（同22）のある港町公園の慰霊碑群について、57ページの図14の追善地蔵の祠の壁に埋め込まれた3枚のプレートによる由来を説明する。これらの慰霊碑群は当初からこの場所にあったわけではなく、昭和11年11月にすぐ近くの汐入町2丁目1番地の旧地から現在の国道16号線拡幅のために移したものである。

順を追って説明すると、震災の翌年4月24日に旧地に崖崩れの犠牲者の遺族が中心となって「追善地蔵尊」と「大震遭難追善地蔵尊の碑」、ならびに「遭難者名碑」が建立された。図14の手水鉢《ちょうずばち》はそれに先立つ大正12年12月28日に海軍軍需部の女子工員によって奉納されている。海軍軍需部は埋没した道路を挟んで崖の反対側にあり敷地の大半が被害を受け、地震直後から付近で慰霊が行われていたのであろう。そこに、先に述べたように昭和4年の7回忌法要に合わせて、市により建立されたのが「大震災遭難者供養塔」である。その後、すべてが現在地に移転したのである。

プレートには、その際に佐藤茂徳の特志で84坪の土地が提供されたこと、移転にあたって寄付をした141名の個人と10の団体名、さらに寄付の額が刻まれている。寄付金の総額は6899円67銭（約3400万円）にもなる。個人の筆頭は馬淵曜で、海軍関連の工事受注を請け負っていた馬淵組（現・馬淵建設）の創業者である。2番目の岡本傳之助は今も横須賀にあるデパートのさいか屋の創業者である。さらに3番目の小泉又次郎は移転当時の前横須賀市長で、元総理大臣の小泉純一郎の祖父にあたる。

さらにプレートには、移転に際して新しく「震災記念閣」が建てられたことが次のように記されている。「閣内に当時を回顧するに足る各種の資料ならびに市の復興に参画せる人士の小照等を陳列し、その功労を永遠に伝うるの画成る」。小照とは肖像画や人物写真のことである。港町公園の地に横須賀市の震災記念館が建設されたようであるが、これ以上の記録はなく、その後どのような経緯でなくなったかもよくわからない。しかしながら、移転の経過から、震災から10年以上が経過しても犠牲者を悼み、復興も含めて震災の記憶を伝えようとした市民の強い意思が継続していたことは確かである。

コラム1　死者数

横須賀市の港町公園における市の供養塔には犠牲者517名と刻まれている。ところが表4のように、資料別に横須賀市の死者・行方不明者数をまとめて見ると、一致する資料はおろか最大で200名ほどの差があることがわかる。その原因を探るべく、資料ごとに調査主体の欄を設けてみた。死者数の集計は大きく市によるものと警察によるものとに分けることができるようである。

市の調査は、戸籍管理を目的にしており、死亡届が主体となるために、本籍などの関係で、移牒《いちょう》すなわち管轄の異なる他の役所から文書で通知されてきた死者も含む特徴がある。つまり、この場合では京浜地域などで亡くなった横須賀出身者を多数含んでいる可能性がある。松澤資料〔19〕や内務省資料〔20〕は、いずれも市町村の調査結果をまとめて全域の被害統計を作成したもので、これに対応する。71ページに示した死者665人は松澤資料による数を採用したものである。

また『横須賀震災誌』〔21〕でも被害統計は市役所の調査と書かれており、死者数を見ると三者はほぼ一致していることがわかる。そのうち松澤資料はやや数が少ないが、これは調査時期がほかに比べて早かったせいだと考えられる。つまりこの方法での最終的な死者数は683ないし684人である。

これに対して西坂は警察の調査結果を採用している[13]。警察は検死によって死者を確認するため、基本的には横須賀市内で亡くなった人が対象になる。また行方不明は捜索願が出された人の数が対象で、本人の遺体が確認できていない人ということもできる。

『横須賀震災誌』には、市役所で震災による犠牲者として埋火葬《まいかそう》として取り扱った人の名簿も掲載されており、全部で487名の名前が書かれている。またその他不明として63名と記載されている。ここでの不明は行方不明ではなく、遺体はあるが身元がわからない人で横須賀市民以外の人の遺体

表4　横須賀における資料別死者数

資料	調査主体	死者	行方不明	身元不明	合計	市民の死者	市民以外	備考
松澤（1925）	横須賀市	665			665	○／○		
内務省（1926）	横須賀市	684			684	○／○		
西坂（1926）	警察	481	25		506	○／		市民の捜索願
横須賀震災誌（1932）	横須賀市	683	24		707	○／○		死亡届と移牒
	火葬簿	487		63	550	○／	63に含む？	
	恩賜金下賜	514			514	○／△	△	横須賀で手続き
						市内／他所	市内	

もこちらに分類されている可能性が高い。警察の死者数と火葬簿に氏名がある人の数はかなり近く、おそらく横須賀市内で亡くなった横須賀市民の数は481、ないし487名ではなかったかと考えられる。

『横須賀震災誌』では、被害統計の行方不明者に警察による行方不明者とほぼ同数の24名を入れ、死者数の683名と合わせて死者・行方不明者707名としている。この数は、震災で亡くなったり行方がわからなくなったりした横須賀市民や横須賀出身者の総数と考えることができる。一方、『横須賀震災誌』には恩賜金受領者数というのもある。これは震災によって亡くなった人に皇室から下賜された見舞金を、肉親が受け取るべく横須賀市内で手続きをした人の数である。説明でも行方不明で死亡と認定された人のほかに、厳密には京浜間の死亡遺族が横須賀市に避難し、当市で手続きをした人が含まれているとしている。その点を除けば、この数字は横須賀市在住の人で、横須賀市以外において亡くなった場合も含めた犠牲者数に近いものかもしれない。冒頭に述べた港町公園の供養塔に刻まれた犠牲者517名という数もこれに近く、横須賀市在住の人が震災で亡くなった数を表しているようである。警察や火葬簿に記載された横須賀市内で亡くなった人の数より多いのは自然である。

このように調査主体別に考えると、資料ごとに異なる死者数の相違をある程度説明できそうである。数字の差はその信頼性の低さを表すというより、数字の意味する違いを表しているようである。このことは現代の災害による死者数にも通じる。新聞やテレビで発表される死者数の数字を見る際には、どこの機関からの発表かも確認する必要がありそうである。

三　巷にあふれる弔意

企業・団体

横浜市を中心に工場、商店などで働く人々や同業者に対する慰霊碑を16件特定した（表5）。前から5件は工場、次の聘珍樓《へいちんろう》（表5－6）は現在も続く横浜中華街の老舗レストラン、偕楽園（同7）は料亭であった（昭和43年閉店）。前者は建物倒壊と火災、後者は40ページ表1にも示したが土砂崩れによって多くの従業員が命を落とした。ユナイテッド・クラブは横浜在住の西洋人の社交場で、建物倒壊で亡くなった日本人従業員の慰霊碑（同8）である。横浜地方裁判所（同9）は16ページで述べたとおりである。その他（同10～15）は同業者によるもので、印刷業、建設業、髪結業、理髪業、刺繡業などの仲間の慰霊碑である。先に述べた浄土宗光明寺の「追遠碑」（49ページ参照）も建設関係者の慰霊碑の可能性があり含めた（同13）。表の最後は大磯町大磯にあった護国道場という団体による慰霊碑である。この団体は、元内務大臣の水野練太郎が関連した日蓮宗系の団体で、道場の閉鎖に伴って同じく大磯町大磯の日蓮宗妙輪寺に慰霊碑が移設されているが建立の経緯など詳細は不明である。

工場のうち最大の被害を出したのは富士瓦斯《ガス》紡績保土ヶ谷工場であった。富士瓦斯紡績は現在の富士

表5　企業、団体や同業者による慰霊碑

番号	団体・業種（所在地）	慰霊碑の所在地	死者数	慰霊碑名	建立年	西暦	建立者など
1	日本鋼管（田島町）	川崎市川崎区渡田3丁目	43	真言宗成就院 日本鋼管震災慰霊碑	大正12年12月	1923年	隆性和尚と日本鋼管関係者（百か日）
2	東京電気（川崎町）	横浜市鶴見区鶴見2丁目	67	曹洞宗総持寺 東芝震災供養塔	大正13年9月	1924年	東京電気株式会社（1周忌）
3	富士瓦斯紡績保土ヶ谷工場（保土ヶ谷町）	同　保土ヶ谷区上星川2丁目	454	曹洞宗東光寺 関東大震受難者之墓	昭和8年7月	1933年	富士瓦斯紡績保土ヶ谷工場
4	相模紡績平塚工場（平塚町）	平塚市黒部丘	165	JT平塚工場 関東大震災殉難慰霊塔	昭和61年9月	1986年	日本たばこ産業（JT）
5	純水館製糸場（茅ヶ崎町）	茅ヶ崎市本村4丁目	1	曹洞宗海前寺 震災追善碑	大正14年3月	1925年	従業員天木榮一郎の追善
6	聘珍樓（横濱市山下町）	横浜市中区大芝台	8	中華義荘 聘珍樓大震災殉難者慰霊碑	不明		聘珍樓（中国料理店老舗）
7	偕楽園（屏風浦村）	同　磯子4丁目	11	真言宗金蔵院 大震災横死者碑	昭和4年9月	1929年	偕楽園主（7回忌）
8	ユナイテッド・クラブ（横濱市山下町）	同　中区大芝台	25	蓮光寺墓地 大震火災殉死者之墓（YUC）	不明		菊元徳次郎、林増尊（共友会）
9	横浜地方裁判所（横濱市北仲通り）	同　中区日本大通	94	横浜地裁 慰霊碑	昭和10年9月	1935年	裁判所関係者（13回忌）
10	横浜印刷業者	同　西区赤門2丁目	22	真言宗東福寺 追悼碑	大正15年7月	1926年	横浜印刷業者（発起人6名）

11	横浜大工職	同　南区 清水ヶ丘	臨済宗回向院	―	大震災横死者 諸精霊塔	大正13年 9月	1924年	横浜大工職組合40名 （1周忌）
12	横浜市婦人美髪師・ 洗業者	同　南区 庚台	浄土宗光明寺	―	震火災殃死者 追善供養塔	大正13年 7月	1924年	横浜女子美髪 模範研究会10名
13	建設業関係者？	同　南区 庚台	浄土宗光明寺	―	追遠碑	大正13年 9月	1924年	横溝豊吉など31名 （1周忌）
14	横浜市寿理髪業	同　南区 堀ノ内町1丁目	真言宗宝生寺	26	大正大震災 殃死者之碑	大正13年 9月	1924年	寿理髪業組合32名 （1周忌）
15	井土ヶ谷刺繍業	同　港南区 上大岡東3丁目	上大岡霊園	66	震災横死者之碑	昭和4年 9月	1929年	井土ヶ谷刺繍睦會ほか12名 （7回忌）
16	護国道場 （大磯町）	大磯町大磯	日蓮宗妙輪寺	―	殃死者追善碑	不明		有村国太郎、 護国道場から移設

死者数は原則碑文による。うち氏名が記載されているものはNo・5〜10、14、15
文献より引用したものは『神奈川県下の大震火災と警察』（文献13）がNo・2、4、『未曾有の大災害と地震学』（文献6）がNo・3
死者数がわからないものは―

紡ホールディングスで、震災による従業員の犠牲者の総数は770名にも達した。特に保土ヶ谷工場の犠牲者は最多の454名である。敷地は現在の相鉄（相模鉄道）線の星川駅に近く（旧保土ヶ谷町）、現在は保土ヶ谷区役所、消防署、警察署、郵便局、公園、団地、スーパーマーケットなどの敷地となっている[6]。

従業員は大半が女子工員で約6000名、昼夜2交代制がとられ震災当時その半数が勤務についていた。大部分は地方農村出身者で年齢は13歳から40歳にわたり、2年ないし3年満期の契約で前借金をして来ている者も多かった。地震で崩れた煉瓦《れんが》の下敷きになって助けを求める声が幾日かにわたって聞こえたが、煉瓦を除去する作業ははかどらなかったという［6］。慰霊碑のある曹洞宗東光寺は相鉄線上星川駅の近くにある（表5-3）。慰霊碑には「関東大震受難者之墓」と刻まれ、背面の記載から昭和8（1933）年7月15日に保土ヶ谷工場によって建立されたことがわかる。新しい塔婆や花が供えられ、今でも参拝する人があるようである。

一方、相模紡績平塚工場（旧平塚町）は従業員数約3000人で死者数は165名に達した［13］。戦争中の軍需工場化を経て、第二次世界大戦後には大蔵省専売局によるたばこ工場になり、昭和60年の民営化でJT（日本たばこ産業）平塚工場となった。慰霊碑には「関東大震災殉難慰霊塔」と刻まれ、立てられたのは昭和61年9月と新しい（同4）。民営化直後の工場立て替えに伴い安全祈願を目的に建立されたもので、それ以来9月1日には工場の幹部が集まり、近くの浄土宗阿弥陀寺から住職を招いて毎年慰霊祭が行われている。

紡績工場というと『女工哀史』に代表される過酷な労働のイメージがあるが、純粋館製糸場（旧茅ヶ崎町）は、経営者の小山房全《ふさもち》が人道主義的な経営を行い、優良生糸生産工場として全国にその名が知られていた。ところが震災によって工場は倒壊、さらには横浜へ出荷中の生糸の焼失など大きな打撃を受けた［22］。碑は震災で亡くなった従業員、天木榮一郎の追善碑である（同5）。なお、日本鋼管と東京電気の慰霊碑（同1、2）については後で触れる。

粋筋の人々

「川崎大師」の通称でよく知られている真言宗平間寺《へいけんじ》（旧大師町）には「納札連供養塚《のうさつれん》」と呼ばれる慰霊碑がある。納札とは千社札のことで、本来、神社や仏閣に参拝を行った記念として貼る札で、自分の名前や住所を書き込んだものである。主に江戸の通人や職人衆、芸者衆など粋筋が、それぞれ意匠を凝らして多色ずりであつらえ、ひいき筋に渡したり、交換したりしたもので、今でも愛好家が集まって交換会（納札会）が定期的に行われている。この慰霊碑は、納札会のメンバーのうち8名が震災で亡くなり、ほかの参加者がその供養のために立てたものである。正面全体に千社札が刻んであるという大変珍しいもので、江戸時代から庶民に親しまれた川崎大師ならではといえる。た

図18　川崎市の平間寺（川崎大師）にある納札連供養塚。碑面の構図とD区画の発起人部分の拡大も示す

だし、川崎大空襲で火難に遭ったために欠落が多く解読には骨が折れる。

図18の左側は石碑全体の写真で、中央に「供養塚」と書かれている。図の右上に示すような構図で区画ごとに千社札が刻まれている。A区画「震災殃死納札者」として8名の震災犠牲者の札が刻まれ、札にはそれぞれ「ろいう、彫源、金子吉、㊑酒井、曽我部一紅、生田可久、三よし、かと里」と書かれている。また下の写真はD区画を拡大したもので、建立発起人5名の札が刻まれている。一方、石碑の背面には発起人の氏名が書かれており、対応させると、例えば「いせ万」は大西浅次郎、「髙橋藤」は髙橋藤之助で、「東都納札睦會」は現在も続く納札会である。B区画やC区画の納札者には、市場の取り仕切り、江戸木《き》目込《めこみ》人形の職人、江戸火消の組頭などの人の札が並んでいる。震災後の追善納札会は東京だけでなく大阪や京都でも行われたようで、E区画には大阪や京都の納札会の参加者の札も刻まれている。関東大震災による犠牲者の慰霊は、日本全国、社会の隅々に至るまであらゆる階層の人々の間で行われていたことを表している。

花街の女性たち

震災当時、主な都市には芸妓屋や遊女屋が集まる花街と呼ばれる地区があった。これらの地域は一般に木造建築が密集する歓楽街を形成していたために地震の被害を受けやすく、そこで働く多くの女性が震災の犠牲となった。神奈川県下には、東京の吉原遊廓《ゆうかく》ゆかりの新吉原花園池跡［1］のように、それらの女性たちを弔う明確な場所はないが、それらしい慰霊碑をいくつか見つけることができる。

50ページで指摘した横浜市南区庚台《かのえだい》の浄土宗光明寺にある両縁供養塔もその一つである。また光明寺に近い南区三春台の浄土宗大光院にある「大正震災横死者追悼碑」も、横死者として背面に書かれた23名のうち19名は女性で、建設委員として「お多福、高松家、伊勢樓、一二三、かなめ、柏家、花家」という店名が書かれていることから花街の犠牲者を弔う慰霊碑の可能性が高い。正面の書をしたためたのは増上寺79世大僧正澄譽上人（道重信教）で「今一休」との異名をとった名僧である。

横浜市で最大の花街は、南区の真金町《まがねちょう》と永楽町にまたがる地域にあった横浜遊廓である。そこには今も当時をしのばせる金刀比羅大鷲《ことひらおおとり》神社がある。境内に入ると道路に沿ったところに「三社復興」と書かれた復興碑があり、正面に寄付者60人の寄付金額と氏名が書かれている。また背面には「震災復興　廓諸職寄付　大正十三年六月建之」と書かれており、犠牲者の慰霊碑ではなく遊廓の復興碑であるということがわかる。このほかに神社の北側の隅に「震災紀念」とだけ読める石碑があるが由来は不明である。横浜遊廓での死者は約450名でそのうち娼妓の死者はほぼ半数の220名であった[10]。

一方、明確に遊廓の犠牲者の慰霊碑だとわかるものは、平塚市の大鳥公園（旧平塚町）にある。公園の南西の隅に大鷲神社があり、御社の隣の猫の額ほどの敷地に人の背丈ほどの「震災遭難者之霊碑」が立っている。背面に、「為大正十二年九月一日遭難者追善供養建立　昭和四年九月一日　平塚貸座敷組合員一同」と書かれている。貸座敷《かしざしき》とは遊女屋のことで、大鳥公園のある平塚町2丁目には昭和28（1953）年頃まで遊廓があった。道路を挟んで大鳥公園の向かい側あたりである。この慰霊碑は『平塚市制40周年記念誌』[23]に掲載され、「旧平塚遊廓内」との説明があることから以前は遊廓の敷地内にあったものと思われる。

また、大鳥公園の近くには浄土宗阿弥陀寺がある。そこに昭和4年建立の「平塚町大震災殉難者霊位供養碑」がある。台座正面に勧進者として女性32名の名前が刻まれている。住職の斉藤匡念《きようねん》がまとめた資料『寺誌稿』[24]には、供養塔は震災で殉難した多くの人々、特に特殊の環境にあった女性のために7回忌の追善供養に建立されたものであると記されており、花街の女性に対する慰霊碑であろう。

四　殃死者供養

漂流遺体

殃死《おうし》は横死とも書き、まっすぐでない死、つまり不慮の死をいう。すなわち、殺害、災害、事故などによって天命をまっとうせずに非業の死を遂げることである。仏教では今世の命は過去世の業因によるとされるが、非業とはそれからもはずれるという意味である。突然の地震によって命を落とすことは、すべて殃死といえるかもしれないが、中でも漂流する遺体は殃死そのものであり、身元もわからず漂う遺体への同情の証しとして多くの慰霊碑が建立された。

東京23区内の品川から羽田にかけての海岸沿いに震災で漂流する遺体の慰霊碑が複数あることは筆者が前著[1]ですでに紹介しているが、横浜市や横須賀市にも同様の慰霊碑がある。横浜市金沢区洲崎町《すさきちよう》(旧金澤村）の真言宗龍華寺《りゅうげじ》の鐘楼の横に玉垣に囲まれて「震災殃死漂流者供養塔」と地蔵尊、ならびに「建碑之由来碑」が立っている。供養塔は震災の翌年の8月24日に、地蔵尊は17回忌の昭和14（1939）年9月1日に、それぞれ大橋須磨子によって建立されたものである。一方の由来碑は、13回忌の昭和10年9月1日に龍華寺の名前で建立されている。

「建碑之由来碑」によれば、震災後40名あまりの遺体が金沢の海岸に流れつき、住民も被害を受けていたので、とりあえず各字の地先に遺体を埋葬せざるを得なかった。それを聞いた大橋須磨子は翌年7月に、町内の有志の同意を得て遺体を掘り起こし荼毘《だび》にふし、龍華寺に供養塔を立てて手厚く葬った。須磨子氏は、衆議院・貴族院議員を務めた実業家で金沢文庫の復興などに多大な貢献をした大橋新太郎の夫人である。由来碑にはさらに「十三回の忌辰《きしん》に当り、夫人は重ねてこの碑を建てゝ供養の盛典を挙ぐ。これ偏《ひとえ》に夫人美徳の致すところ抑え難きに出でたるものならん」とある。文面からは、由来碑の建立も実は須磨子氏によるもので同時に13回忌法要を行ったと解釈される。現在の供養塔には昭和62年3月改修という記載もある。

このほかにも、横須賀市馬堀町《まぼりちょう》4丁目（旧浦賀町）の浄土宗浄林寺の墓地に「大震災殃死者之霊碑」がある。この碑は昭和5年9月1日に、地元の3つの講の住民が建立したもので、地元の海岸に漂着した死体を埋葬したと刻まれている。碑には6名の犠牲者の戒名が書かれ、うち5名は男性で戒名の頭に波のうねりを表す「濤」の字がつき、残り1名の女性には「離苦得樂信女」、つまり苦しみから離れ楽になってほしいという住民の祈りが込められている。『横須賀震災誌』[21]は、震災後漂着した遺体の様子を「災後数日より十数日の間において死体の海岸に漂着せるもの前後十人に及び、中には既に全身腐爛《ふらん》して面貌《めんぼう》の識別し難きものさえあり、凄惨目も当てられず、固《もと》より何処《どこ》の誰たるを知る由《よし》もなければ……」と記している。

以上は、横浜や東京方面から主に火災から逃れようとして川などで溺死した人々の漂流遺体であるが、津波で大きな被害を出した伊豆半島の東岸には、32ページで述べたように、伊東市八幡野《やはたの》の大江院墓地と赤沢の清月院墓地にそれぞれ津波による漂着遺体を地元で手厚く葬った墓石が立っている。

異国の地で

関東大震災は日本を代表する国際貿易港であった横浜を直撃したために、多くの外国人が異国の地で命を落とすことになった。死者数は中国人が1541人、次いでロシア人が87人、英国人が44人、米国人が39人、インド人が28人などである[25]。先に述べたように中国人の死者の大半は南京町（現・中華街）で発生し、中華義荘には「大震災遭難者之墓」と書かれた慰霊碑がある。さらに中華義荘には「本山后土之神」といわれる一角に様々な団体や個人による15基の慰霊碑と地蔵王廟の横に「横浜震災後華僑山荘紀念碑」という復興記念碑が立っている。

一方、西洋人に対しては、横浜市中区仲尾台の根岸外国人墓地に横浜市が大正15（1926）年に建立した「外国人震災慰霊碑」があり、その周りを見渡すと亡くなった日付から震災による犠牲者とみられる墓標が13基確認できる。図19に「外国人震災慰霊碑」と13基の墓標（aからm）を示す（nは日付が読めず不明）。

図19　根岸外国人墓地にある横浜市建立の外国人震災慰霊碑と周辺にある震災犠牲者の墓標

現在、ほとんどが無縁墓となっているようである。そのなかには、イギリス系貿易商社員であったO・M・プールが震災時の横浜を記録した金井圓訳『古き横浜の壊滅』[26]に名前が出てくる4名も含まれている。また、横浜市中区日本大通の横浜開港資料館の館内には、当時英国領事館であった同建物で犠牲となった4名の職員を悼むプレートがある。O・M・プールはこの4人のことを以下のように記している。「英国領事館の職員の半分は、初期の遺物である古い石造の建物の崩壊するさい死んでしまった。……そのなかにはヒュー・ホーン、ヘイグ、ワッデル、およびリーズがいた。……ヒューは有能な商務担当参事官であったばかりでなく、すばらしい才能に恵まれた音楽家でもあり、また、大変親切でユーモアのある男であった」

本国を離れ異国の地で亡くなり、その多くは無縁仏となってしまった人々に対しては、ただ安らかにお眠りくださいと祈る以外すべがない。

朝鮮人の犠牲者

震災当時、朝鮮半島は日本の植民地であり、朝鮮の人々は外国人としての犠牲者の統計には含まれていない。ところが実質的には最も多くの命を落としたのは在日の朝鮮の人々であった。その理由を物語る碑が、横浜市西区の久保山墓地の合葬墓に通じる参道の左側にある。背面には「昭和四十九年九月一日」と建立の日付が書かれ「少年の日に目撃した一市民建之」と刻まれている。関東大震災の際に流言飛語に狂乱した日本人に多くの朝鮮人が虐殺など被害を受けた。そのことを告発する石碑である。人々の多くは見て見ぬふりをしていたのであろう、歴史学者の今井清一は横浜での様子に触れ、路上などに放置された遺体を一体ずつ収容し埋葬していたのは朝鮮出身の李誠七《イソンチル》であったと伝えている[27]。

横浜市港北区菊名5丁目（旧大綱村）の浄土宗蓮勝寺には、非業の死を遂げた朝鮮の人々に対する慰霊の場がある（図20）。ここの歴史をたどると、はじまりは日本人の元海軍大佐の村尾履吉であることがわかる。村尾は震災の翌年に三ツ沢市営墓地で犠牲者のために追悼会を行い、昭和8（1933）年に私財を投じて朝鮮の人々の無縁仏のために「納骨塔」と「弔魂碑」を建立した[28]。昭和21年に村尾は他界、李誠七が新たな慰霊の場として蓮勝寺を定め、翌22年に蓮勝寺の先代柴田敏夫住職の協力で「弔魂碑」（図20のa）と「納骨塔」（c）を三ツ沢墓地から移し、新たに「改葬記念碑」（b）が建立された。

現住職によれば、なぜ蓮勝寺に墓地が移されたかは不明であるが、先代は県社会福祉協議会副会長なども務めていたことから、当時愛隣園長を務めていた李誠七と縁ができたのではないかという。昭和25年から始まる朝鮮戦争の頃からはからずも、参拝者が後述の東林寺と分かれていったのではないかという。なお、図20のdは「韓国人墓地改修記念碑」で昭和62年に墓地改修が行われた際に建立されたものである。現在でもこの場所で毎年秋に法要が行われている。

一方、横浜市港北区篠原町（旧大綱村）の曹洞宗東林寺で話をうかがうと、李誠七が南区の真言宗宝《ほう》生寺《しょうじ》の先々代佐伯妙智《みょうち》住職に収容した遺体の納骨を依頼した際に、宝生寺と姻戚関係にあった東林寺の当時の住職、仏舟達禅《ぶっしゅうたつぜん》和尚が要請に応えるべく遺骨を受け入れたとのことである。納骨堂ができたのは昭和36年で、それまで遺骨は本堂に安置してあった。納骨堂には現在でも約５００体の遺骨が安置されていて、春と秋の旧暦の彼岸に在日朝鮮人の祖先とともに慰霊祭が行われている。

図20　横浜市港北区菊名5丁目の蓮勝寺にある犠牲となった朝鮮の人々に対する慰霊の場

さらに、南区堀之内町1丁目（旧大岡川村）の宝生寺に行くと、大きな「韓国人慰霊碑」が立っている。碑文には、李誠七の努力と当時の佐伯妙智住職の好意でこの地に鎮魂できたと記載されている。碑の建立は昭和35年9月1日で、最後に「関東大震災による韓国人怨霊《おんりょう》の冥福を祈るものである」とある。続いて犠牲者１３６名の氏名が記載されている。

震災の際に日本人によって殺された在日の朝鮮の人々の数は、一説によれば全国で数千名にも達し、神奈川下での犠牲者はそのなかでも多い[29]。犠牲となった朝鮮の人々に対する慰霊碑を前にすると、歴史には取り返しのつかないことがあるということを思い知らされる。そんななかで、蓮勝寺の「改葬記念碑」に刻まれた村尾履吉氏や宝生寺の慰霊碑に刻まれた佐伯妙智住職への感謝の記載を読むと少しほっとする。さらに横浜市鶴見区潮田町《うしおだまち》3丁目（旧潮田町）の真言宗東漸寺には、狂乱した市民から命がけで多数の朝鮮の人々を守り抜いた、当時の鶴見警察署長の大川常吉《つねきち》への顕彰碑が立っている。昭和28年3月21日に在日朝鮮人団体によって建立されたものである。筆者も以前、震災当時建設中の大雄山線《だいゆうざんせん》の現場で同じように、自警団を組織していきり立つ日本人から朝鮮の人々を守った現場主任の話を書いたことがある[30]。このような日本人がいたことも糧にして、日本の歴史にとって大きな負の遺産である関東大震災における朝鮮人虐殺の事実を決して風化させてはなるまい。

万霊塔

非業の死を遂げた人々はもちろん、ありとあらゆる精霊の鎮魂に建立される慰霊碑を「万霊塔」と呼ぶ。正式には「三界万霊塔」や「法界万霊塔」といわれる。三界はわれわれが生まれ変わり死に変わりすることの世界とあの世のことであり、法界とは全宇宙のことである。

鎌倉市大町3丁目（旧鎌倉町）の日蓮宗大宝寺《たいほうじ》の本堂の右側に大きな法界万霊塔が立っている（図21）。過去帳によれば、日蓮上人の650遠忌にあたる昭和6（1931）年に第37世の日音上人によって建立されたものである。以前から門前にあった中央の釈迦像に、左側に「大震火災殃死者之霊《おうししゃ》」の石塔、右側に

「報国殉難戦死者之霊」の石塔を新たに加えたものである。左側の石塔には「関東大震災第八周年、日清戦争三十七年、日露戦争二十七年、日独戦争十七年」とあり、右側の石塔の台座には、6万9384文字の経石を納めたことや『鎌倉忠魂録』と戦死者名簿、および『関東震災誌』と罹災者名簿などが納められたことが記載されている。『関東震災誌』とは、鎌倉町が昭和5年にまとめた『鎌倉震災誌』[31]のことであろうか。

図21　鎌倉市大町3丁目の大宝寺にある法界万霊塔

さらに、左の石塔には「昭和八年三陸大震災」と刻まれ、また右の石塔には昭和6年から始まる満州事変や翌年の第一次上海事変など一連の中国との戦争の記載もある。建立後も次々に起こる地震や戦争の犠牲者を供養するために、追刻されたものと思われる。

同じ鎌倉市の材木座5丁目（旧鎌倉町）の浄土宗九品寺《くほんじ》には、日清戦争（明治27〜28年）と翌明治29（1896）年6月の明治三陸津波の犠牲者の魂を慰めるために、同年10月に九品寺の第36世住職によって建立された「弔魂碑」がある。また横須賀市田浦町6丁目（旧田浦町）の国道16号線の船越隧道《ずいどう》脇には、「大震災殃死者群霊宝塔」があり、震災による旧田浦トンネルの落盤によって亡くなった人の霊を慰めるために在郷軍人会が建立した慰霊碑である。同型の石碑は近くの日蓮宗清円寺下のＪＲ横須賀線の踏切脇にもあるが、こちらは「轢死者《れきし》、溺死者」とあり、寺の話では、軍の関係で海で亡くなった人や、厳しい訓練や人間関係に耐えられずに列車に飛び込み亡くなった人を弔うものだという。

一方、なんらかの工事で遺骨が見つかった場合もある。横須賀市浦郷町《うらごうちょう》４丁目（旧田浦町）の臨済宗正禅寺の山門右側には多くの石碑とともに万霊塔がある。石碑の一つに、「海軍用地撥掘無縁納骨所」と書かれているが、これは近くにあった海軍航空隊の敷地拡張工事に際して発掘された震災犠牲者の遺骨を無縁仏として納骨したものである。昭和９年９月に工事関係者によって建立された。また、川崎市の京急八《はっ》丁畷駅《ちょうなわて》（旧川崎町）のＪＲ南部支線との高架横にある「無縁塔」は、昭和９年の側溝工事で無数に発掘された人骨を弔うもので、地元と川崎市によって立てられたものである。この地は川崎宿の外れにあたり、昔から震災や大火、洪水、飢饉や疫病などの災害で亡くなった身元不明の人々が埋葬された場所である。

以上のように震災に限らず、昔から様々な天災、人災によって亡くなった殃死者を弔う習慣はわれわれの社会には深く根づいている。災害のたびに行方不明になった人々を最後の一人まで見つけだそうと懸命の努力がなされるのもその現れであろう。たとえ弔う人がいない身元不明者に対してももらさず官民挙げて平等に手厚く葬ろうとする心は、仏教の「自他平等」の精神に通じるものであろう。自とは我、他とは一切衆生、この世に生きとし生ける者すべてということである。まさに「万霊」である。

殃死者供養の最後にどうしても紹介したい追悼の句碑がある。箱根町湯本（旧湯本村）の曹洞宗早雲寺にあるもので、塔ノ沢の環翠楼《かんすいろう》鈴木の主人、梅村美誠によって、大正15（１９２６）年９月１日に建立されたものである。句碑の正面には「追悼　大正十二年九月一日　大震災遭難者のために」と書かれ、続いて「山百合《やまゆり》も香焚き児《ちご》の頸《うなじ》かな」と刻まれている。親戚関係にあった巌谷小波《いわやさざなみ》の句碑で、山百合を、お香を焚《た》いている子供の首筋に見立てた句である。震災で殃死した犠牲者に対し、生き残った人々が老いも若きも皆そろって手を合わせて静かに冥福を祈っている姿が思い浮かぶ。

コラム2　馬頭観世音

震災によって犠牲となったのは人間だけではない。関東大震災当時、馬は農耕馬としてまた人や荷物を運ぶ手段として広く用いられていた。厩《うまや》の倒壊などによって死んだり、傷ついて役に立たなくなり仕方なく処分されたものや、火災で焼死した馬も多数いた。人々は自らも苦境のなかで、これら震災で犠牲となった馬に対し慈しみの心を惜しまなかった。

馬頭観世音《ばとうかんぜおん》はもともと仏教における観世音菩薩の変化身の一つであるが、近世以降は、馬が急死した路傍や芝先（馬捨場）などに祀《まつ》られるようになる。ほとんどが「馬頭観世音」と文字だけが彫られた石碑で、愛馬への供養として設けられたものである。今でも農村部を中心に多くの馬頭観世音の石碑が残されている。その中で命日が震災の日となっているものは、おそらく震災の犠牲になった馬の供養に建立されたものであろう。表6に神奈川県下で見つけた関東大震災によると見られる馬頭観世音の石碑をまとめた。

表6　神奈川県下の馬頭観世音（震災関連）

番号	住所	所在地・関連施設	建立者	備考
1	横浜市西区西戸部町1丁目	羽沢稲荷神社	鈴木半兵衛ら12名	大正13年2月24日建立
2	三浦市初声町高円坊	西端の高台農道脇	小林藤造	11基の石塔の一つ
3	山北町岸	小菅宅裏の畑の畦	小菅富治	現在撤去、寺で供養
4	山北町湯触	用沢北路傍	佐藤榮吉	12基並ぶうちの一つ
5	南足柄市関本	小宮正昭邸内	小宮菊次郎	
6	南足柄市塚原	塚原大神宮境内	髙嶋初五郎	
7	小田原市上曽我	曹洞宗竺土寺付近	鳥居清	昭和19年9月建立

横浜市西区西戸部町1丁目の羽沢稲荷神社のもの（表6－1）には、「為震災焼死及殉職馬匹紀念」と書かれているが、ほかは命日の記載から震災によると判断したものである。そのうち山北町岸（旧川村）の小菅宅裏のもの（同3）は、命日が9月2日となっているが、家人の説明から震災による犠牲であることが確認できた。ただし、現在は撤去され近くの寺で供養されている。また、建立年については、小田原市上曽我（旧曽我村）の曹洞宗竺土寺《じくどじ》近くの民家にあるもの（同7）のみに記載があった。竺土寺の墓地3000坪（約1万㎡）が地すべりを起こし、下方の民家3戸が埋没、死者13名を出した（41ページ、表1参照）。その際に馬も犠牲となったのであろう。なぜ20年以上もたってから建立さ

れたかはわからない。竺土寺には昭和44（1969）年建立の「墓地改修碑」があり、関東大震災による地すべりの被害とその後の復旧の経緯が記載されている。

一方、三浦市初声町高円坊《はつせまちこうえんぼう》（旧初聲村）の農道脇にあるもの（表6-2）は、建立者が小林藤造とあり、小林保家の過去帳で曽祖父の藤造氏が確認できた。家人によれば、祖父から震災で母屋が潰れ納屋でしばらく暮らしていたとの話を聞いたことがあるが、曽祖父が建立した馬頭観世音の石碑については知らなかったとのことであった。時は流れ、人知れず路傍に立つ馬頭観世音の石碑ではあるが、今でも当時の人々の温かい心根を感じさせる重要な震災遺産である。

第三章　震災から学ぶ

震災は人々から多くのものを奪い去った。人々は悲しみに打ちひしがれ、絶望の淵に立たされた。そんなときにふと目にしたものは焼け跡の緑であり、多くが倒れたり焼けたりしたなかで悠然と立つ建物であった。寺田寅彦は随筆集『柿の種』[32]に震災後の様子を以下のように記している。

「三、四日たつと、焼けた芝生はもう青くなり、しゅろ竹や蘇鉄が芽を吹き、銀杏も細い若葉を吹き出した。藤や桜は返り花をつけて、九月末に春が帰って来た。焦土の中に萌えいずる緑はうれしかった。崩れ落ちた工場の廃墟に咲き出た、名も知らぬ雑草の花を見た時には思わず涙が出た」

震災は人々の心まで打ち砕くことはできなかった。緑に勇気づけられた人々は、さっそく廃墟に立つ建物に学び、復興を見据えて動き出した。本章では復興の章の始まりとして、耐震基準の成立過程とその問題点について考える。

一 地震に耐える

焦土に芽吹く

横浜開港資料館の中庭に大きな玉楠《たまくす》の木がある（図22）。この木は江戸時代からこの地にあり、安政元（1854）年の日米和親条約の締結は、この玉楠の木の近くで行われたといわれている。関東大震災によって幹の部分は完全に焼失したが、残った根から新たに芽が出て現在のようになった。いわば横浜の歴史を見つめてきた生き証人である。開港資料館は、昭和47（1972）年まで英国領事館であった。先に述べたように建物は震災で倒壊し、玉楠の木を取り囲む旧館は震災後の昭和6年に再建されたもので、横浜市指定文化財になっている。玉楠も昭和63年に横浜市地域史跡に登録された。

このほかにも震災を伝える樹木がある。山北町岸（旧川村）の岸八幡神社の大クスノキもその一つである。山北町教育委員会によれば、この木は樹齢300年の大木で、関東大震災によって裂けた根本の先端から生え出した枝は学術的にも珍しく、昭和59年に山北町の天然記念物に指定された。また鎌倉市坂ノ下（旧鎌倉町）の御霊神社には鎌倉市指定天然記念物で樹齢350年のタブの木がある。津波に追われて境内に避難した人々がこの木につかまり、相次ぐ余震の揺れに耐えたと伝えられている。

図22　横浜開港資料館の中庭にある玉楠の木

震度7に耐えた建物

震災で横浜市の中心部は、震度7に達するような強い揺れとその後に発生した火災によって完全に廃墟となり、現在ある建物や橋のほとんどは震災後の再建である。そのようななかで震災前からの建物が9棟（うち2棟は最近解体）と3つの橋が今でも残ってい

表7　現存する震災前の構造物と被害（横浜市）

番号	名称（創建当時）	所在地	竣工年	設計者	構造形式	指定	震災時の被害など
1	神奈川県立歴史博物館（横浜正金銀行本店）	南仲通5丁目	1904年（明治37）	妻木頼黄	石造（3階）（地下室付）	国指定重要文化財	震害僅少の地下室を除き、全焼（建設担当は遠藤於菟）
2	横浜三井物産1号館	日本大通	1911年（明治44）	遠藤於菟	RC造（4階）		震害僅少、全焼（日本初の全鉄筋コンクリート造）
3	横浜三井物産付属倉庫	（同右）	1910年（明治43）	遠藤於菟	煉瓦造（3階）（屋根、柱RC）		震害、火災被害なし（2015年解体）
4	赤レンガ倉庫1号館	新港1丁目	1913年（大正2）	妻木頼黄	煉瓦造（3階）	横浜市歴史的建造物	妻および中央部半潰、一部焼失
5	赤レンガ倉庫2号館	（同右）	1911年（明治44）	（同右）	（同右）	（同右）	被害僅少、火災被害なし
6	横浜開港記念会館	本町1丁目	1917年（大正6）	山田七五郎 佐藤四郎	煉瓦造（2階）（地下室付）	国指定重要文化財	震害ほとんどなし、地下室、塔を除く他は焼失（半焼）
7	ラ・バンク・ド・ロア（露亜銀行）	山下町	1921年（大正10）	バーナード・M・ウォード	RC造（3階）	横浜市有形文化財	震害僅少、全焼
8	松坂屋本館（野澤屋呉服店）	伊勢佐木町1丁目	1921年（大正10）	出浦高介（増築：鈴木禎次）	RC造（4階）（張壁煉瓦造）	横浜市歴史的建造物	沈下約5寸東南隅一部小亀裂、震害僅少、全焼（1934年7階へ増築、2008年解体）
9	損保ジャパン日本興亜馬車道ビル（川崎銀行横浜支店）	弁天通5丁目	1922年（大正11）	矢部又吉	RC造（3階）（地下室付）	横浜市歴史的建造物	震火災被害ほとんどなし
10	新港橋	新港1・2丁目	1912年（大正元）	大蔵省臨時建設部	鋼ワーレントラス橋	横浜市歴史的建造物	橋台・基礎部に被害、橋体異常なし（製造：浦賀船渠、国産）
11	港1、2号橋	新港2丁目	1909年（明治42）	鉄道院	鋼トラス橋	横浜市歴史的建造物	橋台・基礎部に大被害（製造：アメリカン・ブリッジ社）

る。表7にこれらの構造物の所在地、竣工時期、設計者、構造形式、ならびに震災時の被害などをまとめた。被害状況は、表中の1〜9の建築物については『震災予防調査会報告』第100号丙下[33]、同10の新《しん》港橋《こうばし》は同報告第100号丁[34]、同11は現在の汽車道《きしやみち》にある港1号、2号橋で、当時は高島町と横浜港間の貨物支線にあり、『国有鉄道震災誌』[35]から引用した。

建築物はほぼ竣工年代順に並べたが、階数は3、4階が標準で、明治期は石造や煉瓦《れんが》造が多く、大正期に入ると鉄筋コンクリート造（RC造）が多くなることがわかる。横浜三井物産1号館（表7‐2）は明治44（1911）年竣工で、わが国最初の完全なRC造である。設計者の遠藤於菟《おと》はRC造の先駆者で、前年竣工の付属倉庫では、外壁は煉瓦造としたが柱や屋根はRC造を用い、1号館で初めて完全なRC造を実現させた。

石造・煉瓦造（床と屋根は通常は木造）では、現在の神奈川県立歴史博物館、当時は横浜正金銀行本店の建物や、赤レンガ倉庫として現在商業施設となっている新港埠頭《ふとう》の倉庫などがある。いずれも妻木頼黄《よりなか》の設計である。妻木頼黄は旧大蔵省の建築技師で、赤レンガ倉庫は国の模範倉庫として建設された。また開港50周年記念に建設された横浜開港記念会館は、横浜市の初代建築課長の山田七五郎によっている。

震火災の様子を見ると、どの建物も揺れによる被害は少ないが火災の被害を受けて内部は焼失している。そのようなかで、火災の被害がなかったのは横浜三井物産付属倉庫（同3）や赤レンガ倉庫2号館（同5）など比較的壁面の多い倉庫建築である。倉庫以外では損保ジャパン日本興亜馬車道ビル（同9）、当時の川崎銀行横浜支店の建物のみが火災を逃れた。現在、ビル本体は高層ビルとなり石積みの外壁とファサードだけが保存されている。この建物は妻木頼黄の弟子であった、矢部又吉の設計によるRC造である。

最後に橋梁についてみると、どちらも橋台や基礎部には大なり小なりの被害を受けたが落橋することはなく、上部の橋体も鋼鉄のトラスで被害はなかった。港1、2号橋（同11）のトラスは米国製であるが、新港橋（同10）のトラスは浦賀ドック（船渠）による国産で、大正期になって造られるようになったことがわかる。新港橋は震災直後から通行可能な数少ない橋梁の一つであった[25]。

二　耐震建築への道

30年前の教訓

関東大震災から約30年前の明治24（1891）年に、文明開化の日本を揺るがす大地震が起きた。濃尾《のうび》地震である。地震規模はマグニチュード（M）8・0と推定され、わが国最大の内陸直下地震だといわれている。その名のとおり、美濃と尾張、すなわち岐阜県と愛知県に大きな被害をもたらし、死者数は7273名にも達した。この地震では多くの木造家屋が倒壊し、さらに岐阜市や大垣町（現・大垣市）では大火災も発生して多くの犠牲者を出した。被害の様子は、当時まだ珍しかった写真や錦絵、石版画などでも伝えられている[36]。

そうしたなかで、もう一つ社会に大きな衝撃を与えたのは、文明開化の象徴ともいうべき壮大な煉瓦造の建物の被害であった。そもそも震災地にそれほど多くの煉瓦造があったわけでもなく、被害棟数は愛知県で全潰1棟、半潰6棟であったが、文明開化への人々の期待を打ち砕くかのごとき衝撃が走った。全潰したのは熱田町《あつたちょう》(現・名古屋市熱田区)の尾張紡績会社の建物で、近くにある浄土宗雲心寺(熱田区尾頭町)には、今でも圧死した39名の従業員の慰霊碑が立っている。また半潰したなかには、名古屋市の名古屋郵便電信局や第三師団司令部など公的機関の建物も含まれている。

当時、建築学における唯一の学術雑誌であった『建築雑誌』には、煉瓦造建物の被害とその原因についての論評がいくつか見られる。それらをまとめると、一つは工事の不備や材料の不備、もう一つは小屋組と煉瓦壁など、建物各部同士の接合の不備を指摘している。特に工部大学校(現・東京大学工学部)の造家学科の教授であったイギリス人のジョサイア・コンドルは、煉瓦造建築の耐震性を向上させる方法として、煉瓦の壁体に鋼材を入れるなどして建物全体をできるだけ一体にすることを提案している[36]。この指摘は煉瓦構造に限らず、建物をなるべく堅く丈夫な一体構造とすることで耐震性を上げるという考えに基づいており、のちの耐震基準のベースとなる剛構造の考え方に通じるものである。

コンドルが主張する鋼材で煉瓦造を補強する構法の代表的なものが、のちに考案された碇聯《ていれん》鉄構法と呼ばれるものである。例えば各階ごとに煉瓦の目地に合わせて水平方向に帯鉄を入れ、垂直には一定間隔で煉瓦に穴をあけて鉄棒を差し込み、帯鉄に連結して全体として鳥かごのような構造にする方法である。横浜で関東大震災の揺れに耐えた表7の建物で石造、煉瓦造と書かれているものはすべて碇聯鉄構法が採用されたものである。妻木頼黄はそれを積極的に導入した設計者の一人であった。

関東大震災に対する成績

当時の調査報告書を見ると〝建物の成績〟という言葉がよく出てくる。手探りで建てた建物がその耐震性について試験を受けるのが地震であるとすれば、被害の程度はまさに成績である。表8は田中大作[33]による横浜市における建物の成績表である。これを見てわかることは、煉瓦造（石造も含む）は全半潰率が78・1％と非常に高く、鉄骨造（S造）や鉄筋コンクリート造（RC造）の約50％に比べて成績が芳しくない。総じて横浜市よりも揺れが小さい東京市でも同じような集計がある[37]。それによればRC造の全半潰率は2％と非常に小さく、これに比べて煉瓦造は18・2％である。さらに一部破損や亀裂などの被害を含めた被害率で見るとRC造は33・1％であるのに対して、煉瓦造は79・4％にも上ることがわかる。

RC造は19世紀後半に発案され、普及が進むのは20世紀初頭からである。従って日本では関東大震災の頃でもまだ歴史の浅い構造形式であった。ところが、震災に対する成績表はRC造に軍配を挙げる結果となり、これを境にして煉瓦造はほとんど建てられなくなってしまった。

表8　構造別被害統計（横浜市）

構造	全潰	半潰	僅少	全数	全半潰率（%）
煉瓦造	98	27	35	160	78・1
S造	5	18	22	45	51・1
RC造	27	14	48	89	46・1

耐震基準の成立

濃尾地震後、政府は当時の文部省に震災予防調査会を設け、国を挙げて地震対策の研究を推進する体制を整えた。そのなかで大きな位置を占めたのは地震に耐える構造方法の研究であった。その一つが試験家屋の建設や耐震家屋のひな形モデルを作製した検討である。その中心となったのは、工部大学校でジョサイア・コンドルに学んだ辰野金吾であった[36]。辰野らは、日本で圧倒的に多い木造建築のひな形をつくり、基礎に土台を設けて柱を立てること、柱と小屋を鉄材で結びつけること、梁や桁などの水平部材と柱をボルトなどの鉄材でしっかり固定すること、さらには筋交いを入れることなどを提案した。

一方で、辰野は煉瓦造の日本銀行本店（東京都中央区、明治29年、重要文化財）や東京駅（大正3年、重要文化財）の設計でも有名で、いずれも関東大震災に耐えて今日まで使われている建物である。コンドルが濃尾地震の後に述べた、建物をなるべく堅く丈夫な一体構造とすることで耐震性を上げるという設計思想に基づき、辰野は煉瓦造だけでなく木造の建物にもその考えを反映しようとしたのである。

以上は濃尾地震の震災状況などから生まれた経験的な提案であるが、一方で耐震基準をつくろうとすれば、避けては通れないのが数量化である。地震によって建物が受ける力を量的に示し、構造計算によって建物各部の応力を計算し耐震設計を行う研究を進めたのは佐野利器《としかた》であった。佐野が〝建築構造学の父〟と呼ばれるゆえんである。

佐野は東京帝国大学建築学科で学んだ辰野金吾の弟子である。大正5（1916）年に「家屋耐震構造論」という論文を発表し、その中で「震度法」と呼ばれる量的設計法を提案した。その提案をもとに、関東大震災から10か月もたたない大正13年6月に世界でも本格的なものとしては初めての耐震基準が市街地建築物法の規定として制定された[38]。現在の建築基準法のルーツである。

濃尾地震の経験から耐震構造にかかる経験的知見を集め、関東大震災に対する成績も踏まえてやっと到達したのが耐震基準であった。耐震基準は当初法律の名前が示すように都市部にのみ適用される規定であったが、復興過程において耐震性が極端に劣る建物を建てさせないという意味で果たした役割は大きい。

コラム3　旧横浜正金銀行本店と火災

旧横浜正金銀行本店の建物は、今は神奈川県立歴史博物館として石造の重厚な姿を誇っている（図23）。この建物は表7で指摘したように揺れによる被害はほとんどなかった。震災時の様子は以下のように伝えられている[13]。

揺れが収まった後、建物に別状はなかったので、重役らは行員に命じて火災を予想して金品や重要書類をことごとく地下室の大倉庫に収納させた。そうこうするうちに周囲には避難民約200名が集まってきた。1時間後の午後1時頃、火の手が近づいてきたので、行員は避難民を行内に呼び入れ全部の扉をしめ切って籠城することを決めた。間もなく階上の明かり取りから火が入り、行員ら340名は燃えていない隣の川崎銀行側の地下室に入り空気を少しずつ取り入れながらとどまった。午後3時ごろ火は1階まで燃え下り、ますます呼吸が困難な状況となった。我慢することさらに1

時間半、午後4時半頃には1階以上の内部は全部焼け落ち、付近の火もおおかた消えたので、一同は地下室から飛び出し九死に一生を得た。

一同が地下室に逃れ門扉を閉ざした後に避難してきた人々は行内に入ることができず、正門前や周囲の石塀内に押し重なって倒れ、焼死者は140名に達した。

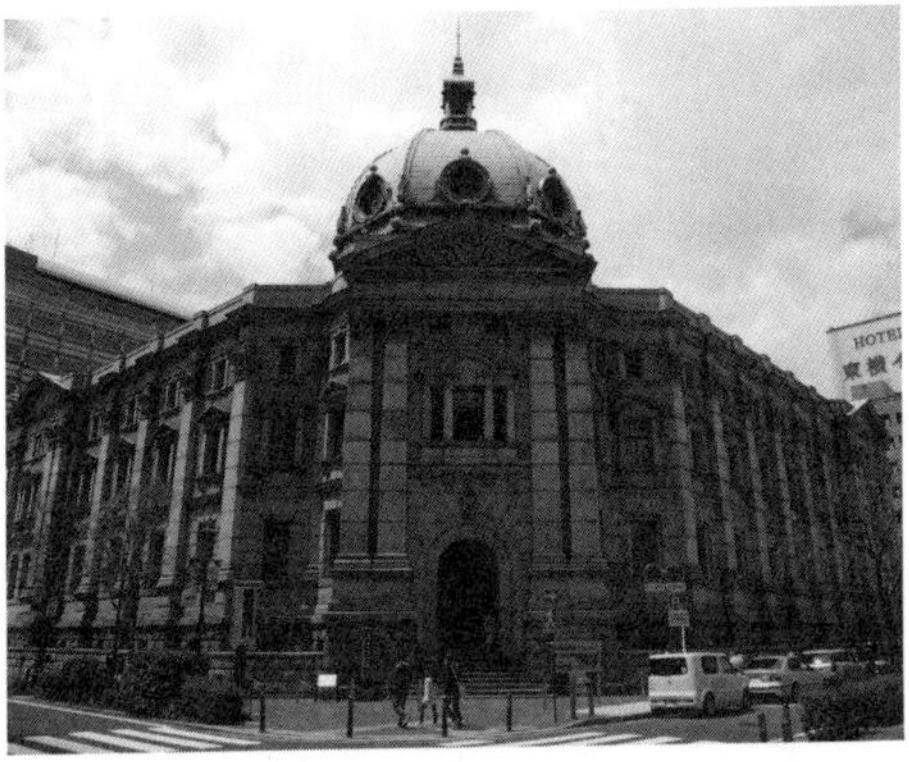
図23　神奈川県立歴史博物館（震災当時は横浜正金銀行本店）

このように揺れで崩れなかった建物でも、その後の火災は少しの隙間からも侵入して内部を焼きつくした。そんななかで、隣の川崎銀行の建物は、揺れによる被害はもちろん火災も完全に防ぐことができた。川崎銀行では地震後、金品帳簿類を大金庫に収納した後、午後1時ごろ使丁《してい》2人を残し、行員は避難した。その後2人は避難民20名を地下室に収容してみずからも難を逃れた。川崎銀行に延焼しなかったことは、隣の正金銀行の地下室にいた人々を救う上でも役立った可能性がある。

なお、横浜正金銀行本店のドームは、震災の火災で焼失し、昭和41（1966）年に神奈川県が横浜正金銀行の後継である東京銀行からこれを譲り受ける際に復元されたものである。

三　伝統木造建築と耐震

木村新左衛門記念碑

24ページの図Aの震度分布図は、木造住家の全潰率をもとに評価したものであることから、関東大震災に対する木造住宅の成績を地域別に示したものともいえる。神奈川県下のほぼ半分の地域は震度6強以上、すなわち全潰率10%以上の地域であり、さらに図Bに示すように都市部では火災が発生し、揺れで全潰を免れたものもほとんどが焼失してしまった。佐野利器《としかた》は共著『耐震構造汎論』〔39〕の冒頭で「(わが国では)古来幾多の災害に苦しみ来ったに拘《かか》わらず、木造家屋には、従来ほとんど特種の耐震的工夫が凝らされて居なかったということは不思議の次第である」と述べている。そのようななかで、地震に対してびくともしなかった巨大な木造建築物に対して、人々が驚きや賞賛の念を禁じえなかったのはむしろ当然のことかもしれない。

建物は川崎市川崎区大師町(旧大師町)の真言宗平間寺《へいけんじ》(川崎大師)にあった山門である。ほとんどの建物が被災するなかで総檜造の荘厳華麗な山門が無傷で厳しく聳《そび》え立っている姿を見た人々は、この山門を造った大工の棟梁である3代目木村新左衛門に畏敬の念さえ持ったにちがいない。その徳をたたえた記念碑が同人の27回忌にあたる昭和5(1930)年に、息子の4代目を中心に60名もの賛同者によって立てられている。山門は明治34(1901)年に、12年の歳月をかけて完成したもので、地元では「残っていれば国宝だ」と今でも語り草になっている。残念なことに震災をくぐり抜けた本堂とともに、昭和20年4月15

日の川崎空襲で焼失してしまった。境内に残る旧本堂の礎石とこの記念碑が往時をしのぶ縁となっている。

古都鎌倉での成績

古都鎌倉には多くの神社仏閣があり、伝統木造建築の耐震性を測るのに最適な地域として挙げることができる。現在の鎌倉市の中心部、当時の鎌倉町を中心とした震災の状況は『鎌倉震災誌』〔31〕に詳しく述べられている。鎌倉には強い揺れだけでなく、地震直後に火災も発生し、津波も襲来しているが、神社仏閣が多く存在する地域への影響はほとんどなく、その意味では、神社仏閣における建物の被害はほぼ揺れに対する成績と見ることができる。

それによれば、神社仏閣で全潰したものは寺院が28棟、神社が10棟とあり、合計38棟である。これらの数字は神社仏閣の中心的建物である社殿や本堂を指すようである。社殿や本堂が強い揺れによって倒れぺしゃんこになった神社や寺院が合計38もあったということである。さらに『鎌倉震災誌』を丹念に読むと、北部の二階堂にある天台宗杉本寺など一部を除き無事であった寺院はほとんどない。一方、神社でも二階堂の鎌倉宮のほかは、十二所《じゅうにそ》、浄明寺、西御門《にしみかど》など丘陵地の比較的小規模な神社の社殿の被害が軽微であった程度で、ほかはほとんどが半潰以上の大きな被害をこうむっていたことがわかる。一般に神社の社殿は、周りが板壁で囲まれ、寺院の本堂などと異なり開口部が少ないことから小規模なものほど耐震的であると考えられる。このような建物を除けば、総じて当時の鎌倉における伝統木造建築の地震に対する成績は悪かったといえる。

遅れた木造の耐震

関東大震災では濃尾地震と同様に多くの木造建築物が倒壊した。この事実を見れば、震災予防調査会で辰野金吾らが指摘した接合部をボルトなどの金物でしっかり固定することや筋交いを入れることなどが実践されていたとは思えない。また、関東大震災では多くの木造建築が焼失してしまったこともあるが、被害の原因が学術的に検証された形跡はほとんどない。そのことの背景にはいったい何があったのだろうか。

第二次世界大戦前の木造建築の構造の研究を担っていた東京工業大学教授の田邊平學《たなべへいがく》は、その著書『耐震建築問答』〔40〕の中で次のように述べている。「大工職の人々に一言お願い致《いた》し度《た》いと思います。大工職の人々の中には『筋違《すじかい》（筋交い）をいれねば保たぬ様な家は、俺は建てぬ』などと啖呵《たんか》を切って、筋違を入れることを、大きな恥辱でもあるかのように考えている人がありますが、これは飛んでもない心得違いであります。……『筋違』の完全な入れ方を知らぬ者は、これからの大工職としては資格が無いものと心得て、自由に且《か》つ有効に筋違を使いこなす事の出来る腕を誇る様になって欲しいと願って止まぬ次第であります」。

また、田邊は柱と梁などを接合する場合に、仕口《しぐち》と呼ばれるほぞとほぞ穴を組み合わせる伝統木造における方法が、結局は柱の断面を小さくして強度を弱めることを指摘し、金物を使って柱と梁を緊結することや方杖《ほうづえ》と呼ばれる斜め材で補強することを強調している。そんな田邊の有名な言葉に「大工の手からノミを奪え」というのがある。これは、昭和２（１９２７）年の北丹後地震の直後に、神戸新聞に出した啓蒙警告の記事の題名である。日本の大工がノミを使って仕口を精巧につくることに精力を費やし、近代的な考え方に基づく建物の耐震化に不熱心であることを指摘したものである。

明治以後、辰野や佐野、田邊に代表される大学出のエリートたちが提案する耐震化への構法の提案が、日本の住家の大半を占める木造住宅で、江戸時代からの木造の技術を伝承する大工の棟梁達に容易に受け入れられなかった歴史がそこにはあった[41]。これに対して、エリートたちが打った打開策が耐震基準の制定であった。震災後の市街地建築物法における構造規定の強化において、木造建築物に対して、柱の小径の強化(太くする)や筋交いや方杖の設置の義務付けなどが導入された。しかしながら、一方で、エリートたちの興味は木造よりむしろ建築技術の最先端であった鉄筋コンクリート造や鉄骨造へと向けられていく。このような傾向は第二次世界大戦後も続き、関東大震災やその後の震災における木造建築物の成績は充分検証されてきたとはいえない。本格的な木造の研究は平成7(1995)年の阪神・淡路大震災を契機に行われるようになったと言っても過言ではない。

第四章　都市の復興

関東大震災の特徴の一つは近代都市を地震が直撃したことである。その代表は旧東京市であるが、神奈川県にも市制を敷く都市が二つあった。横浜市と横須賀市である。現在でも横浜市は国際貿易港として、横須賀市はアメリカ海軍施設と海上自衛隊の司令部のある軍港としてそれぞれに特色を持っている。先に述べたようにどちらの市でも大火災が発生し、横浜市では約2万7000名、横須賀市では約700名の犠牲者が出た。市町村別の死者数では東京市に次いで2位と3位にあたる。

しかしながら、復興にあたっての両者の環境は大きく異なっていた。横浜市は東京市と同じく、国が関与する帝都復興事業の対象地域になることができたのである。このため本章では、横浜市については帝都復興事業に焦点をあて、一方の横須賀市については当時の日本海軍と陸軍の活動に焦点を絞って、それぞれのまちに現在も残る震災の跡をたどりつつ都市の復興を検証する。

一　横浜市——復興のシンボルを訪ねて

帝都復興事業

帝都復興事業が決定するまでのあらましをまとめると以下のようになる［42、43］。

地震の翌日、大正12（1923）年9月2日の夜に誕生した第2次山本権兵衛《ごんのひょうえ》内閣は、予期せぬ大震災のためにその日から帝都復興を至上命題とすることになる。後藤新平は、東京市長を腹心の永田秀次郎に任せ、自らは内務大臣に就任することになった。就任直後、後藤は、①遷都はしない、②復興費は30億円、③欧米でも最新の都市計画を採用してわが国にふさわしい新都を建設する、④新都計画実施のため地主に対しては断固たる態度で臨む、という基本方針をつくり、矢継ぎばやに手を打ち始めた。9月12日には、後藤の主張が通り、遷都を否定する「帝都復興に関する詔書」が出された。ところが、その後、地主層に支持基盤を持ち、衆議院で多数を占める政友会の反対などにより、復興予算は次々と削減され、12月18日の第47議会でついに4億円台にまでになった（その後1億5000万円の復活が認められる）。後藤は、窮迫する市民の現状に鑑みて忍び難きを忍ぶとして、帝都復興計画は確定した。

横浜市では、9月11日に震災後初めての市議会が開かれ、渡辺勝三郎市長は「旧に倍する理想的な大横浜市建設」の決意を表明した。その後復興にかかる意見書を作成し、9月16日に市長と議員一同は上京して後藤内相に陳情し、帝都復興計画に横浜市を包含するとの約束を取りつけた。それを受けて、19日に渡辺市長は有力者200名を集めて、原富太郎を会長とする横浜復興会が設立された。原は中区本牧《ほんもく》の三溪園（明治39年開園）をつくったことで有名な実業家である。

横浜復興会は、大正12年の10月から11月にかけて新しい都市計画構想を打ち出し、横浜市に提案した。一方、この時期の横浜市の都市計画局長は後藤内相の意向で横浜市に派遣された内務省技師の牧彦七であり、牧は横浜復興会と折衝を行った末に11月11日に横浜復興計画案（牧案）を国の帝都復興院に提出した。その後12月に最終決定された復興計画では先に述べた帝都復興事業の予算縮小に伴って、横浜市民や経済界から要望の強かった横浜港の港湾整備や京浜運河の開削は除外された。表9は復興局がまとめた『帝都

表9　帝都復興事業（横浜市）

対象事業	[主体] 事業内容
土地区画整理事業	[市] 7地区165ha　[国] 6地区165ha
街路事業	[市] 10路線13km、路面・側溝・土留・石垣などの復旧工事　[国] 13路線約30km [県] 京浜国道改修7・2km中路面舗装・六郷橋一部、街路工事など
橋梁事業	[市] 63橋　[国] 24橋、運河改修に伴う改築11橋
河川運河事業	[市] 千代崎川・滝ノ川（総延長約7km）、破損した河川護岸の修築　[国] 大岡川・帷子川改修（総延長約5km）
公園事業	[市] 既設の横浜公園ならびに掃部山公園（8・0ha）の改修 [国] 野毛山公園（8・3ha）、山下公園（8・2ha）、神奈川公園（1・3ha）の造営
学校建設事業	[市] 小学校31校、商業学校1校　[県] 商工実習学校・高等女学校・女子師範・第一中学校・工業学校新営修繕
上水道事業	[市] 復旧および新築拡張、導水管約92700m、野毛山・西谷浄水場の配水池などの新設
下水道事業	[市] 186haの汚水、雨水処理設備の建設
病院建設事業	[市] 横浜十全病院（現・横浜市立大学附属市民総合医療センター）など新築
社会事業施設	[市] 職業紹介所3、公設市場4、簡易食堂2、託児所2、公設浴場3を建設
中央卸売市場建設事業	[市] 山内町（4・5ha）に本場、寿町（0・5ha）に分場建設
電気事業施設	[市] （電気軌道事業）軌道改良復旧66か所、電線路改良復旧62か所、変圧所復旧2か所、車輌新造改良1062台 （電気供給事業）建物新設復旧2、変電所復旧4、電灯の取り付け
防火地区指定	[市国] 用途地域変更：甲種防火地域62ha
防火耐震建築奨励	[市国] 防火地区建設費補助、復興建築助成会社設立、地質調査、建築補導

[市] は横濱市（当時）、[県] は神奈川県

復興事業概観』[44]をもとに作成した横浜市の帝都復興事業の概要である。横浜復興計画が都市の再整備に主眼が置かれていたことがわかる。また、国の事業でありながら、東京市と同様に土地区画整理事業など多くの事業を横浜市が負担することになり、横浜市は市債を発行してまかなったが、のちに市の財政に大きな重荷となった。

昭和2（1927）年6月2日に、復元され装いを新たにした開港記念横浜会館（現・横浜市開港記念会館）で大横浜建設記念式典が開催され、さらに昭和4年4月23日に昭和天皇をお迎えして、横浜市の復興事業はひと段落した[45]。

桜木町駅の存続問題

横浜市の都市計画において最も大きな争点となったのが桜木町駅の存続問題であった。すでに牧案でも新しい横浜駅を平沼町付近にし、まちの中心を北部に移して桜木町駅を復旧しないことになっていたが、これには横浜復興会に集まった有力者は反対であった。この問題は震災翌年の2月まで持ち越され、鉄道省、横浜市、復興局の協議の末に、桜木町駅は終点駅として存続が決まる一方で、新しい横浜駅は当初の計画どおり、ほぼ現在の横浜駅の場所に移動し、新しい横浜駅を中心とした道路整備が行われることになった。

横浜駅の歴史は明治5（1872）年の新橋―横浜間の鉄道の開通により始まる。その際の横浜駅（初代）は現在の桜木町駅であった。ところが明治20年になると東海道線の延伸で横浜駅と国府津《こうづ》駅間が開通

図24　横浜市西区高島2丁目のマンション内にある2代目横浜駅の遺構

し、直通列車は横浜駅で進行方向を反転するスイッチバックをするようになった。これを解消するために明治31年には横浜駅を経由しない短絡直通線が開通した。これによって直通列車は横浜駅を通過するようになる。これを解消するために大正4（1915）年に現在の横浜市営地下鉄高島町駅付近にできたのが2代目横浜駅である。この駅は関東大震災の火災により取り壊されて短命に終わった。21ページで述べた高島町駅のすぐ近く（西区高島2丁目）にあるマンション内の遺構がそれにあたる（図24）。

震災後、議論された現在の横浜駅（3代目）はさらにその外側の平沼町付近に建設されたもので、これによって東海道線はほぼ真っすぐに横浜駅を通ることになった（現在のJR横浜駅の住所は同じ西区高島2丁目）。その際に支線の終点として桜木町駅が存続されることになった。なお、現在の桜木町駅は終点ではなくJR根岸線が通っているが、磯子まで開通し根岸線となるのは昭和39（1964）年のことである。

山下公園

震災前の横浜市の主な公園は関内《かんない》の横浜公園と桜木町に近い西区紅葉ケ丘《もみじがおか》の掃部山《かもんやま》公園の2か所だけ

で、市の面積の0・2%ほどでしかなく6大都市中最低であった。このため『帝都復興事業概観』[44]では公園建設の必要性が述られている。背景には、横浜公園で地震の際に火災に追われた数万人の命が救われたことや、掃部山公園では9月7日時点で約3000人の罹災者が収容されたことなども挙げられる[46]。

図25　山下公園にあるインド水塔

帝都復興事業で新たに整備された公園は表9にあるように、野《の》毛《げ》山《やま》公園、山下公園、神奈川公園の3つで、いずれも国によって整備された。東京市で隅田公園、錦糸町公園、浜町公園の3公園が国によって整備されたのと同様である。そのうち復興の象徴の一つとして有名な山下公園は、海岸通り沿いに震災の瓦礫《がれき》などを使って海を埋め立てて造成されたもので、横浜港の大さん橋の脇から堀川の河口まで長さ約800m、幅約100mにわたるもので、昭和5(1930)年3月15日に開園した[18]。

大さん橋寄りには、インド水塔と呼ばれる建造物がある(図25)。設計は横浜市建築課長だった鷲《わし》巣《ず》昌《あきら》で、現在、横浜市認定歴史的建造物に指定されている。震災時に横浜市が行った外国人商人への救済措置に対する在日インド人からの返礼と同胞の慰霊のために昭和14年に建てられたもので、横浜市が国際貿易都市として復興する過程を表すモニュメントの一つである。

復興橋梁

震災では揺れによって多くの橋梁が落橋し、またその後の火災で大きな被害を受けた。このため復興過程で多くが架け替えられた。表9に示したように横浜市によって63橋、国よって35橋が新たに架けられた。関内周辺を中心に、大岡川の栄橋より下流部、港付近、旧派大岡川さらには堀川に架かる橋梁を調べて、復興時に架け替えられた橋（ここでは復興橋梁と呼ぶ）の所在を確認すると表10のようになる。橋梁に刻まれた架橋時期から復興橋梁と確認できたものが○を付すものである。平成25（2013）年3月時点で8橋が残っていた。新港橋《しんこうばし》は先に指摘したとおり、唯一震災前から使用されている道路橋である。

図26は中央気象台（現・気象庁）による「横浜火災図」[47]から、関内周辺の地域を抜き出したものである。●印は火元で、矢印が火災の延焼方向、数字は時間である。海岸線がほぼ南東―北西方向であり、延焼方向を示す矢印は北を向くものが多く、強い南風で火災が一気に広がったことがわかる。火災旋風の発生場所と進行方向も書かれている。

関内を含む地域は江戸時代のはじめ頃までは遠浅の入り江であったが、幕末にかけて次第に奥から埋め立てられた。大岡川の分流（派大岡川）までの内陸部を「吉田新田」といい、派大岡川で区切られた海岸地域が関内である。1970年代に派大岡川は埋め立てられ今では高速道路が走っている。震災当時の鉄道は大岡川を渡ることなく桜木町駅が終点であった。関内の名は幕末の横浜開港を機に外国人と武士と

表10 横浜市関内周辺の復興橋梁

川	橋名	通行状況	現橋架橋時期	西暦	現存状況
大岡川	栄橋	×	平成元年3月	1989年	
	太田橋	−	昭和3年1月	1928年	○
	末吉橋	×	平成19年3月	2007年	
	黄金橋	×	昭和3年4月	1928年	○
	旭橋	×	昭和3年9月	1928年	○
	長者橋	×	昭和3年1月	1928年	○
	宮川橋	×	昭和4年1月	1929年	○
	都橋	×	昭和3年7月	1928年	○
	桜川橋	−	昭和52年12月	1977年	
	大江橋	○	昭和48年10月	1973年	
	弁天橋	○	昭和51年	1976年	
港	万国橋	○	昭和15年9月	1940年	
	新港橋	○	大正元年	1912年	●
派大岡川	柳橋	×	廃止		
	吉田橋	○	昭和53年3月	1978年	
	豊国橋	×	廃止		
	港橋	×	廃止		
	花園橋	×	廃止		
	吉浜橋	×	廃止		
堀川	西之橋	×	大正15年11月	1926年	○
	市場通り橋	−	昭和58年3月	1983年	
	前田橋	×	昭和58年8月	1983年	
	代官橋	−	昭和58年9月	1983年	
	谷戸橋	×	昭和2年7月	1927年	○
	フランス橋	−	昭和59年3月	1984年	
	山下橋	×	昭和36年7月	1961年	

通行状況 ○可、×不可／−震災以降に架けられた橋 現存状況 ○復興橋梁、●震災前に建造
（2013年3月調査）

図26　横浜の関内および周辺地域の火災図（文献47に加筆）

の接触を避けるために、吉田橋を唯一の出入り口として関門と呼ばれる関所を設け、そこから海岸までの地域を「関内」と呼んだことに由来する。当然外側は「関外」で、吉田橋を逆に渡ると伊勢佐木町《いせざきちょう》などの繁華街がある。関内のうち横浜公園から日本大通りを境に北西側が日本人居住地、南東側が外国人居留地（のちの山下町）だった。関東大震災当時はもちろん関内への出入りの制限はなかったが、外国の商館が立ち並ぶエキゾチックなまち並みが続き、その中心部には南京町（現・中華街）もあって多くの外国人が活動していた。図26で調査不能と書かれた地域がそれにあたる。

図26には橋梁と主な建物などの名前も追記した。表10に話を戻すと、旧派大岡川沿いで現在橋梁が残っているのは吉田橋だけで、吉浜橋がバス停にその名をとどめているくらいである。表には震災直後の通行状況も示した[25]。不可は×、可は〇、震災時になかった橋は一を付した。震災直後に渡れた橋は、桜木町方面への大江橋、

弁天橋、新港埠頭《ふとう》への万国橋、新港橋、伊勢佐木町方面への吉田橋であった。橋のたもとでは吉田橋付近の961人を最高に100名近くの避難者が死亡した橋も多かった[20]。

ホテルニューグランド

横浜市の復興のシンボルといえば、山下公園と並んでホテルニューグランドを挙げることができる。昭和2（1927）年に開業した山下町のホテルである。震災前に堀川河口近くにあり横浜を代表するホテルであったグランドホテルは、震災で大きな被害を受けて再起不能となったが、市民の要望で名前を引き継ぐ形で生まれた新しいホテルがホテルニューグランドである[48]。場所は図26のグランドホテルがあった位置から300mほど海岸通りを北西方向に移動したところである。本館は現在、横浜市認定歴史的建造物となっている。

一方、現在の西区老松町《おいまつちょう》、野毛山の横浜市中央図書館の敷地の一部には、昭和20年まで横浜市震災記念館があった。この記念館は、中区北仲通《きたなかどおり》の横浜小学校跡地に、罹災者収容に使われたバラックを用いて大正13（1924）年9月1日に開館したのがはじまりで、その後、大正14年3月28日に中区花咲町の本町小学校内に仮設の建物として移設され、さらに昭和3年8月に野毛山の市民図書館と隣接して本建築の建物が建設された[49]。第二次世界大戦後は昭和39年から老松会館という結婚式場として使用されていたが、平成6（1991）年に解体された。震災記念館として存在していれば、昭和6年に建設された東京都墨田区横網町公園の震災復興記念館（現・東京都復興記念館）とともに復興のシンボルとなっていたことだろう。

73ページで述べた横須賀市の震災記念館ともども残念なことである。

コラム4　90年震災を語り継いだ日高帝さん

日高帝《てい》さんは、明治37（1904）年2月27日生まれで、関東大震災当時満19歳（数え年20歳）であった。幼くして両親が亡くなり、伊勢原の実家の姉夫婦に面倒を見てもらっていたが、震災の数か月前に知人の紹介で横浜市関内の山下町にあったロシア商館のスピルマン商会に入社、住み込みで働いていて地震に遭った。建物は倒壊し、着のみ着のまま下駄ばきで横浜公園に逃げ込んだ（図26）。公園は瞬く間に避難する人々であふれ、四方は火の海となって、飲み水もないなか火の粉をはらって一夜を明かした。

この話を筆者がうかがったのは、平成18（2006）年5月初旬のことであった（図27）。日高帝さんは、旧姓鈴木帝さんといい、その後の調査で『横浜市震災誌』第5冊〔50〕の「善行美蹟」で、震災時に善行を積んだ532人の一人として名前が掲載されていることがわかった。また震災直後の9月30日の「横浜貿易新報」（現在の「神奈川新聞」）に「天使降臨」と題する記事があり、帝さんが横浜公園でその後何日間か負傷者の救護にあたられたことも明らかとなった。

帝さんは、その後高座郡綾瀬村（現・綾瀬市）の実家で崩れた土蔵の後片付けなどを手伝い、しばらく実家に身を寄せた後、再び横浜へ戻り吉浜橋近くの病院に勤め、その後昭和6（1931）年に日高直治氏と結婚した。しかしながらどうしても関東大震災の惨状が忘れられず、公園内に慰霊碑を立てて9月1日に慰霊祭をしてほしいと、知事や市長にお願いの手紙を出したが実現しなかった。そこでそれではと、自ら日高家の菩提寺である千葉県鋸南町《きょなんまち》の保田《ほた》妙本寺で、毎年欠かさず9月1日に慰霊祭を行ってきた。何十年になるのか本人もよく覚えていないとのことだが、自身でお寺に参ることができない年は送金して慰霊祭を続けてきたそうである。寺からの報告とお礼のはがきが変色した束になって残っているのを拝見した。

帝さんは平成27年11月1日に111歳で生涯を閉じられた。亡くなるまで関東大震災の経験をわれわれに熱く語っておられたのを思い出す。その思いを無にすることがないようにしなければならない。

図27　日高帝さん（平成18年5月撮影、当時102歳）

二　横須賀市——軍隊の足跡

横須賀製鉄所から海軍工廠へ

横須賀が港湾建設地として注目されるようになるきっかけは、幕末に徳川幕府が自力で日本を守るための海軍力増強の必要性を痛感したことによっている。勘定奉行の小栗忠順《ただまさ》は、新造船所を

図28　横須賀の米海軍施設内にあるCPO（下士官）クラブと海軍工廠庁舎沿革碑

江戸湾につくるべく通商条約を締結していた各国に協力を打診した。これに対し協力を承諾したのは、フランスだった。それに基づき元治元（1864）年に調査した結果、横須賀湾が水深も深く適地であることがわかり、官営造船所を横須賀村につくることになった。翌年（慶応元年）に鍬《くわ》入れ式が行われた。幕府は、「鉄を加工する所」という意味で、施設を横須賀製鉄所と名付けて建設を始めた。指導にあたったのは、フランス人技術者のF・L・ヴェルニーである。その後、すぐに幕府から明治政府へ政権が移行するが、横須賀製鉄所の建設は引き継がれ、明治4（1871）年に名称を横須賀造船所と改称した[51]。

その間に通称〝官庁〟と呼ばれるようになる初代庁舎が明治3年に起工、明治5年に竣工した。構造は煉瓦《れんが》造平屋建てで、明治2年に完成・点灯した観音崎《かんのんざき》灯台と同様に、煉瓦はすべて横須賀製鉄所で製造された初の国産煉瓦が使われた。初代庁舎の建物は関東大震災で壊れ、その材料でつくられたモニュメントが、今でも米海軍施設内（横須賀市楠ヶ浦町、旧横須賀市）のCPO（下士官）クラブ前に、「海軍工廠庁舎沿革碑」（昭和2年4月建立）として保存されている（図28）。

一方、観音崎灯台（横須賀市鴨居4丁目、旧浦賀町）は美しい煉瓦造りの四角い洋館建てであったが、それから50年あまりを経た大正11（1922）年4月26日に、浦賀水道を震源とするマグニチュード（M）6・8の地震が起こり倒壊した。地震で被災した初代に代わり鉄筋コンクリート造の2代目灯台が大正12年3月15日に竣工したが、それからわずか半年後の関東大震災により、各所に亀裂を生じ傾斜した。現在の灯台は大正14年6月1日に2代目を改築した3代目である。敷地には記念館があり、初代の模型などが陳列されている。また、灯台の玄関には3代目のプレート、さらには、玄関を入り塔に上がる入り口には2代目のプレートがあり、震災の歴史が刻まれている。

話を横須賀造船所に戻すと、その後明治期に横須賀海軍造船廠、横須賀海軍工廠と名前が変わり、大正2年に2代目の海軍工廠庁舎が2階建て煉瓦造で建設された。この建物は、関東大震災で煉瓦造としては数少ない被害軽微の建物であったが、昭和2（1927）年になって、3代目の海軍工廠庁舎が鉄骨造で再建されることになった。これが現在のCPO（下士官）クラブの建物である（図28）。表11に横須賀海軍工廠庁舎の歴史を横須賀鎮守府《ちんじゅふ》庁舎の歴史とともにまとめた。

「鎮守府」とは日本海軍の根拠地として艦隊の後方を統轄した機関で、明治9年に東海と西海の二つの鎮守府がそれぞれ横浜と長崎につくられた。東海鎮守府は明治17年に横浜から横須賀に移転した。その際、横須賀造船所は横須賀鎮守府所属となり、最初は造船所内の一つの建物の2階部分に鎮守府仮庁舎が設置された[52]。独立した初代の横須賀鎮守府庁舎は煉瓦造2階建てで、明治23年の竣工である。この建物は関東大震災で倒壊し、大正15年に2代目の鎮守府庁舎が鎮守府内ではじめて鉄骨造で建てられた。

2代目鎮守府庁舎も先に述べた3代目海軍工廠庁舎も、いずれも海軍建築局長であった真島《ましま》健三郎の柔

表11　横須賀海軍庁舎の変遷

西暦	和暦	横須賀鎮守府庁舎	横須賀海軍工廠庁舎
1865	慶応元年		横須賀製鉄所成立
1870	明治3年8月		初代庁舎（通称官庁）起工
1871	明治4年4月		横須賀造船所となる
1872	明治5年4月		初代庁舎竣工
1876	明治9年8月	東海鎮守府を横浜、西海鎮守府を長崎に置く	
1884	明治17年12月	東海鎮守府が横浜から移転、横須賀鎮守府成立。以後造船所庁舎を鎮守府仮庁舎として使用	横須賀造船所が横須賀鎮守府所属となる
1890	明治23年4月	横須賀鎮守府庁舎竣工（初代）	
1895	明治28年3月	日清戦争終結（1894・7〜）	
1897	明治30年9月		横須賀海軍造船廠となる
1903	明治36年11月		兵器廠と合併、横須賀海軍工廠成立（初代庁舎使用）
1904	明治37年2月	日露戦争開戦（〜1905・9）	
1911	明治44年		初代庁舎は医務室・分析場となる
1913	大正2年10月		海軍工廠庁舎（2代目）竣工
1914	大正3年8月	第一次大戦参戦（〜1918）	
1923	関東大震災 大正12年9月1日	鎮守府庁舎（初代）倒壊	海軍工廠庁舎（2代目）被害軽微
1926	大正15年3月	鎮守府庁舎（2代目）竣工	

1927	昭和2年5月		海軍工廠庁舎（3代目）竣工
1945	昭和20年　終戦	横須賀鎮守府廃止（11月）	横須賀海軍工廠廃止（10月）
現在	（米海軍施設）	鎮守府庁舎（2代目）は米海軍司令部庁舎として使用	海軍工廠庁舎（3代目）は下士官クラブ建物として使用

構造論による耐震建築である。真島は関東大震災後、日本ではじめての建築基準をつくった東京帝国大学建築学科の佐野利器《としかた》と、建物を剛構造でつくるか、柔構造でつくるかで、耐震性の優位性を議論した、いわゆる柔剛論争を巻き起こした一方の旗頭である[38]。この庁舎の施工は馬淵組（現・馬淵建設）が請け負った。庁舎は現在も米海軍司令部庁舎として使用されている。

戒厳令の一部適用

関東大震災当時の軍隊も、国内の治安出動や災害出動の基本的立場は現在の自衛隊の災害出動の立場と同じで、地方官や警察、消防の対処能力を超えた場合にそれらの機関の要請に基づいて行われるというものであった。ところが当時はその究極として、行政戒厳と呼ばれている状況もあった[53]。明治憲法下では第14条で戒厳すなわち兵力をもって憲法や法律の一部の効力を停止し、行政権・司法権の一部ないし全部を軍部の権力下に移行することを規定しているが、その要件を規定する法律（戒厳令）では、その施行は戦時に限られており、災害時には適用できなかった。そこで、第8条に規定された緊急勅令をもって戒厳令の9条と14条を適用するようにしたのが行政戒厳と呼ばれるものである。一部適用の意味もここにある。いずれも指定地域において9条は軍事に関する事件の司法権をその地の司令官に移す、第14条は警察や憲兵が持つ警察権を軍隊に与えるというものである。

関東大震災後の9月2日には、火災に逃げ惑う多くの罹災民の混乱のなかで、「朝鮮人暴動」などの流言飛語が盛んになり、警察は機能不全に陥った。このため政府は警察に代わる最後の砦《とりで》として軍隊の派遣を頼み、東京市および隣接5郡で行政戒厳の適用に踏み切った。その時点で各地の衛戍《えいじゅ》地に駐屯する部隊はすでに救護活動に従事していたが、さらに治安出動にも従事することになった。

9月3日には、政府は空からの情報で被災地を判断し、戒厳令の適用範囲を東京府ならびに神奈川県に広げた。同時に軍隊の指揮命令系統を再編して、治安ならびに救護活動の体制を整えるために、関東戒厳司令部が設置され、横須賀市および旧三浦郡のエリアに対しては横須賀鎮守府司令長官を戒厳司令官とし、その他地域に対しては関東戒厳司令官が務めることになった。戒厳令の適用範囲は4日には埼玉県と千葉県へと拡大された。行政戒厳は、11月15日まで75日間続いた。

歴史学者の吉田律人《りつと》は、憲法学者の美濃部達吉の弁を引用しながら、関東大震災における戒厳軍はもっぱら警備、救護、営造物の修理などを行い、国民の自由を拘束する権力を行使することはほとんどなく、国民の軍隊への支持を高めたが、一部軍人の犯罪行為が軍隊全体の評価に暗い影を落とす結果となったと述べている[53]。

震災直後の横須賀市も当然戒厳令下にあった。次にそこでの海軍と陸軍の活動を『横須賀震災誌』[21]

や市内に残された石碑などをもとに具体的に見てみよう。

海軍の活動

横須賀鎮守府司令長官が戒厳司令官となったこともあり、救援復旧活動の先頭に立ったのは鎮守府司令長官の野間口兼雄《のまぐちかねお》大将であった。ところが海軍そのものも大きな被害を受けていた。横須賀鎮守府傘下の海兵団や機関学校、さらには海軍病院では火災が発生した。さらに鎮守府や海軍工廠などでは火災は避けられたものの多くの建物が倒れた。また、横須賀軍港では、箱崎でタンク1基が震動で破損し、流出した重油に引火、ほかの重油タンクも大爆発を起こして海面一帯が火の海と化す事故が起こり、火災が1週間あまり続いた。

このようななかで、砲術学校、機関学校、海兵団からは約1000名が市中に出て、防火活動や人命救助に奔走した。また鎮守府所属の各艦艇は被災者の移送、救護・救援物資や救援隊の輸送などに従事した。さらに横須賀市追浜《おっぱま》(旧田浦町)の航空隊は、東京、横浜、相模湾沿岸、伊豆半島など広範囲にわたって被害を空から偵察し状況把握に務めた。また、東京の芝浦と横須賀間で、9月4日から12日まで定期飛行を行い、鉄道・道路の不通や無線電信の錯綜に対応した。

現在、横須賀市には海軍関係の震災遺構は少ないが、その一つが、稲岡町の三笠公園にある記念艦三笠である。実は横須賀のシンボルともいうべき三笠がここにあるのは関東大震災の津波の影響なのである。三笠はよく知られているように日露戦争の日本海海戦で、ロシアのバルチック艦隊を破った連合艦隊の旗艦であった。

日露戦争後、三笠は旗艦の地位を戦艦敷島《しきしま》に譲り、第一次世界大戦ではロシア帝国の脅威に対抗するために、主に日本海などで警備活動に従事していた。そんな三笠が、大正12（1923）年9月1日のその日、在泊していた横須賀港で、それほど高くはなかったとされる津波に不意を突かれ、繋留《けいりゅう》岸壁に衝突して前部から浸水したのである。『横須賀震災誌』[21]には「艦底大破して当初の予定地東京芝浦に曳航《えいこう》する能《あた》わざるに至る」と書かれている。三笠は軍縮を話し合う大正11年のワシントン会議ですでに廃艦は避けられない運命にあったが、沈没を防ぐためやむなく、横須賀港の白浜海岸（現在の三笠公園）に着底させざるを得なくなったのである。

現在、三笠公園の隣には横須賀学院高等学校（横須賀市稲岡町）があり、2号館前に海軍機関学校跡の碑がある。その碑の記載によれば、この地にあった海軍機関学校は震災で校舎が全焼したため広島県呉《くれ》の江田島《えだじま》にある海軍兵学校内に移ったとある。その後大正14年に京都府舞鶴に移転している。現在は埋め立てられているが、震災当時は小川港によって市街地と隔っていたので、ここまで延焼することはないと思い、機関学校には多くの避難者が小川町や本町方面から押し寄せた。ところが予期に反して校舎に飛び火して燃え上がったために、職員は避難者を安全な場所に誘導することに務め、一部は小川町などの延焼地域で人命救助にあたった。

さらにもう一つ、現在の米海軍施設内には謎の震災記念碑がある。施設内は年に数回、市民を対象として見学会が開催されている。在日米海軍司令部庁舎（2代目の旧鎮守府庁舎）への坂道の下の植え込みにそ

図29　米軍基地内に立つ謎の震災記念碑の上部

の碑は立っている（図29）。正面に「震災記念」の文字があるほかは何も記載がない。裏にプレートがついていた跡があるが、これも今はなく由緒などはよくわからない。地球儀に地震発生時刻を指す時計の文字盤があしらわれたモダンなもので、おそらく旧日本海軍によって建立されたものではないかと想像される。

陸軍の活動

震災当時、横須賀には陸軍施設として東京湾要塞《ようさい》司令部や重砲《じゅうほう》兵《へい》連隊などがあった。海軍の横須賀鎮守府に戒厳司令部が置かれたため、陸軍部隊の活動は海軍との協議調整ならびに戒厳司令部からの要請に基づいて行われた。『横須賀震災誌』[21]には、震災にあたっての軍隊の活動が記録されているが、46ページにもわたって陸軍重砲兵連隊の活動が占め、海軍の12ページをはるかに凌《しの》ぐものとなっている。

陸軍の受けた被害は海軍に比べて少なく兵舎にもほとんど被害はなかった。このため震災直後から、市中の消火、避難民に対する避難所や食料の提供、負傷者の救護、朝鮮の人々の保護や警備、市内における震災状況の調査、道路の復旧工事などを精力的に行った。陸軍の不入斗《いりやまず》練兵場（現在の不入斗公園）には横須賀市で最多の1500人が避難した。さらには兵舎の一部を小学校の大部分と女学校に提供し、10

月1日に授業を再開させるなど、市民生活に密着した様々な活動を迅速に行ったことがわかる。それを指揮したのが、当時の連隊長であった荒城卓爾《あらきたくじ》大佐であった。

荒城が9月2日から11月17日までに行った部下への数回の訓示の内容が残されている[21]。それによれば、今回の天災は第一次世界大戦後の世相が営利、奢侈《しゃし》、淫蕩《いんとう》、享楽に傾くことに対する天刑であるとし、生き残った者は多くの犠牲者の死を無駄にすることがないように言行を改めることを説いている。その中で軍隊は率先して自らの身を謹み、市民の救護と秩序の維持に務めるよう述べている。

横須賀市坂本町1丁目の重砲兵連隊の跡地にある桜小学校の校庭には「誠心山之碑」(大正14年12月建立)が立っている。桜小学校に隣接する聖佳幼稚園のあたりに震災土壌でつくられた「誠心山」という人工の丘があったらしい。その由来を刻んだのが「誠心山之碑」である[54]。碑文には荒城大佐のことが書かれていて、「先任連隊長荒城大佐、深く意を士卒箇性の修養に致し、各自の反省を促さむと欲し……」と述べられている。軍人が自らを律するために築いた「心字」の山が「誠心山」であった。また、構築に際して大震災後に整理のために生じた震災土壌を用いたのは、天意を忘れることがないようにとの考えからであろうか。市民の救護と秩序の維持にあたっての当時の軍隊の姿勢がうかがえる。

現在の桜小学校と隣の坂本中学校の正門はそれに連なる塀とともに煉瓦《れんが》造りで、旧横須賀重砲兵連隊営門として横須賀市指定市民文化資産に指定されている。門は明治40(1907)年に竣工したものである。塀とともに関東大震災を耐えて横須賀に現存する数少ない明治の建造物である。

陸軍関連施設の被害のなかで、最も大きな被害は東京湾第三海堡《かいほ》の水没であったかもしれない。江戸時代末期、黒船をはじめとする外国船の来航に驚いた幕府は砲台を置く「台場」を東京湾に築いたが、その脅威は明治になっても変わらず、明治政府は首都東京を防護するため東京湾一帯に24の要塞を建設した。そのうちの3つは海上の人工島に砲台を備えた海堡であった[55]。第三海堡はその一つで、水深39mの激しい潮流の浦賀水道内に建設されたために難工事となり、明治25年に着工し、実に30年の歳月を費やして大正10年に竣工した。

建設に一生をささげた陸軍工兵大尉（のちに少佐）の西田明則は明治39年に死去し、第三海堡の完成を見ることはなかったが、その偉業をたたえて3つの海堡を見守る位置にある横須賀市小矢部《こやべ》の衣笠山公園（旧衣笠村）に、第三海堡完成後の大正12年4月22日に「西田明則君之碑」の除幕式が挙行された。ところが、その数か月後に関東大震災のために施設の3分の1が水没し、機能不全となってしまった。このため大正14年に兵籍から除籍され放棄されるに至り、その後は暗礁化して東京湾の海難事故の最大の原因となってしまった。平成12（2000）年から7年の歳月をかけて大型船が航行できるように水深23mまで掘り下げる工事が完成し、その際に、原形をとどめていた大型兵舎、探照灯、砲台砲側庫、観測所が引き上げられ、平成町のうみかぜ公園と夏島町の夏島町展示施設で保存公開されている。

なお、震災翌年の大正13年2月の横須賀市制記念日には、鎮守府司令長官の野間口大将や重砲兵連隊長の荒城大佐に、震災直後の軍の活動に対して横須賀市から感謝状が授与された。戒厳令下にあった当時においても、復旧に携わる市民と軍隊との関係は、総じて現在の市民と自衛隊との関係と大きく変わるものではなかったのかもしれない。

第五章　農村の復興

帝都復興事業は東京市と横浜市に限られたものであった。国は平時の縦割りをなくし救援・救済を統一的に行うために臨時震災救護事務局を内閣総理大臣の下に設置するが、横浜市に支部が設置されたものの、対応の中心はやはり帝都である東京市であった。このようななかで、被災地の大部分を占めていた農村ではどのように復興が進められたのであろうか。地方での罹災民への救援・救済については、必要に応じて郡役所が中心となって県などへ働きかけて、炊き出し米や飲料水の確保、さらには小屋掛けなどが行われることになっていた。その費用は明治32（1899）年に制定された罹災救助基金法に基づき府県市による罹災救助基金で賄われ、不足分は国が補助するという仕組みであった[29]。

ところが、本来は行政が負担すべき罹災救助基金の原資として義捐金が使われていたことが指摘されている[56]。この方針はすでに9月17日の内務大臣後藤新平による義捐金処分案の閣議決定に見られ、府県市の集めた多額の義捐金は、まずは独自の救護活動に使われ、残りは臨時震災救護事務局へ送付されて、いずれも罹災救助基金による支出とされた[43]。このため、罹災者個人に配布されることはほとんどなく、現金支給されたのは御下賜金《ごかしきん》の1000万円に限られた。

震災直後の救援・救済ですらこのような状況であり、地方の住民にとって復興はまさに〝自力〟で行わざるを得なかった。自然災害に対する国および地方公共団体の責務が明確化されたのは第二次世界大戦後のことで、罹災救助基金法が昭和22（1947）年に災害救助法となり、さらに伊勢湾台風の後の昭和36年に災害対策基本法が制定された。本章では、このような状況下で地方はどのようにして復興したのか、各地に立てられた復興碑の記載に焦点をあてて農村での震災復興を検証する。

一　被災状況

震災当初の惨状

「家屋倒潰火災起り、ために人畜多数死傷し、村民一同は字松嵜《あざまつざき》の高き地点に集団して、十数日間共同自炊をなし、漸《よう》く仮道路を作り、小舟を浮べて小田原より物資の供給を受け糊口《ここう》を凌《しの》ぎたり」これは、小田原市江之浦（旧片浦村）の大美和神社の社殿前の広場にある「大震災紀念碑」の一節である。この碑は区長だった山室千代吉が昭和3（1928）年のお盆に震災当時を追懐して建立したものである。24ページの図Aの震度分布図を見ると、片浦村は震度6強で住家の全潰率10％以上の地域である。

また、山北町岸（旧川村）の尾崎裕一宅にある「震災記念碑」（大正14年2月建立）には、7日間仮小屋で玄米粥によって88名が命をつないだとあり、また飲料用水が濁って困っていたところ、尾崎謙蔵宅の湧水で救われたと付記され、最後に、互いに寄り添い助け合って隣同士で睦合う精神を無理せず育むことが重要であると説かれている。旧川村の震度も6強である。

さらに震度7で住家の全潰率が30％以上と、より大きな被害を出した藤沢市遠藤（旧御所見村）の笹久保稲荷社の「復興記念碑」（昭和2年2月）には、地震で地盤が陥没し、亀裂が縦横に走り居住できなくなって集落ごと現在地に移転し、住民が一致協力して復興の緒に就けたと書かれている。また同じく藤沢市遠藤の遠藤御嶽神社《みたけじんじゃ》にある「大震災記念碑」（大正15年9月）には、遠藤集落の道路や橋梁、田畑等の陥落壊崩がすこぶる多く、住民の努力でやっと復興の緒に就けたと記されている。先に液状化の被害で例に出した茅ヶ崎市《ちがさきし》今宿《いまじゅく》の松尾《まつお》大神《おおかみ》の「震災記念碑」（昭和2年4月）にも「全里協同力を復興に盡《つく》すこと四年、漸《ようや》くその緒に就き……」とある。

これらの記載から、震災直後の避難生活の維持、その後の住宅の確保はもとより集落内の道路や橋の復旧にいたるまで住民が一致協力して行い、3、4年かけてやっと日常を取り戻し復興の出発点に立てたということがわかる。

一方、生活の糧となる耕地についての被害状況を見ると、小田原市根府川《ねぶかわ》（旧片浦村）の寺山神社にある「耕地復旧記念碑」（昭和16年7月）には、「柑橘《かんきつ》畑は石垣畦畔《けいはん》道路の崩壊、地床の陥没滑落に原形を止めず」とある。先の江之浦も含め今日でも付近一帯は傾斜地にみかん畑が広がっているが、これらが壊滅状況になったことがわかる。一方、藤沢市宮原（旧御所見村）の宮原寒川神社《さむかわじんじゃ》の「大震災記念碑」（大正14年9月）には「土地の陥落崩壊、道路橋梁用排水路の破壊等すこぶる惨状を極む」、大井町金子（旧金田村）の「耕地整理記念碑」（昭和11年11月）には、「地盤に凸凹を生じ、田面は亀裂し水路また湮滅《いんめつ》し被害甚大なり」、南足柄市怒田《ぬだ》（旧福澤村）の「震災復旧記念碑」（昭和2年4月）にも「耕地の亀裂破損、用水路の潰滅、交通の杜絶等ほとんど旧態を存せず」とある。田畑や農道、用水路などの灌漑《かんがい》設備などに致命的な被害があったことがわかる。

このような状況は、中山間地ではさらにひどく、山北町湯触《ゆぶれ》（旧清水村）にある用沢の「不動堤之碑」（昭和9年10月）には、山林崩壊や耕地の埋没流失の惨状は言語に絶するもので、水田がことごとく流失して河原になってしまったと記されている。『山北町史』[57]は中山間地での地震の脅威を以下のように述べている。「村びとの生活の資《もとで》である山林の大部分が崩壊し、道路という道路は大破し、家屋は全壊もしくは半壊となって水路は田の揚排水用の水路から生活用水の水路にいたるまですべて破壊され、耕地は流出するか埋没した」

図30　山北町世附の大又沢地蔵平にある関東大震災(右)と大正9年8月の水害(左)の慰霊碑

水害の多発

神奈川県の中山間地はそれでなくとも、暴風・水害などの災害は日常茶飯事であった[57]。それを裏付けるように、山北町世附《よづく》の大又沢地蔵平（旧三保村）には、関東大震災の慰霊碑（41ページ表1参照）とともに大正9（1920）年8月4日の水害で亡くなった16名に対する「遭難者精魂碑」（大正10年8月建立）もある（図30）。同じ水害に対する一周忌の碑は、山北町神尾田《かみおだ》（旧神縄村）の丹沢湖畔の旅館、落合館の駐車場にも「災害記念碑」（大正10年8月）として建立されている。

関東大震災はこのような状況に拍車をかけたのである。震災後、麓の集落でも水害が頻発するようになる。代表的な水害の一つは昭和12（1937）年7月に起こったもので、大きな被害を出した現在の山北町（旧川村）には、役場に「水害復旧記念碑」（昭和18年2月）

がある。山北町は東に尺里川《ひさりがわ》、西に皆瀬川《みなせがわ》、南に酒匂川《さかわがわ》が流れ、7月13日夜から16日にかけての豪雨で山崩れや山津波が各所で起こり、河川が氾濫して田んぼや住宅が一面の濁流に流された。碑文の冒頭に、「大正十二年九月一日の関東大震災以来、降雨ある毎に土砂の流出多かりき」と書かれている。震災に伴う山崩れによって丹沢山地の渓流に多くの土砂や倒木が堆積し、それらが降雨のたびに河川に流れ出して河床を上昇させていたことが原因の一つであったと思われる。水害はこれにとどまらず、昭和7年や昭和10年にもあったようである[57]。

山北町向原《むこうはら》（旧川村）の尺里川に架かる上本村橋《かみほんむらばし》のたもとにある「堤防竣工記念碑」（昭和9年3月）によれば、尺里川は明治以降たびたび水害があり、そのつど県の補助を受けて住民が応急復旧工事を行ってきたが、震災で崩壊した土砂が水路をふさぎ、住民の長年の苦労は水泡に帰した。それでも住民は県知事に陳情し、県の補助金と町費（昭和8年より山北町）によって川を浚渫し、堤防工事が行われたと書かれている。この堤防も先の昭和12年の水害であえなく破堤した。震災後の治水には下流部の浚渫と堤防整備だけでは不十分で、渓流部の砂防工事が重要であることを物語っている。

長引く影響

さらに大水害は、翌年の昭和13（1938）年にも発生し、その際には酒匂川の下流部右岸の開成町吉田島（旧吉田島村）の九十間堤《くじっけん》が破堤した。6月30日から7月5日にかけてのことで、決壊の様子と、濁流から水田と村とを守った水下《みずした》住民の水防活動の一部始終が、九十間堤上に建立された「治水の碑」（昭和16年3月建立）に刻まれている。水下というのは、酒匂川右岸の足柄平野の通称である。後で述べる宝永4（1707）年の富士山噴火以来の洪水を治めた田中丘隅《きゅうぐ》による文命堤の築造と六水門の構築とによって、酒匂川の水を導入して水田を灌漑《かんがい》し、良質の米を収穫することができるようになったことに感謝の念を込めて、この土地を水下と呼ぶようになったのだという[58]。

以上は、酒匂川水系の様子であるが、同じく丹沢山地を源流とする金目川《かなめがわ》水系の秦野《はだの》市内にも震災後の洪水と土砂流失を伝える碑がある。支流の葛葉川《くずはがわ》に近い秦野市菩提《ぼだい》（旧北秦野村）の菩提会館前にある「復旧記念碑」（昭和5年9月）である。『秦野市史』[59]によれば、「地震により葛葉川上流の大沢、大音沢、滝の沢の両岸が大きく数十か所にわたり崩壊した。土石が谷川の水を堰止《せきと》め、谷は数か所にわたり溜池のようになってしまった。……地震後しばらくは、村落内を流れる河川の水量が地震前より少なくなった」と書かれている。地元住民は、河川の氾濫を予測して対応を試みたが、地震後2週間が過ぎた9月14日から15日にかけての豪雨で土石流が発生した。住民は高台に避難して死者は出なかったが、住宅や田畑には大きな被害を出した。菩提地区には土石流の名残として今でも大きな石が転がっている。

地震以後の北秦野村の対応を記す『震災日誌』が秦野市には残されている[60]。それによれば、9月15日の午後11時時点の被害は、菩提地区で「流失家屋11、泥没家屋17、浸泥田流失4町歩、同畑流失1町5反」と記載されている。またさらに24日の暴風雨で、菩提地区で3戸の住宅に被害が出、それまで半潰だった小学校校舎も大破倒壊した。学校はその後復旧に努めるが翌年1月15日の丹沢の余震（M7・3）で再び半潰状況となり、その際住宅も多数半潰した。さらに震災から1周年が過ぎた9月16日にも「夕刻より出水被害甚だし」との記録がある。

被害はこれで収まったわけではなかった。北秦野村の事業報告の記載として、大正14（1925）年には「八、九月の大雨により、再び道路・橋梁・治水の破壊を来たし……」とあり、昭和3年には「七月三十一日より八月上旬にわたる暴風雨のため、葛葉川の氾濫は震災より以上の被害をみた」とある。いずれも葛葉川上流部の崩壊、泥土流の氾濫によるもので、地震による山地崩壊の影響が続いていたことを示している。昭和3年の被害に対しては地元では手に負えないので、村の有志が県の直営工事を望む運動を起こしたこと、さらに村の財政状況が関東大震災後一変して悪化する大きな原因の一つが、震災後頻発する土石流災害であったことなども指摘されている[59]。また、秦野地方の他町村でも程度の差こそあれ共通する状況であったと述べられている。『震災日誌』によれば、被害の後片付けや復旧工事には、地元住民の多くが駆り出されたことがわかる。菩提会館前の「復旧記念碑」は震災から7年間の地元住民の荒廃地復旧への苦闘の歴史を物語るものである。旧北秦野村にはこの他に秦野市戸川に「復興記念碑」（昭和3年5月）がある。震災で給水が途絶した戸川の150戸1000名が困り、耕地整理組合をつくって、一致協力して水路を開いたというものである。

なお、震災後の大雨による同様の土砂流出や倒木流出の影響は相模川水系の愛川町や清川村、相模原市緑区などでもあり、その影響は第二次世界大戦後まで続いたという指摘もある[61]。

コラム5　富士山宝永噴火と酒匂川

関東大震災の220年前、元禄16（1703）年に南関東地方は同様の地震に襲われている。元禄地震である。元禄地震による犠牲者の墓や被害を伝える遺構は小田原市、南足柄市、山北町などに今でも残っている。しかしながら、そのときはさらに大きな影響を与える天災が重なった。宝永4（1707）年の富士山の宝永噴火である。ただでさえ地震によって不安定になった土地に大量の火山灰が降り積もり、それらが大雨ごとに河川に流入して、河床を上げ大洪水を引き起こした。最も大きな被害を出したのは酒匂川《さかわがわ》流域の足柄平野である。その際の水害史を振り返ってみることにしよう[62]。

酒匂川の流れを現在のように確定したのは、小田原藩初代藩主の大久保忠隣《ただちか》で、慶長13（1608）年頃のことである。それまで、酒匂川は扇頂部の山北町付近から文字どおり扇を広げるように大小の河川となって足柄平野に流れ込んでいた。扇頂部に大口三堤（春日森、岩流瀬、大口）をつくり、それらを統合して酒匂川という新川を創出し、平野の中央部に流れを固定したのである[57]。図31に文献63をもとにして酒匂川の流れと主な堤の位置を示す。扇頂部の大口三堤のうち、岩流瀬《がらせ》堤は大口堤に直接水流をあてないための堤で、それによって大口堤が水流を東の方向へスムーズに導くことができるように工夫されていた。これ以降、この二つの堤を守ることが酒匂川の治水の最重要課題となったのである。

元禄地震の翌年、翌々年にはさっそく洪水が起こり、その後の富士山噴火を経て、小田原藩は自

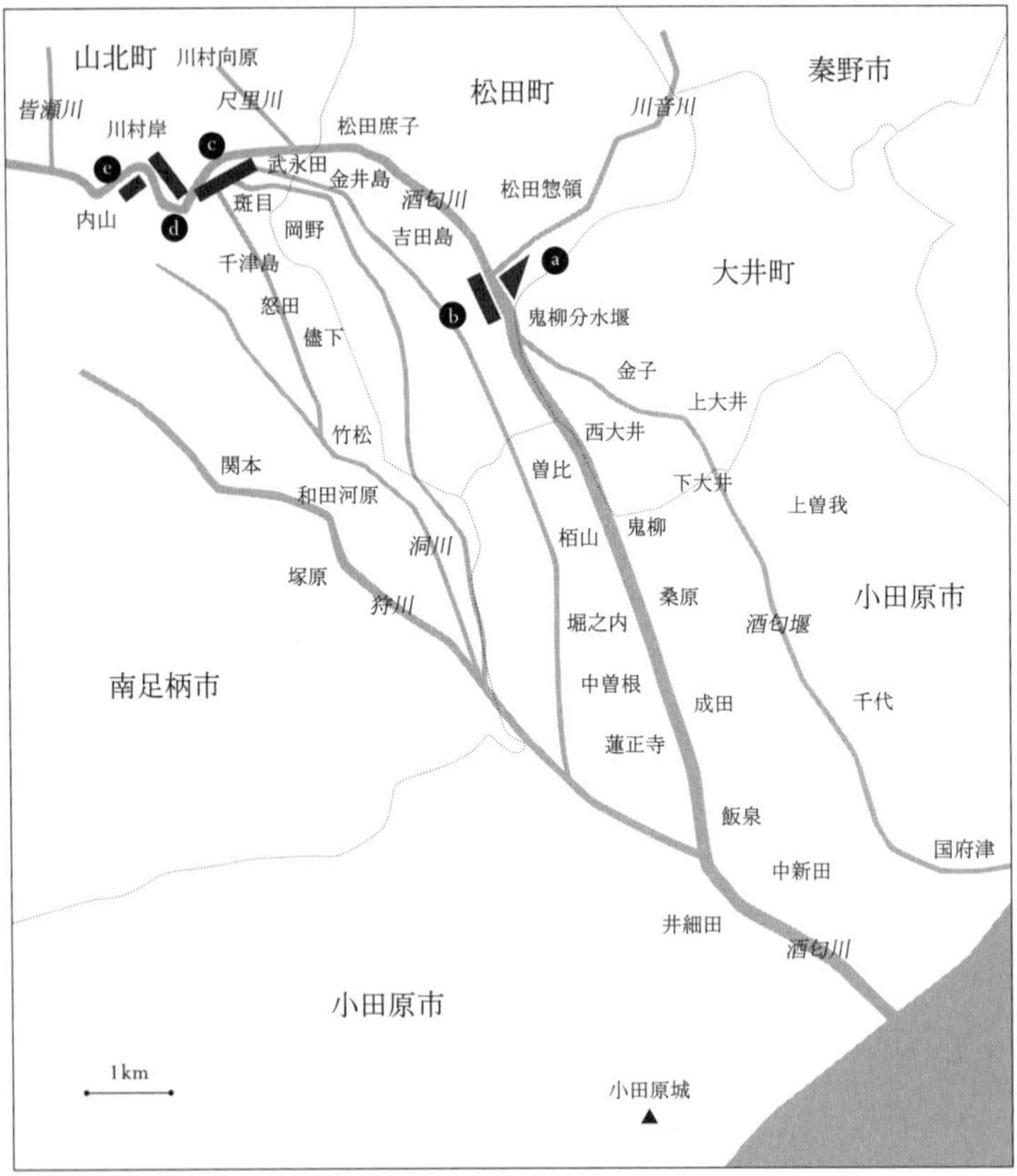

図31　酒匂川の流れと主な堤の位置

ⓐ 三角堤
ⓑ 九十間堤
ⓒ 大口堤（文命東堤）
ⓓ 岩流瀬堤（文命西堤）
ⓔ 春日森堤

力復興をあきらめ、宝永5年には足柄2郡を江戸幕府に返上した。幕府はさっそく岡山藩ほか4藩に命じて御手伝普請《おてつだいぶしん》として川浚《ざら》えを行うが、その年第1回目の大洪水が発生、大口堤と岩流瀬堤が決壊し、酒匂川右岸の村々が流失した。その際、皆瀬川《みなせがわ》、尺里川《ひさりがわ》も決壊し、酒匂川左岸の山北地方も湖水となった。それを受けて、翌年、津藩の藤堂和泉守《いずみのかみ》に普請命令が下り、大口堤を締め切るとともに、それまで尺里川へ流れていた皆瀬川を直接酒匂川に流す瀬替え工事が行われた。皆瀬川の瀬替え工事を幕府に願い出たのは山北村名主の湯山彌五右衛門《ゆやまやごえもん》であった。湯山家代々の治水事業に関する業績を記した碑は「川村土功之碑」（明治26年7月建立）として有名で、山北町山北の樋口橋《ひぐちはし》のたもとにある。皆瀬川の瀬替えによって山北地方の洪水の危険性は遠のいたが、結果的に酒匂川で大口堤への負担をより大きくすることになった。

　正徳元（1711）年に第2回目の大洪水が発生した。上流部からの土砂流入に抜本的な対策が打たれなかったことと、岩流瀬堤を復旧しなかったこと、さらには皆瀬川の瀬替えがあだとなったと考えられる。これ以降、16年間大口堤は復旧されず、酒匂川右岸の水下《みずした》六カ村（岡野、斑目、千津島、儘下、竹松、和田河原）は新しい河道（新大川）の河床となってしまった。

　このような状況を打開したのは、享保8（1723）年に八代将軍吉宗のもと、大岡忠相《ただすけ》の配下となり川除普請御用《かわよけふしんごよう》（治水役人）となった田中丘隅《きゅうぐ》である。丘隅は享保11年大口堤の締め切りと、岩流瀬堤、春日森堤を完成させ、酒匂川の流れを元に戻した。その際、大口堤を文命東堤、岩流瀬堤を文命西堤と呼び、堤の永久安全を祈願して、モモ、ナシ、クリを植え、中国の水神である禹《う》王の廟

（文命宮）を祀り、住民に毎年祭礼を行うように指導した［63］。住民の水防意識を高め堤の保全を図ろうとしたのである。現在、文命東堤には福澤神社、文命西堤には岩流瀬地蔵堂があり、文命宮や文命堤の由来碑など関連の石碑や地蔵が祀られている（図32）。

しかしながら、水害はこれでは治まらず、享保19年には3回目の大洪水が起こり、東西の文命堤が決壊し、第2回目の大洪水以降南足柄市の怒田《ぬだ》へ避難し、文命堤の完成で旧地に戻っていた水下の住民19名が犠牲となった。犠牲者の名は南足柄市怒田にある臨済宗珠明寺《しゆめいじ》の過去帳に記載されている。珠明寺は第2回目の水害時に水下の住民とともに怒田に引っ越してきた寺で、境内には関東大震災の際に箱根町底倉（旧温泉村）で亡くなった水下の旧酒田村岡野（現・開成町）の住民の墓もある。

ところが今回は2回目の水害のときのように文命堤の決壊が放置されることはなかった。丘隅の死後、後を継いで代官となっていた娘婿の蓑笠之助《みのかさのすけ》により、前にも増して強固で大規模な堤として翌年には復旧された。この娘婿による素早い復旧が、富士山噴火後の酒匂川の治水に関する第一功労者として田中丘隅の名を今日まで伝える大きな支えとなったと思われる。蓑笠之助は現在の開成町吉田島に陣屋を設け（同地には今も陣屋跡がある）、下流部の川音川の出口に同じ時期に三角堤をつくり、対岸の九十間堤《くじつけん》とともに下流部の水害防止にも取り組んだ。その後、文命堤は寛政3（1791）年の洪水まで半世紀にわたり持ちこたえ、以後大口堤が完全に流れてしまうことはなかった。

図32 （上）文命東堤にある福澤神社（南足柄市）の関連の石碑群
（下）文命西堤の岩流瀬地蔵堂横（山北町）にある関連の石碑群

a 文命社御宝前碑
b 文命東堤碑（新）
c 再建文命宮
d 文命東堤碑（旧）
e 再建文命社御宝前碑
f 灯籠2基

g 文命社手水鉢
h 鳥居
i 文命用水碑

j 文命社手水鉢
k 文命西堤碑
l 文命宮
m 震災復旧記念碑
n 岩流瀬地蔵堂

二　再生への道

村人の協力

震災で大きな被害を出した村々では、すぐに復旧、復興のために村人同士が集まって話し合いを始めた。そんな様子が記録された復興碑が相模原市南区下溝（旧麻溝村）の十二天神社にある。古山《こやま》という小さな集落の入り組んだ道を行くと、鬱蒼《うつそう》と茂った森の中に神社がある。正面本殿の右側にいくつかの石碑があり、その中の風化した小さな碑が「復興記念碑」である。大正14（1925）年9月1日に古山集落の人々によって立てられた碑で、碑文の主要部を要約すると以下のようになる。

地震による土砂災害のために各所で交通が途絶し村は孤立した。改修は容易でなく村人一同は鎮守である十二天神社に集まった。そこで応急の坂道開削を決議し、10日間かけてようやく村への一線を確保した。さらに翌年農閑期を利用して物資の集散が容易な緩やかな坂を2線目として完成した。八十余名の村人の協力と近隣の有志の支援もあって難工事であったが完成できた。その結果は集落に永遠の利便を提供してくれることになった。

また、藤沢市湘南台（旧六会村）の今田鯖神社《いまださばじんじゃ》の「用水堰改築記念碑」（大正15年11月建立）には、境川の水害を軽減するために村議会議員の杉山勘五郎が中心となって、苦心の末に用水堰を改造しようとしたが、本人が病没、さらに震災による崩壊で工事が挫折した。その後、跡継ぎの杉山松五郎《しょうごろう》が父の遺志を継いで、コンクリート造で改築を成し遂げたことが記されている。

一方、家屋の復旧も人々にとっては切実な問題であった。そのようななかで、復旧に献身的に取り組んだ地域の大工職の親子に対する感謝の碑が、「大震災記念碑」（大正13年9月）として寒川町《さむかわまち》宮山（旧寒川村）の北部文化福祉会館の敷地内に建立されている。周辺の旭町の人々が協力して立てたものである。復旧に尽力したのは大工の谷澤長蔵《やざわちょうぞう》父子で、震災後1年足らずで二人の献身的な行動によって町民皆が安住の地を得ることができたと書かれている。

このような住民同士のつながりは、日頃の地域の生活に根差したものであった。農村では当時、10戸から20戸単位で地神講《じしんこう》と呼ばれる集まりをつくり、春秋の彼岸に近い戊《つちのえ》の日などに集まって、豊作を願って土地の神様を祀り、一緒に食事をするなどの風習があった。その際に立てられるのが地神塔で、今でも各地の神社の境内や路傍に庚申《こうしん》塔などとともに残されている。綾瀬市深谷（旧綾瀬村）には3か所に「震災記念」とか「復興」とか書かれた地神塔があり、復興の証しとなっている。図33はそのうち深谷神社にある地神塔（昭和2年3月）で、碑には講に属する14戸のうち6割近い8棟の住家が全潰したことなど被害状況も書かれている。また、路傍の石造物には道祖神を祀《まつ》るものもある。そのなかで山北町川西（旧清水村）の大蔵野入り口には峠下集落の人々によって大正13年9月に建立された「震災記念」と刻まれた道祖神がある。震災によって道路が崩れ、住民自身が近隣の集落の助け

図33　綾瀬市深谷中5丁目の深谷神社にある「震災紀念」と書かれた地神塔

も借りて復旧した際に設けられたものではないかと思われる。同様の道祖神の石造物（大正14年）は二宮町一色（旧吾妻村）の打越から県道71号秦野—二宮線に抜ける切り通し道にもある。

耕地整理法

農村での住民の結束力は、復旧、復興を進める上で大きな威力を発揮したが、それだけでは資金面や技術面でおのずと限界があった。そのような状況を打破するための一助となったのが、耕地整理法に代表される土地改良に関する一連の制度であった[64]。

耕地整理法は明治32（1899）年に制定された法律で、耕地の利用を増進するために所有者が共同して交換分合などにより、分散所有地の集団化、一枚一枚の区画の正形化や広域化、さらには道路の直線化などによって耕作の便を改良するのが目的であった。その後明治38年には対象が灌漑《かんがい》排水事業に拡大され、明治42年の改正では、単なる区画整理中心の事業から開墾を含めた広義の土地改良が主体とされるようになった。それに伴って、事業は土地所有者による単純な共同施工から耕地整理組合という法人によって施工されるよう改められた。

一方で大正8（1919）年には開墾助成法が定められ、農地開発を進めるために、開墾、埋め立て、干拓とそれに関連する灌漑排水施設や道路堤塘の整備に助成金を交付することが決められた。また開墾の初頭時には収益が見込めないことを考慮して、投入資本（借入金）に対する利子補給の制度も整えられた。翌年には開墾に伴い移住する者に対する家屋建築の助成制度もできた。

さらに震災の年には、用排水改良事業補助要綱が定められ、受益面積500町歩以上の用排水幹線または設備の改良事業に対して50％以内で国庫補助が行われるようになった。それまでの補助金交付は府県が主体となって行われたが、これ以降国が本格的に土地改良事業に財政資金を投入するようになった。なお、1町歩は面積の単位で約1haに対応する。

これらの法律や制度は、震災復興のために設けられたものではないため、神奈川県下では震災前から耕地整理組合を設立し、国の認可を受けて耕地整理事業を進めていたところもある。國府津町外五個村《こうづちようほか》耕地整理組合は、旧國府津町（震災当時は國府津村）から上府中村《かみふなかむら》（いずれも現・小田原市）に至る酒匂川東岸一帯300町歩の耕地整理を大正5年から行っていたが、震災と昭和4（1929）年の豪雨で事業の遅延と費用が増大し、完了は昭和8年となった。総工費は実に16万1000円（約8億円）に上った。そのことを刻んだ「耕地整理記念碑」（昭和8年10月建立）が小田原市国府津（旧國府津村）の富士見橋際に立っている。

また、平塚町外《ほか》二ヶ町村耕地整理組合は、花水川沿いの100余町歩の耕地が常に川の氾濫や悪水の停滞、用水源の涸渇や海水の侵入に悩まされ、さらに道路、水路の整備が充分でなく耕作の障害となっていたことから、大正9年1月から昭和3年8月まで土地改良事業を行った。その間の震災で事業の完了が遅れ費用の増額を来したが、県営河川工事と相まって、逆水止自動閘門《ぎやくすいどめじどうこうもん》の設置や電動揚水機の建設、低湿地の埋め立てなどが行われた。総工費は9万8800円（約5億円）である。そのことを刻んだ「耕地整理記念碑」（昭和12年11月）が平塚市中里（旧平塚町）の八雲神社に立っている。

どちらの碑も、最後に組合員の長年の努力を称賛し、耕地の収穫量の増大と産業の発展に寄与すること

表12a　復興碑から読める農地の復興費用

番号	復興碑	所在地	建立年	西暦	組合（地域）名	灌漑面積	組合員数	起工（組合設立）	竣工
1	江之浦、耕地復旧記念碑	大美和神社（小田原市江之浦）	昭和5年8月	1930年	江之浦	77	77	大正13年10月25日	昭和3年11月10日（御大典）
2	根府川、耕地復旧記念碑	寺山神社（小田原市根府川）	昭和16年7月	1941年	根府川	151		大正13年10月	昭和3年8月
3	怒田、震災復旧記念碑	南足柄市怒田路傍	昭和2年4月	1927年	怒田	22余	67	大正14年11月	昭和2年4月
4	弘西寺堰碑	南足柄市苅野路傍（足柄神社付近）	昭和3年2月	1928年	弘西寺堰	26	66	大正13年2月	大正15年8月
5	川入堰碑	南足柄市苅野路傍（苅野原）	大正13年11月	1924年	川入	12	56	震災直後	大正13年9月10日
6	北足柄村、震災復興碑	南足柄市内山路傍	大正15年6月	1926年	内山	62	231	大正13年1月（村の復旧工事）	（工期3年）
					平山	38	102		
					矢倉沢	32	85		
					地蔵堂	7	25		
					川入関場	5	29		
7	用沢、不動堤之碑	山北町用沢北路傍	昭和9年10月	1934年	用沢	5	49	昭和5年11月	昭和9年8月末
8	岩流瀬、震災復旧記念碑	岩流瀬地蔵堂（山北町岸）	大正15年4月	1926年	岩流瀬堰	66	254	大正13年3月27日	大正15年（主要工期30日）

9	金子、耕地整理記念碑	大井町金子路傍	昭和11年11月	1936年	金子（金田村）	190余		大正14年3月	昭和11年3月
10	荻窪灌漑溝、復興碑	市方神社（小田原市荻窪）	昭和3年8月	1928年	荻窪・水尾等5部落	60余		大正12年	大正14年6月
11	文命用水碑	福澤神社（南足柄市怒田）	昭和11年7月	1936年	酒匂川右岸の町村	700		昭和3年7月	昭和8年3月
12	酒匂川用水碑	三角堤公園（松田町松田総領）	昭和12年5月	1937年	酒匂川左岸の町村	千数百		昭和7年12月	昭和12年3月
13	金瀬川築堤碑	小田原市成田路傍	大正13年9月	1924年	豊川村	100		大正13年3月	大正13年9月
14	豊塚堰記念碑	朝日橋際公園（戸塚区戸塚町）	大正14年春	1925年	戸塚町外二ヶ村	40		震災直後	大正14年2月

（町）

で、子孫に末永く恩恵を与えることができたという趣旨の言葉で結ばれている。

復興碑を読む

ここからは、震災後、農地復興のために住民（地主）が中心となって耕地整理組合を組織した例を具体的に示す。調査で見つかったすべての耕地整理組合による震災復興碑の碑文を読み、その記載を表12にまとめた。多くは灌漑用水路（堰）を中心に対象地域の農地の耕地整理や農道の整備などが行われたもので、

表12b　復興碑から読める農地の復興費用

番号	総工費	公的補助	住民拠出	補助率	一戸当たり負担額	備考
1	129717	64123	65594	49	852	補助金内訳：県10195円、開墾助成金14928円、低利資金39000円 その他：開墾助成法により40戸に8000円の家屋建築補助あり
2	96000					
3	73000余	27832余	45168	38	674	補助金内訳：県16532円、開墾助成金4300円、低利資金7000円
4	80000					起工時に起債認可を得る
5	58500					南足柄村と北足柄村にまたがる。北分（関場部）は約5町
6	63544					北足柄村での主な復旧費用 役場費　1600円　隔離病舎費　2700円 北足柄小校費　2400円　矢倉澤小校費　1700円 村道15か所、橋梁8か所、堤防2か所復旧費　27242円
	47790					
	49420					
	19600					
	30000					
7	46800	23060	23740	49	484	補助金は県による
8	70000余	49000余	21000	70	83	補助金内訳：県30000余円、低利資金19000円 各自拠出に対しては開墾助成法交付金による利子補給あり
9	129307	33890	95417	26		補助金は国による
10	290000	163000余	127000	56		補助金は国から。 昭和12年以降は箱根登山鉄道が発電利用で維持・管理にあたる

11	570000余	554000	16000余	97		補助金は国、県、発電事業者から。6堰併合統一、発電も付加する
12	360000	270000	90000	75		補助金：国180000円、県90000円（用排水改良事業補助適用）
13	20000	国・県より助成				事業は大正3年4月から同4年8月で完成。上記は堤防の震災復旧費
14	12000	鉄道省より助成				事業は明治38年から8年間で完成（280町）。上記は樋門の震災復旧費。鉄道工事と絡み助成を受ける
	(円)	(円)	(円)	(%)	(円)	

石碑に記載された耕地整理組合名、灌漑面積、組合員数、起工ならびに竣工時期、総工費、公的な補助金、各自が拠出した負担金などをまとめ、さらに計算できるものについては、公的補助率や一戸当たりの平均負担額が示されている。金瀬川築堤（表12-13）と豊塚堰（同14）とは、震災前に事業が完成し、その後震災で壊れた用水路の樋門《ひもん》や堤防の修理を主体とするもので総工費は比較的少ない。これに対して、荻窪灌漑溝（同10）、文命用水（同11）、酒匂川用水（同12）は、多くの集落にまたがる大規模な用水路の復旧、新設であり、総工費が多い。これらを除くと、総工費は5万～13万円（約3億～7億円）程度で、公的な補助（県補助金、開墾助成、低利融資など）の率は平均で50%程度、地主一戸当たりの負担額は、組合員数が多い岩《が》流瀬堰《らせぜき》以外では500～900円（約250万～450万円）となる。開墾助成法では家屋建築の補助も一部にあったが、一般には家屋の再建は別であり、低利融資も返済が必要で、住民負担は決して少なくなかったことがわかる。

鎌倉郡戸塚町の豊塚堰（同14）以外はいずれも足柄上郡・下郡に属する地域の復興碑であり、対象灌漑面積の合計は約2000町歩から3000町歩に及ぶ。『大正震災志』上巻〔20〕に記載された田畑の被害面積は足柄上郡・下郡の両郡を合わせて2000町歩余りであり、表12が少なくともこの地方における農地の復興状況を一般的に表すものと判断してもよいであろう。

一方、石碑の裏面には多くの場合、関係者の名前が列記されている。表13に表12のうち番号1～9の碑に記載された名前とその役職を建碑の年代順にまとめた。表13の丸数字は表12の番号に対応する。多くの碑で名前は、県の関係者、村の関係者、耕地整理組合のメンバー、建碑に携わった人の順に書かれている。ほとんどの碑で、県の関係者では知事などを除くと、神奈川県農務課長の草柳正治が上位に挙げられている。同人は、後で述べる文命用水碑の撰文《せんぶん》にも名前が見える。草柳は開成町宮台出身で、耕地整理組合による震災復興を農民に強く奨励した〔58〕。一方、南足柄市怒田《ぬだ》（旧福澤村）の「震災復旧記念碑」（表12－3）の碑文を読むと、神奈川県の佐藤吉太郎、福島正廣、出縄三好の3氏が設計、ならびに工事監督にあたったと書かれている。このことから他の場合も含めて県の農林技手（または技師）が、復興現場のトップを務めていたと考えられる。表13を見るとこのクラスの人々には、矢儀平一、吾郷精造、佐藤吉太郎などのように共通して名前が認められる場合も多く、一人で複数の地域の復興の指揮を執っていたものと思われる。一方、費用面でも表12の備考に示すように補助金の交付も含め県の関与が大きく、県が事業全体について大きな役割を果たしていたことがわかる。

南足柄市内山（旧北足柄村）の「震災復興碑」（同6）には5つの耕地整理組合の名前がある。これはこの碑が北足柄村全体の復興碑であるからである。そのなかで南足柄市苅野（旧南足柄村）の「川入堰碑」（同5）と比較すると、川入耕地整理組合の範囲は南足柄村にもまたがっていたことがわかる。このことは、耕地整理組合が必ずしも村単位の行政区画に縛られていたわけではなく、住民の意向によって組織され、県が直接その事業を費用面からも技術面からも支えるという形で進められたことを示唆している。

南足柄市怒田の「震災復旧記念碑」（同3）には、用水の復旧と道路、橋梁、畦畔《けいはん》の復旧整備、耕地整理などにより、交通上、農耕上の物資の搬出搬入が一新されたと書かれており、また大井町金子の「耕地整理記念碑」（同9）には、7割5分だった二毛田がすべて二毛田になり収穫が増え産業の根本が確立されたと記されている。各地で行われた事業が、単に旧に復するだけではなく、耕地整理による生産性の増大を伴う文字どおりの復興であったことがわかる。

岩流瀬と用沢

現在の山北町岸（旧川村）の岩流瀬堰《がらせぜき》耕地整理組合（表12－8）と山北町湯触《ゆぶれ》（旧清水村）の用沢耕地整理組合（同7）の活動をさらに詳細に見る。

前者は旧川村内でほかに組織された4つの耕地整理組合とともに、『神奈川県足柄上郡川村震災記念誌』［65］により詳細な記録がある。それによれば、岩流瀬堰は図31に示す大口三堤の一つの岩流瀬堤（文命西堤）に取水口をもつ用水路であるが、地震によって水路は原形をとどめないまでの被害を受けた。応急措置として、付近に水力施設をもつ富士瓦斯《ガス》紡績に協力を求め、余震の続く中、取水口の開鑿《かいさく》をして一

表13　復興碑から読める農地復興を担った関係者。丸数字は表12の番号に対応

川入堰碑⑤（大正13年11月建立）

［県］神奈川県農務課長・草柳正治／県技師・田中十三男／農林産業技師・矢儀平一、吾郷精造／産業技手・佐藤吉太郎など／産業主事補・川田萬吉／

［郡］足柄上郡長・田中鉐雄　［村］北足柄村長・礒崎金造／南足柄村長・関野長治　［組合］川入耕地整理組合長・武井良哲／組合副長・柏井孫三郎／組合副長・礒崎新之助　［他］敷地所有者・矢野谷右エ門／建碑発起者（41名）

岩流瀬、震災復旧記念碑⑧（大正15年4月建立）

［県］工事設計並監督　神奈川県農林技手・佐藤吉太郎、神谷四郎、黒田杢一、福嶋正廣　［組合］岩流瀬堰耕地整理組合長・府川重太郎／組合副長・兵藤鶴吉／評議委員・小菅正文など／組合会議員・小塚新吉など　［他］後援者・松田町耕地整理組合

北足柄村、震災復興碑⑥（大正15年6月建立）

［県］神奈川県土木課長・高田景／農務課長・草柳正治／地方課長・安藤喜八／県技師・田中十三男／農林技師・矢儀平一、吾郷精造／土木技手・佐藤盛亮、小澤利一／土木助手・長窪一治／農林技手・佐藤吉太郎など　［郡］足柄上郡書記・瀬戸保雄など　［村］北足柄村長・礒崎金造／助役、収入役、書記、村会議員／在郷軍人会北足柄村会長／北足柄村青年団長／区長、土木委員　［組合］内山第一、第二耕地整理組合長・矢後松晴／平山、同柑橘耕地整理組合長・礒崎為治／矢倉沢本村、同柑橘耕地整理組合長・杉山常次郎／地蔵堂耕地整理組合長・和田見治／川入堰耕地整理組合、関場部　組合副長・柏井孫三郎、柏木金太郎　［他］建碑委員長・礒崎金造／建碑委員（14名）

怒田、震災復旧記念碑③（昭和2年4月建立）

［県］神奈川県知事・池田宏／農務課長・草柳正治／農林技師・矢儀平一、吾郷精造、佐藤吉太郎／農林技手・福島正廣、出縄三好（佐藤吉太郎以下3名が設計ならびに工事監督）　［組合］怒田耕地整理組合長・市川實太郎／組合副長・髙橋宇三郎　［他］創立委員（2名）／建碑委員（6名）

弘西寺堰碑④（昭和3年2月建立）

［県］神奈川知事・池田宏／農務課長・草柳正治／県技師・野呂勇之助、田中十三男／農林技師・矢儀平一、吾郷精造など／農林主事補・末廣得など／農

林技手・佐藤吉太郎（松田耕地整理出張所長）／農林技手・福島正廣など［郡］足柄上郡長・田中鉱雄［村］南足柄村長・井上宗環／助役・関野光之助
［組合］耕地整理組合長・實方富士太郎／組合副長・内田政吉［他］建碑発起人（5名）

江ノ浦、耕地復旧記念碑①（昭和5年8月建立）

［国］農林商務大臣・髙橋是清／農林大臣・早速整爾、他2［県］神奈川県知事・清野長太郎、他3／農務課長・草柳正治／地方技師・矢儀平一／前地方技師・野呂勇之助／前地方技師・吾郷精造、他1／技手・大津新太郎／小田原耕地整理出張所長・黒田杢一／農林事補・松本吉友／農林技手・本田清平
［郡］前足柄下郡長・伊藤龍雄／前足柄下郡技手・東彌三郎［村］片浦村長・青木林太郎［組合］江ノ浦耕地整理組合認可後役員　組合長・一井磯右衛門／組合副長・朝倉金蔵／会計係、工事監督3、他6／現在役員　組合長・髙橋重吉／組合副長・髙橋友哉／会計係、工事監督3、他6

用沢、不動堤之碑⑦（昭和9年10月建立）

［県］神奈川県知事・横山助成／耕地整理課長・芝池眞吉／地方農林技師・川地惟精、塚田潔／農林主事補・川田万吉など／松田耕地整理出張所長・黒田杢一／測量設計者　農林技手・出縄三好／農業助手・辻澤近など［村］清水村長・細谷力蔵、他3［組合］用沢耕地整理組合長・山崎喜一郎／組合副長・大野巳之助／評議委員・池田茂など

金子、耕地整理記念碑⑨（昭和11年11月建立）

［県郡］神奈川県農務課長・草柳正治／耕地課長・芝池眞吉／地方農林技師・吾郷精造、尾上彦六、佐藤吉太郎など／主事補・小川〇光／技手・津久井丈夫／組合嘱託・伊藤清〇［組合］組合設立発起人・小野金太郎など／組合長・中根直吉／組合副長・鈴木清太郎、藤澤喜之助／評議員・中根善太郎など／組合会議員・小野新吉など／事務員・間宮彦三など

根府川、耕地復旧記念碑②（昭和16年7月建立）

［県］神奈川県知事・清野長太郎／農務課長・草柳正治／小田原出張所長・黒田杢一／技手・土橋慶三郎／農商務技手・君島貢など［組合］根府川耕地整理組合長・廣井常右ェ門／副組合長・廣井惣之助／副組合長・矢子金太郎（以上、初代。以下に2代目から4代目までの9名の組合長、副組合長の名前が記載されている）

時をしのいだ。さらに本格復旧のために、県に救済援助を求め、耕地整理法の適用を受けることが最善との結論に至り、11月30日に安河内麻吉神奈川県知事に耕地整理測量設計願を申請、12月25日に矢儀技師の出張を受けて耕地整理の説明を受け、翌年2月に組合を設立することができた。その後、県より佐藤技手が派遣され、設計書の作成に関して指導を受け、3月20日に岸にある真言宗般若院《はんにゃいん》で地主総会を開き、満場一致で賛成を得て申請書手続きを進め、3月25日に認可を受けた。さっそく3月27日に起工し幹線水路を中心に5月4日に全部の通水を完了し、田植えの時期に間に合わせることができた。このため人々は初秋には黄金色の稲を目のあたりにでき蘇生する思いになれたという。翌年、翌々年は残る支線や耕作道や小橋の工事を追加し、大正15（1925）年4月28日には岩流瀬堤の文命宮の祠を修築し、祭祀を行い図32のmにあたる記念碑が建立された。

以上のような耕地整理組合を組織した素早い復旧は、山北村名主の湯山家代々の治水事業の一環として建設されてきた川村用水でも行われ、大正13年6月に通水し、こちらも田植えに間に合わせることができた。

これに対して、水田にまで甚大な被害が出た用沢では復興はそれほど容易ではなかった。用沢は酒匂川をさらに遡ったところで分れる支流の河内川《かわちがわ》沿いにある。河内川の上流部には現在丹沢湖がある。被害と復興の様子は県道76号線端に立つ「不動堤之碑」（表12-7）に記載されている。図34に現在の「不動堤之碑」の様子を示す。碑の向かって左側には馬頭観世音の石碑が立ち並び、その一番左側が震災で亡くなった馬に対するものである（94ページ表6参照）。碑に刻まれた被害の様子をまとめると以下のようになる。

周辺では家屋の倒壊、山林の崩壊、耕地の埋没が起り、特に用沢では水田6町歩余りがことごとく流出して河原となった。住民は生活の糧をなくして破産し郷土を離れる者も出てきた。それを見兼ねた篤農家の山崎喜一郎が、集落の49名をまとめて耕地の復旧にあたった。まず、昭和4（1929）年10月に河内川の一部を埋め立てる免許を得、荒れた旧耕地と合わせて翌年11月に用沢耕地整理組合を設立した。組合長になった山崎喜一郎は日夜寝食を忘れ東奔西走し、組合員も協心戮《きょうしんり》力《りょく》、おのおの労務に服し、県当局の援助を得て、遂に昭和9年8月末日に全工事が完成した。でき上がった河内川の護岸は組合員全員の心血流汗の結晶であり、それを「不動堤」と呼び、耕地を「喜一郎新田」と称するようになった。

図34　山北町湯触にある用沢耕地整理組合による不動堤之碑と馬頭観世音の石碑

文命用水と酒匂川用水

岩流瀬堰と川村用水が酒匂川左岸の山北町内を潤す灌漑用水路であるのに対して、文命用水は酒匂川右岸の南足柄市や開成町などいわゆる水下《みずした》地域を潤す用水路である。岩流瀬堤（文命西堤）の対岸の内山発電所から大口、さらには南足柄市と開成町の境界付近まで酒匂川の右岸に沿って走り、その間に多くの堰を分けて水下各地に水を供給している（足柄平野の地図は図31参照）。

震災前は、酒匂川右岸の水下地域には大口堤（文命東堤）に伴う六水門から水を引いていたが、震災で大きな被害を出し、復旧に際して、それらの用水路を文命用水として統合整備した。工事概要は表12の番号11にまとめたとおりである。それらの記載のもとにした「文命用水碑」は、南足柄市怒田の文命東堤上の福澤神社にある（図32のi）。なお、福澤村の名は、福澤諭吉が当地の千津島村《せんづしまむら》をたびたび訪れたことから明治22（1889）年にほかの数村と合併した際に命名されたものである。

先に述べたように、酒匂川における震災後の後遺症は大変なもので、山崩れによる土砂と倒木が大雨ごとに酒匂川に流出し河床が高くなり、また流木で河床が見えなくなるほどであった[58]。ちょうど同じ時期に、酒匂川にすでにいくつかの発電所を持っていた富士瓦斯紡績の電気事業部が二つの発電所を新設すべく計画していた。足柄上郡長の田中鉐雄《せきお》と神奈川県農務課長の草柳正治は、村々に耕地整理組合の創設を勧め、富士瓦斯紡績の計画と結びつけて、従来の六水門を廃止し、新設発電所と共用の水路から各村内の河川や堰に通水するよう仕向けた。そのようにして昭和8（1933）年3月に完成したのが文命用水である。用水には福沢第1、第2の二つの発電所が併設された。なお富士瓦斯紡績は昭和2年に発電部門を切り離して富士電力を独立させ、第二次世界大戦後は東京電力がこれを引き継いだ。

このため、文命用水建設の総工費57万余円（約29億円）のうち、地元負担はわずか1万6000余円（約8000万円）で、残りは国、県と発電企業が負担するかたちとなった。発電利用との組み合わせで、住民負担を軽減している例は、箱根湯本から小田原市荻窪に水を引いている荻窪灌漑溝（表12-10）にも見られる。こちらは昭和12年以降、箱根登山鉄道が発電利用する代わりに維持・管理にあたることになっている。

「文命用水碑」には裏に東京電力との契約書が書かれている。石碑の正面の記名日が昭和11年7月であるのに対して、背面の契約書の日付は昭和39年2月11日になっている。その理由は以下のとおりである[58]。大戦後、二代目開成町長の辻村君造が酒匂川右岸土地改良区理事長に就任したときに、文命用水の契約書が存在しないことに気づいた。早速、県当局や東京電力など関係機関も調査したがどこにも存在しないことがわかり、急遽作成したのが当該契約書である。その際、所在不明となった前例を考慮して「文命用水碑」の背面にあえて刻んだのだという。

文命用水の完成は酒匂川下流部の左岸地域に酒匂川用水の建設を促すことになった。酒匂川用水は、文命用水の流末（山北町と開成町の境界付近）の武永田《ぶえだ》に頭首工を設け、酒匂川右岸の新十文字橋の手前約400mの地点で酒匂川をサイフォンで伏せ越し、松田町の松田庶子《まつだそし》から左岸に沿って南下する。さらに川音川をサイフォンで伏せ越して、三角堤公園の東側を南下、足柄大橋を越えて鬼柳分水堰で酒匂堰へとつながっているもので、主に酒匂川左岸の松田町、大井町などに水を供給する役目を担っている。文命用水と同様に酒匂川の洪水調節の役割も担う大灌漑用水路として、工事は文命用水が完成する半年前の昭和7年12月から始まり、昭和12年3月までかかった。

工事概要は表12の番号12にまとめた通りである。もとにした「酒匂川用水碑」は、松田町松田惣領（旧松田町）の三角堤公園にある。総工費は文命用水の57万円には及ばないが36万円（約18億円）で、半分の18万円が国の補助、残りを県と地元が9万円ずつ折半して工事が行われた。国の補助は震災の年に、受益面積500町歩以上の用排水幹線、または設備の改良事業に適用されることが決まった用排水改良事業補助要綱によるものと思われる。表14には碑文に書かれている地域別の地元負担額を示す。

足柄大橋の南、鬼柳分水堰近くの酒匂川堤防上に「酒匂川左岸用水完成記念碑」と書かれた、昭和45年建立の石碑がある。これを読むと、当初の酒匂川用水は断面が狭く豪雨によって災害をこうむったため、昭和27年から16年の歳月を経て改修工事が行われたことがわかる。酒匂川用水が現在の姿になるまでにはもう一段階の工事が行われていたのである。上記豪雨には対岸の九十間《くじっけん》堤上にある「治水の碑」に記載された昭和13年の豪雨も含まれているものと思われる。

表14 三角堤公園にある酒匂川用水碑に書かれた地区別の地元負担額

地元組織	金額（円）
金田村ほか8村水利組合	42598
鬼柳堰水利組合	15641
金田村	15771
曽我村西大井	990
下府中村	2239
酒匂村	10557
國府津町	2204
（合計）	90000

コラム6 御下賜金の配布

震災直後の大正12（1923）年9月3日には、天皇陛下から1000万円（約500億円）が下賜《かし》されることが閣議で認められ、現金によって被災者に配分することも含めてその配分基準は9月16日にすでに決められていた[56]。次いで罹災1府6県（東京府、神奈川県、千葉県、静岡県、埼玉県、山梨県、茨城県）への配分額と配分方法が決められたのは10月31日で、交付対象者は内外人を問わず今回の震災で罹災した人で、交付額は被災度に応じて表15のようになった［66］。なお、負傷者とは1週間以上医師の治療を受けた者とされた。また住宅の罹災については罹災当時震災地に世帯を構えていた者に限り、人的被害については世帯を構えていたと否とは問わないとされた。従って他地方からたまたま震災地に来ていて被災した者も含まれることになった。

鎌倉町を例に取ると、11月13日に鎌倉郡長から町に御下賜金配布の通達があり、11月20日までに該当者を調べ回答せよとのことであった。これを受けて11月17日に各区長に御下賜金拝受有資格者の調査を依頼、同時に各小学校長にも教員の調査支援の派遣を依頼して、調査が進められた［31］。表16の「予測」がその際の調査結果である。合計は3037件で、実績合計の3865件に比べると、2割程度の誤差（79％）の「予測」がなされていたことになる。11月15日は臨時震災救護事務局が全国一斉に行った避難民調査の日であった。歴史学者の北原糸子［43］は、御下賜金配布が決まった時点でこの避難民調査が構想されていたのではないかと指摘しているが、確かに上記の日付から御下賜金の配分調査が全国一斉避難民調査と呼応して行われていたことがわかる。

表15　天皇陛下からの御下賜金の配分額

交付する被災の範囲	金額（円）	備考
死亡・行方不明者	16／人	震災地に居住か滞在
負傷者	4／人	1週間以上医師の治療
住宅全焼・全流失	12／世帯	
住宅全潰	8／世帯	震災地の世帯に限る
住宅半焼・半潰・半流失	4／世帯	

調査結果はその後郡長に報告された後、11月24日には郡長が示した申告書が各区長を通じて被災者に

表16　鎌倉町における御下賜金の予測、実績と交付率

下賜金交付	死亡・行方不明	負傷	全焼・全流失	全潰	半焼・半潰・半流失	全被害戸数	支給件数合計
予測	219	287	368	865	1298	2531	3037
実績	369	339	535	1181	1441	3157	3865
被害数	412	—	564	1455	1551	3570	
交付率（%）など	90	—	95	81	93	85［1］	79［2］

［1］全戸数4183戸うち被害数3570戸、85%の被災率
［2］支給予測件数は実績の79%

交付され、申告期限を大正14年11月末日とした（のちに同15年3月31日まで延期）。11月30日に郡長通達で鎌倉町への配当額は4万5764円と決められたが、のち12月25日に4万5364円に減額されて町に届けられた。これを受けて町では12月28日と29日に役場で第1回配布が行われた。この時点で最終件数の68%が配布されている。その後、ほぼ毎月のペースで配布が進められ、大正15年3月31日に配布を終了した。最終の交付実績も表16にまとめた。表には『鎌倉震災誌』［31］記載の鎌倉町の被害数も示した。単純に比率を見ると、鎌倉町では全戸数の85%が被災し、下賜金の交付率は項目によって多少ばらつくが81〜95%に達していたことがわかる。

以上が、御下賜金配布の経過である。額は表15に示すように死亡・行方不明で16円（約8万円）、住

宅喪失でも最大12円（約6万円）とそれほど大きな額ではないが、迅速な手続きによって年越しまでに現金が交付されたことは被災者にとってありがたいものであったに違いない。なお現在では、国から被災者に支給される現金としては、被災者生活再建支援法に基づき、住宅に著しい被害を受けた場合の基礎支援金が１００万円、災害弔慰金支給法に基づき弔慰金が最大で５００万円と決められている。

三　石碑に見るインフラ復興

水神の碑

「人間の至宝は健康にあり、健康の消長は飲用水の良否に係る事大なり」。これは、山北町向原下本村《むこうはらしもほんむら》（旧川村）の民間マンションの東側に立つ「水神の碑」の冒頭の一節である。震災前、公営水道の普及はごく一部の地域だけで、特に農村部では大半が、井戸や渓流や用水から水を引くなど自前の水源で飲み水を確保していた。そのような自前の水源が震災で壊れ、失われた。今日のように給水車も来ず伝染病の感染などの危険性もあるなかで、人々が必死に求めたものは安全な飲み水であった。南足柄市飯沢（旧南足柄村）の大雄川に近い路傍には「恵徳泉の碑」（大正13年９月建立）がある。この碑はそのような状況にあった人々が、地主の勝田喜一郎の計らいで湧水を分けてもらったことに対する感謝の碑である。山北町岸

（旧川村）の尾崎裕一宅にある「震災記念碑」（大正14年2月）にも同様の記載があることは先に述べたとおりである（139ページ参照）。

山北町内には現在、「水神の碑」が30基以上あることが知られている［67、68］。水神はいうまでもなく水を司る神で、本来、川や泉など飲料水や灌漑《かんがい》用水を得る場所に祀られることが多い。その中で4基が震災後に建立された水道関連の石碑である。そのうち二つは、先のものも含め、従来あった水道の土管が震災で壊れたため管路を鉄管に替えたというもので、残りの二つは渓流から水を引いて飲用に使っていたが、震災後降雨があるごとに水が濁り飲用に耐えなくなり、水源を探して水道を敷設したというものである。

上記4碑を含む水道関連の復興碑の記載をまとめて表17に示す。

開成町金井島（旧酒田村）にある「横境上水道記念碑」（表17－5）には、明治初年に掘られ唯一の水源だった共同井戸の水が震災後に涸渇し、集落の人々が協力して井戸を掘り下げたとある。また松田町松田惣領（旧松田町）の曹洞宗延命寺の「水道記念碑」（同6）には、震災後の飲料水不足から住民を救うために町営水道を敷設したことや、その後の人口増加で水道施設が拡張されていった経緯が記されている。また大井町金子（旧金田村）の真言宗円蔵院には「南水道記念碑」（同7）、真言宗最明寺には「金田水道記念碑」（同8）があり、いずれも震災後、井戸水が減少したり井戸が崩壊したりして飲料水に困り、それぞれ南水道組合、金田水道組合を設立して、簡易水道を敷設したことを記念するものである。

水道の整備は震災前から、コレラや赤痢などの伝染病予防の観点から急務であるとされてきたが、各戸それぞれで水の確保が可能であったこともあり、なかなか進まなかった。ところが震災後の飲料水不足に対しては各戸別では対応しきれず、住民が協力して水道敷設に立ち上がったのである。表17で費用負担の内訳を見ると、例えば、金田水道では、総工額約1万7003余円（碑文記載の総額は1万5050余円）のうち、県や金田村の補助は3703円、地元企業の負担が2500円、残り約60％あまりの1万8800余円が住民の拠出である。また、山北町向原下本村の民間マンション東側の「水神の碑」（同4）に刻まれた鉄管による簡易水道の整備については、総工費3100円のうち県の補助は800円で、残り2300円は住民の負担であった。いずれも一人当たりの負担額は、平均で80円程度（約40万円）と計算される。また大井町金子の南水道のように小規模なものには県の助成はなかったようである。なお、最明寺の「金田水道記念碑」の横には、第二次世界大戦後に水道を拡張した際の「拡張工事記念碑」（昭和40年12月）も立っている。

災害は多くのものを一度に住民から奪い去るが、過去のしがらみも同時に洗い流す効果がある。そのため復興過程のなかで、より進んだ新しいシステムが導入されることも多い。先に挙げた用水路の近代化や水道の整備はその代表例である。

道路の復旧

震災直後の被災地全体の道路状況を俯瞰《ふかん》するのに便利な資料として、震災地応急測図原図がある［69］。震災地応急測図原図は参謀本部陸地測量部（現在の国土地理院）が、震災直後の9月6日から15日までの約10日間にのべ94人を動員して、震災に伴う地形地物の変化状況のみならず救援作業や警備の便に供するため

表17a　復興碑から読める水道の復興関連費

番号	碑名	場所	住所	建立年	西暦	経緯	事業主体	工事内容
1	水神の碑	瀬戸和義宅脇	山北町山北	昭和10年11月	1935年	渓流引用、降雨ごとに濁水	梶山給水組合	5か所の水源掘鑿
2	水神の碑	上ノ台農道入口	山北町向原	昭和15年5月	1940年	震災・水害で河水混濁	企工者高橋佐市	水道敷設
3	水神の碑	瀬戸芳太郎宅	山北町向原	大正14年9月	1925年	震災で土管崩壊	荻野徳次郎ほか42名	鉄管埋設し復旧
4	水神の碑	ダイヤパレス東	山北町向原	昭和4年9月	1929年	震災で飲料水欠乏	下本村住民	鉄管埋設し復旧
5	横境上水道記念碑	金井島路傍	開成町金井島	昭和28年7月	1953年	震災で地下水位低下	金井島部落民	井戸掘り下げ工事
6	水道記念碑	曹洞宗延命寺	松田町松田総領	昭和10年5月	1935年	飲料水の涸渇に苦しむ	松田町	町営水道工事（656戸対象）
7	南水道記念碑	真言宗円蔵院	大井町金子	昭和11年5月	1936年	井泉水量減少	南水道組合員	簡易水道敷設
8	金田水道記念碑	真言宗最明寺	大井町金子	昭和14年3月	1939年	泉井崩壊し用水が欠乏	金田水道組合	簡易水道敷設

表17b　復興碑から読める水道の復興関連費

番号	起工	竣工	総工費	公的補助	補助率	住民拠出	備考
1	昭和9年4月	昭和9年5月					その筋の命で組合設立
2	昭和8年頃計画	昭和15年					紀皇2600年記念事業
3	大正13年4月	大正13年8月					上・下本村は明治中期に土管で水道敷設
4	震災直後	大正13年8月	3100	800	26	2300／72	補助金は県より（総戸数32戸）
5	震災直後	震災直後					上水道工事は昭和23年7月に完了
6	大正13年6月28日	昭和3年5月1日	65753				1期：28765円、2期：5843円、3期：31145円
7	昭和5年3月1日	昭和5年4月6日	562		0	562／33	水源に年額10円の借地料を納める（総戸数17戸）
8	大正15年9月	昭和2年6月	17003余	6203（含・企業出資）	36	10800余／82	補助金内訳：県2523円、村1180円、牧野工場2500円（総戸数131戸）
			（円）	（円）	（%）	総額／一戸当たり（円）	

＊金田水道記念碑には費用合計は15050余円と記載され右の総工費と一致しない

に、交通網や集落の被害状況などを調査して地図に記したものである。図は南関東地域一円で、5万分の1の地形図上に調査した被害が記録されているものである。

この図で、現在の平塚市付近を見ると、相模川にかかる国道1号線の馬入橋《ばにゅうばし》に以下のような記載がある。「全壊し河中に落下し未だ復旧工事に着手せず、両川岸間の連絡は渡船をもってす（渡船時間　自午前五時、至午后六時　但し公務員は除外）」相模川に架かる馬入橋が地震で落ちて、渡船で急場をしのいでいたことがわかる。一方、現在の馬入橋の平塚側のたもとには「陸軍架橋記念碑」と書かれた石碑（大正12年10月建立）が立っている。碑文と説明板を総合すると、震災直後応急措置として、地元の馬入（旧須馬村）の消防組員と在郷軍人が仮橋をつくったが9月16日の豪雨で流失した。このようななか、17日に豊橋の第十五師団工兵第十五大隊と京都の第十六師団工兵第十六大隊が来て、仮橋工事に着手した。京都の第十六大隊は平塚側から、豊橋の第十五大隊は茅ヶ崎《ちがさき》側から工事を行い、10月3日に完成した。それを記念して工兵第十六大隊が建立したのがこの碑である。先の応急測図原図は仮橋には触れていないので、地元による仮橋敷設以前の調査すなわち9月6日から15日の間でも比較的早い時期の記録であろう。

相模川には道路橋と並行して東海道線の橋梁も架かっていたがこちらも落橋し、不通となった。茅ヶ崎—平塚間の開通は橋梁が仮復旧する10月21日のことである[35]。現在の鉄橋は、昭和3（1928）年に完成したもので、震災で落橋した旧橋の橋脚は今でも川の中や高水敷《こうすいじき》に残っている。旧橋は明治20（1887）年の東海道線開通時に架けられたものであった。

道路や鉄道が最も大きな被害を受けた地域の一つが熱海—小田原間である。図35では小田原から途中の

図35　道路や鉄道の被害を伝える震災地応急測図原図と県道小田原－熱海線の復旧記念碑

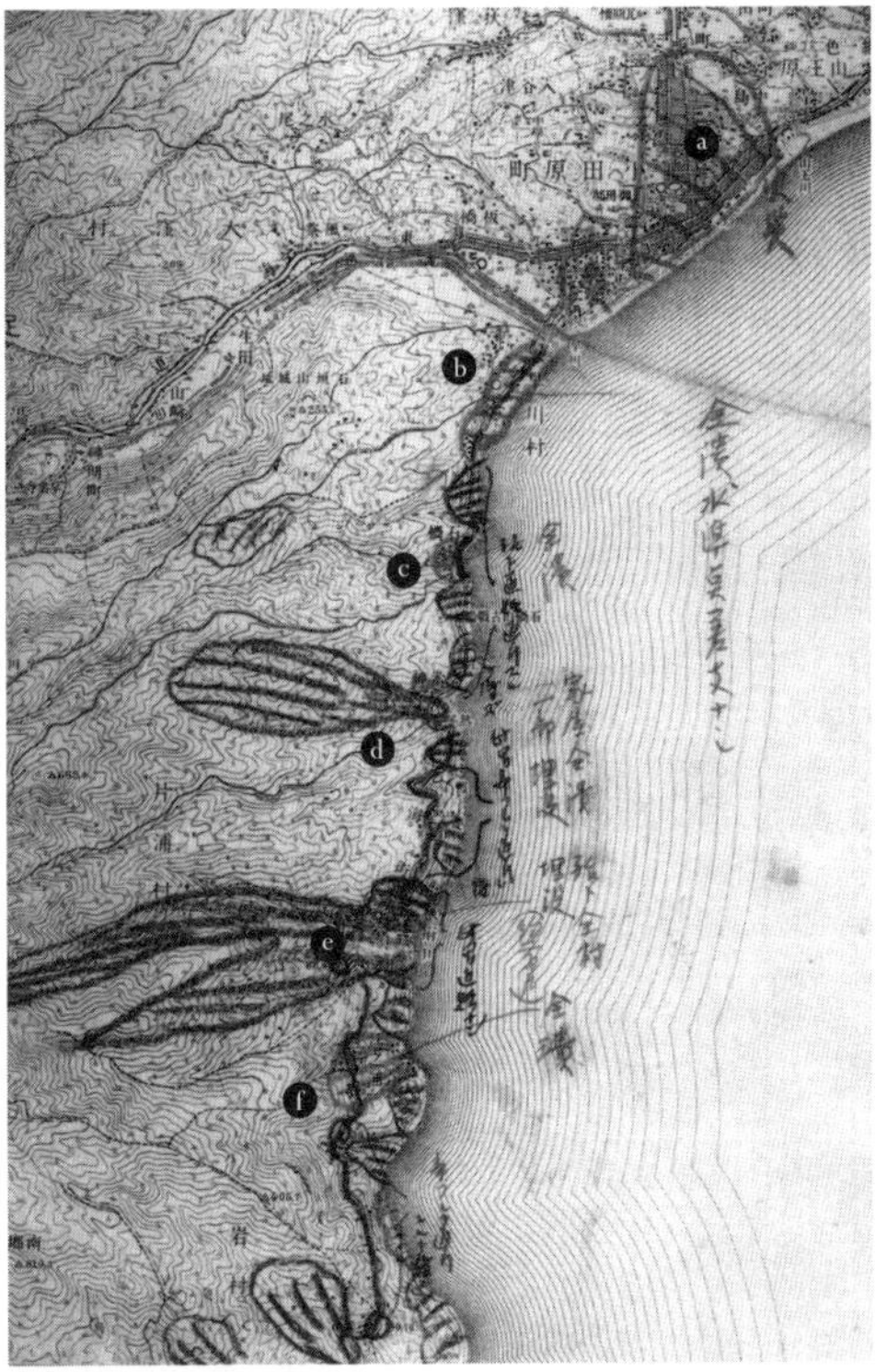

ⓐ 小田原「火災、全潰」
ⓑ 早川村「全潰水準点差支えなし」
ⓒ 石橋「全潰」
米神まで「殆ど道路通行するを得ず」
ⓓ 米神「家屋全潰一部埋没」
根府川まで「此間辛うじて通行を得」
ⓔ 根府川「殆ど全村埋没（約２００戸）、此間道路なし」
ⓕ 江之浦「全潰」
岩村まで「辛うじて通行するを得」

岩村（現・真鶴町）までの応急測図原図とその中に書かれている被害の様子を欄外にそのまま示した。39ページで述べた根府川《ねぶかわ》や米神《こめかみ》など旧片浦村での土砂災害を含む大小様々な土砂崩れがあり、道路や鉄道はずたずたの状況になった。このような状況からの道路の復興を記した碑が根府川駅の北、52ページで述べた岡野喜太郎による五輪塔の近くに立っている。図35にはその碑も示す。題額に「地平天成」と書かれ、冒頭、神奈川県知事遠藤柳作の名で、「府県道小田原熱海線震災復旧記念碑」と刻まれている。

工期は大正13（1924）年4月から昭和2年9月までかかり、総工費57万5000円（約30億円）をかけて完成した。特に米神―根府川間は、元来急峻な断崖を何度も折れ曲がりながら通過していた道を、海岸線の最短距離で通す難工事で、鉄道と交差する部分はその下を掘削して通し、その工事費は実に20万円（約10億円）を要したと書かれている。まさにその場所に記念碑が立てられているのである。なお並走する熱海線（現在の東海道線）の復旧工事は真鶴―熱海間の延長工事とともに行われ、大正14年3月25日までかかってようやく完成した[35]。また、西湘バイパス石橋インター北の紀伊宮下《きのみやした》付近の堤防上（旧早川村）には「震災復旧海岸防波堤工事碑」がある。道路や鉄道の復旧とは別に、それらを波浪から守るために海岸堤防の復旧工事が、県と早川村（現・小田原市）が中心となって行われたことがわかる。工期は大正15年3月5日から5月20日と書かれている。

道路は国道や府県道だけではなく地域の生活道路も震災で大きな被害を受けた。農村部の農道は耕地整理事業のなかで復旧されることも含め、住民総出で復旧することが多かった。先に述べた相模原市南区下溝の十二天神社の「復興記念碑」に書かれている事例がそれである。このほかにも平塚市片岡（旧金目村）の片岡神社には題額に「震災復興」と書かれた石碑がある。裏面に「中庭和田線道路／大正十五年十月竣工」とあり、正面には「工事土地寄付芳名」として7人の氏名と各人が提供した土地の坪数が記載されている。詳細は不明であるが、震災復興として道路の拡幅ないしは新設が住民によって行われたことを示すものであろう。

港湾の整備

地震による震源断層の動きに伴う土地の隆起現象が、相模湾沿岸の小田原付近から三浦半島まで広い範囲に及び、相模川河口の入り江にあった柳島の港が消滅したことは34ページで述べたとおりであるが、三浦半島中央部の葉山港でもその影響は甚大であった。その様子と復興を伝える石碑がある。

葉山町堀内（旧葉山村）の鐙摺《あぶずり》葉山港入り口交差点から葉山港方面へ向かうと大きな石碑が立っている。石碑の題額には「船溜《ふなどまり》竣功紀念」と書かれている。昭和10（1935）年8月に葉山町漁業組合によって建立されたものである。正面には「大震災により海岸の隆起甚《はなはだ》しく船舶の碇繋《ていけい》避難の利便を喪《うしな》い……」とあり、隆起によって港が使えなくなり、漁船は仕方なく砂浜に引き揚げるしかなく、天候悪化のときは砕破するものが少なくなかったと刻まれている。さらに続けて、震災後、魚介への需要が増大し、漁船の増加、大型化が進み、復興工事を願う漁民の窮状を打開するために、港を浚渫して再建した。

昭和7年11月から昭和10年5月にかけて工事が行われ、総工事費は12万余円（約6億円）である。碑文には有力篤志家の援助と農林省匡救《きょうきゅう》土木事業補助の持典を得たと書かれている。資金援助をした有力篤志家とは味の素本舗の鈴木商店（現・味の素）である[70]。味の素の創始者の2代目鈴木三郎助は葉山の生まれであり、3代目は葉山マリーナの創設者として有名である。

また、農林省の匡救事業とは、昭和恐慌から長引く農村部の不況を打開するために、蔵相の高橋是清のもとで行われた景気対策を目的とした公共事業で、昭和7年から昭和9年まで実施されたものである。碑文に記されているように、葉山漁業組合員の協心戮力《きょうしんりくりょく》に加え、郷土の実業家からの援助と時の政府の事業政策とを巧みに利用して実現した復興事業といえる。

隆起に伴う港の浚渫は先に紹介した三浦半島先端の三崎港に隣接する北条湾でも行われた。もともと上げ潮でも水深が約2mくらいで浅かった北条湾は、震災後しばらくは、歩いて行き来できたという体験談もある[71]。

コラム7　豆相人車鉄道（熱海鉄道）の終焉

江戸時代、小田原は東海道の交通の要所にある宿場として栄えたが、明治22（1889）年に国府津《こうづ》から御殿場を通るルート（今の御殿場線）で東海道線が開通すると、その繁栄は凋落の途をたどらざるを得なくなった。ところが小田原の背後には名だたる箱根や熱海の温泉があり、明治維新の動乱が落ち着くと温泉客も頻繁に訪れるようになった。それに伴って交通機関の整備が望まれた。

それに応えて、明治21年に国府津から小田原を通って箱根湯本に小田原馬車鉄道が開業する。一方、熱海は東海道が通る箱根に比べてさらに不便であったが、熱海に別荘をもつ東京や横浜の実業家が中心となり、熱海の旅館も一部出資して明治29年には熱海と早川間に単線レールが開通した。豆相人車鉄道《ずそうじんしゃ》である。この鉄道はその名のとおり人が客車を押す形式の鉄道であった。1両の客車に6人から8人が乗り、それを3人から4人の車丁と呼ばれる押し手が押すという極めて原始的なものである。ほとんどが現在の旧道と並走する路線で、当初は小田原馬車鉄道が通る小田原の早川口と早川の間0・5㎞は徒歩で乗り換えを行っていたが、明治33年に馬車鉄道が電気鉄道化され小田原電気鉄道になるのに合わせて早川口まで延長された。早川口には当時を記念して「人車鉄道小田原駅跡の碑」(平成8年3月建立)がある。

人車鉄道は明治39年に蒸気機関車牽引の軽便鉄道(熱海鉄道)へ切り替えるために軌道を広げる工事を行い、翌年より運転が始まった。熱海鉄道の開通によって小田原―熱海間は5時間から2時間40分に短縮されたという。丹那トンネルの開通を目指し、現在の東海道線のルートを開くために熱海線の建設が決定される6年前のことである。熱海線は国府津―小田原間が大正9(1920)年に開通、その際に小田原電気鉄道の併走区間が廃止された。さらに小田原―真鶴間が大正11年に開通すると熱海鉄道の併走区間も廃止された。

このような状況のなかで大正12年9月1日の関東地震を迎えることになった。つまり関東地震の際には国府津から真鶴までは熱海線が開通しており、その先の真鶴から熱海までの間に熱海鉄道が残っていた。本文でも述べたように、小田原―熱海間は大きな土砂崩れが相次ぎ、旧道と並走する

図36　熱海市伊豆山鳴沢付近の国道135号線脇に建つ万霊塔

熱海鉄道、さらには新設された熱海線ともども大きな被害を出した。このことを物語る万霊塔が熱海市伊豆山（旧熱海町）の国道135号線の鳴沢付近にある（図36）。国道135号線は昭和28（1953）年から国道になった府県道小田原―熱海線である。万霊塔は正面が大きく剝落しており、一見なんの碑かわからないが、剝落部も残っているのでつなぎ合わせると、背面に「大正十二年九月一日大震災惨死者」として7名の名前が刻まれている。それぞれ、静岡県道路工夫、軽便鉄道工夫、宝文工業職工の肩書がある。伊豆山から湯河原町の門川《もんがわ》（旧土肥村）にかけては、県道と隣接する熱海鉄道がともに海中に滑落する崖崩れが生じたところである[72]。土砂崩れによって犠牲となった道路ならびに鉄道の工事関係者の慰霊碑ではないかと思われる。

結局、熱海線の開通には大正14年3月25日までかかった。その際同時に真鶴―熱海間が開通し、熱海鉄道は復旧されないままに廃線となった。現在、JR熱海駅前には軽便鉄道の蒸気機関車が展示されている。また、豆相人車鉄道には愛好家が多く、湯河原町宮上（旧土肥村）の和菓子店味楽庵の前には、店主が人車鉄道に魅せられて、当時の残された図面から細部に至るまでを再現したという復元車輌が展示されている。また店内では人車の車輪をイメージした形の「人車もなか」も販売されている。

四　産業振興と課題

農協のルーツを伝える頌徳碑

耕地整理組合の役割が、主に農業生産にかかる土木設備の復旧整備であったとすれば、震災後の農業経営の近代化に役割を果たしたのが産業組合である。南足柄市竹松（旧福澤村）の曹洞宗大松寺《だいしょうじ》の入り口に立つ三橋源之助の頌徳碑《しょうとくひ》（昭和8年8月建立）に書かれた福澤村信用販売購買利用組合もその一つである。碑文によれば、三橋源之助は明治18（1885）年に地元で生まれ海軍軍人になったが、震災による郷土の惨状を目のあたりにして帰郷、震災復興に尽力した。復興にあたって三橋源之助が重きを置いたのが、福澤村信用販売購買利用組合であった。

組合はその名前が示すように、信用、販売、購買、利用の4業種を行う協同組合であった。その根拠は明治33年成立の産業組合法にある。零細な個人経営が大資本に対抗するために協同組合をつくるという趣旨のもので、全国組織としての産業組合中央会ができたのは大正8（1919）年、信用事業の産業組合中央金庫（のち農林中央金庫）と購買事業の全国購買組合連合会の成立はいずれも大正12年のことである。政府も産業組合の育成・普及を農業政策の重点としたが、いずれも震災と同時期であった。三橋源之助が旧福澤村の復興のために信用販売購買利用組合を設立し組合精神を説いたのもこのような時代的背景があったものと思われる。信用販売購買利用組合は震災復興を機に全国に広まっていった。頌徳碑の建立者は、当時産業組合中央会神奈川県支会の理事も務めていた草柳正治である。産業組合は、戦争や敗戦によって紆余曲折はあったが、戦後、それらの役割は農業協同組合や信用金庫などに引き継がれて現在に至っている。

南足柄市には、このほかに震災復興に関連する業績が記された頌徳碑として、南足柄市怒田《ぬだ》（旧福澤村）の臨済宗慶伝寺にある市川實太郎《じつたろう》の顕彰碑がある。市川實太郎は先に述べた怒田耕地整理組合の組合長である（表13の「怒田、震災復旧記念碑③」参照）。

表18に震災時の業績が書かれた頌徳碑（番号1〜10）と墓碑（番号11〜18）を示す。

地震町と足柄茶

JR御殿場線の山北駅から県道76号線を西に行くと萩原というバス停があり、そこから脇道に入ると山際を東名高速道路が通っている。そのあたり一帯が地元で「地震町」と呼ばれる地域である。隣の共和村（現・山北町）の人々が関東大震災後、新しく移住してきたのでその名がある。共和村はもともと薪炭《しんたん》業を中心とした貧しい山村であったが、村人の協同する力は強く日露戦争後の地方改良運動のなかで優良模範町村に選ばれた村でもあった[57]。そんな村を震災が直撃しさらに追い打ちをかけるように大雨による出水被害も相次ぎ、山林を失った住民は生活が成り立たなくなってしまう。このため日雇いなどで生計を立てるため萩原地区の「地震町」に移住する人々が続出し、共和村の人口は、大正9（1920）年の842人から大正14年には652人へと減少した[57]。

一方で共和村は震災前から経済更生計画として乳牛と豚の飼育の改善事業に取り組み、震災の前年の大

表18　頌徳碑と墓碑

番号	頌徳碑・墓碑名	所在地	住所	建立年	西暦	震災時立場	震災との関連
1	青木正太郎翁寿碑	真言宗平間寺	川崎市川崎区大師町	昭和6年	1931年	京浜電気鉄道社長	私鉄の震災復興を指揮し成し遂げる
2	故大川常吉氏之碑	真言宗東漸寺	横浜市鶴見区潮田町3丁目	昭和28年3月	1953年	鶴見警察署長	命がけて朝鮮の人々300余名を守る
3	木村坦平先生慰霊碑	浅間車庫前公園	横浜市西区浅間町4丁目	大正14年12月	1925年	私立鄰徳小教師	貧しい子の教育に尽力中、震災に遭遇し死亡
4	香川法隆上人頌徳碑	浄土宗中田寺	横浜市泉区中田北2丁目	昭和15年3月	1940年	中田寺住職	罹災者のために温情懇切を極め、震災翌年に遷化
5	久米正雄胸像	浄土宗長谷寺	鎌倉市長谷3丁目	昭和28年10月	1953年	『鎌倉震災記』著者	鎌倉町会議員になって復興に尽力
6	石渡惣左ヱ門頌徳碑	甘縄神明宮	鎌倉市長谷1丁目	昭和29年4月	1954年	長谷区長	復興に尽力、町民から慈父と慕われる
7	沖津直頌徳碑	寄木神社	平塚市大神	昭和27年4月	1952年	神社の三男で医師	神社復興に尽力、のち「敬老会」継続開催
8	岩下清香先生碑	浄土真宗光円寺	小田原市城山4丁目	昭和26年7月	1951年	華道の師	測量艦膠州で小田原へ食糧援助、危急を救う
9	三橋源之助頌徳碑	曹洞宗大松寺	南足柄市竹松	昭和8年10月	1933年	海軍兵曹長	故郷に帰り福澤村の震災復興に尽力
10	市川實太郎顕彰碑	臨済宗慶伝寺	南足柄市怒田	昭和36年8月	1961年	愛知農事試験場勤務	故郷に帰り農業発展に尽力(怒田耕地整理組合長)

11	隆超和尚墓碑	真言宗平間寺	川崎市川崎区大師町	昭和25年9月	1950年	震災後第43世住職	震災復興と戦災復興に尽力。鐘楼・大本坊建立、昭和23年遷化
12	隆壽和尚墓碑	（同右）	（同右）	昭和7年5月	1932年	東神奈川金蔵院住職	震災復興に尽力、昭和7年遷化
13	隆性和尚墓碑	真言宗成就院	川崎市川崎区渡田3丁目	昭和37年10月	1962年	成就院住職	震災と戦災を受けた本堂を二度再建、昭和35年遷化
14	日光上人墓碑	日蓮宗浄蓮寺	横須賀市三春町1丁目	昭和3年	1928年	浄蓮寺住職	本堂再建後、昭和2年遷化
15	實譽上人墓碑	浄土宗福本寺	横須賀市佐島2丁目	昭和5年	1930年	福本寺住職	本堂再建（昭和4年）、翌年遷化
16	禪忠和尚墓碑	臨済宗東慶寺	鎌倉市山ノ内	昭和10年10月	1935年	東慶寺住職	書院再建（大正14年）、本堂再建（昭和10年）、同年遷化
17	笑翁元龜和尚墓碑	臨済宗海蔵寺	鎌倉市扇ガ谷4丁目	（不明）		海蔵寺住職	本堂再建（大正15年）、「復興碑」を刻む
18	尊光和尚墓碑	時宗遊行寺	藤沢市西富1丁目	昭和4年	1929年	遊行寺住職	堂宇復興に尽力。寄墓碑建立、昭和4年遷化

正11年には共和畜牛組合が設立されていた。それが震災を契機に本腰を入れざるをえなくなり、大正15年には収益を上げるためメーカーに原料乳を卸す方式をやめ、牛乳の処理直販にこぎつけた。その中心が萩原の「地震町」に設立された共栄舎（共和牛乳処理場）であった。昭和2（1927）年には乳牛の数も37頭から51頭に増えた。その後戦争の混乱期をしのいで、第二次世界大戦後は昭和25年に共和酪農業協同組合

となり、学校給食にも参入して売り上げを伸ばしたが、平成12(2000)年に組合は解散し、萩原の工場も閉鎖して、現在は足柄上郡中井町で足柄乳業として再出発している。

震災とそれに引き続く大雨災害で山林を失ったのは共和村だけではなかった。隣の清水村(現・山北町)も同様である。清水村は、震災直前の4月1日に川西村、谷ケ村、山市場村の3村が合併してできた村で、そのリーダーは33歳の若さで村長となった川西村生まれの細谷力蔵であった。その村長が直面した試練が関東大震災であった。従来の薪炭業や養蚕業からの脱却のために、新しい産業の候補として、酪農とお茶とコンニャクが取り上げられた。そのうちコンニャクは群馬県へ、酪農は静岡県の函南へ、お茶は静岡県の金谷に視察に行った。その結果、コンニャクは連作を嫌うので耕地がもともと狭い清水村には不適。酪農は草の種類が問題で高い技術を要する。これに対してお茶は従来から畑の境界線などに植えられており、栽培可能ということでお茶栽培を新しい産業の柱にすることになった[73]。

ところが最初のうちは農家も半信半疑でなかなか栽培に応じない。このため村長を中心に村会は、種子の無償交付や各部落に指導園を設ける、また肥料を無償で交付するなどの措置を講じ、昭和3年には昭和天皇の即位の礼に伴ういわゆる御大典の記念に製茶工場が建てられた。第二次世界大戦で一時生産は頓挫するが、戦後は「足柄茶」の銘柄で直売方式による販売が開始され、周辺自治体も巻き込んで神奈川県の一大産業として成長を遂げることになる。その間、産地内の茶の規格統一と有利販売を目指して昭和39年には、現在の茶業センターが完成した。山北町川西の茶業センターの近くにある足柄茶直売所の前に足柄茶50周年を記念して「足柄茶之碑」(昭和50年11月建立)が立ち、茶業発展の経緯が刻まれている。

工業地帯の震災

関東大震災当時、すでに都市の近郊の農村部には工場が進出し、一大工業都市を形成するところも現れていた。明治維新後の文明開化によって生まれた近代的な工場の多くは、最初都市の人口集中地帯にあったが、規模の拡大や環境問題に対する住民の反発などから、明治の終わりから大正初期にかけて、多くが郊外に立地するようになる。代表的な地域の一つが川崎市で、当時の川崎町、大師町、田島町では水田や果樹園の中に近代的な大工場が立ち並び、京浜工業地帯の中心地として変貌していった。その経緯を刻んだ「工業都市川崎発祥の地」というプレート（平成20年7月設置）がJR川崎駅北口の川崎市産業振興会館前にある。

当時は現在と異なり交通網が未発達で、労働者は近くの農家の次男、三男などであり、その他地方からの人はみな工場近くの寄宿舎や近隣の農家に下宿していた。このため、川崎町や田島町の人口は明治から大正にかけて3倍以上も増加した[74]。川崎市域で当時100人以上の労働者が働いていた工場の震災状況を表19にまとめた[13]。

死者数は圧倒的に富士瓦斯《ガス》紡績で多く、多くの女子工員が犠牲になったことがわかる。富士瓦斯紡績での死者としては先に指摘した保土ヶ谷工場の454人に次ぐ多さである。このように紡績工場で多くの死者を出した原因は、耐震性の低い煉瓦《れんが》造りの工場や施設が潰れたことが原因と考えられる[6]。ただし、耐震性の低い煉瓦造りの工場や施設があったのは紡績工場だけに限ったことではない。死者の絶対数が多いために紡績工場だけが目立っているが、そこで働く労働者の数が圧倒的に多いことにも注目する必要がある。

そこで死亡率を見ると、富士瓦斯紡績の6・84％に対して、明治製糖が6・96％、東京電気が6・94％と、むしろこれを上回る数値となっていることがわかる。これらの工場でも耐震性の低い煉瓦造建物などでの全潰や火災が、多くの犠牲者を出した原因であったと考えられる。関東大震災による工場など産業施設で

表19　川崎町近郊工場の被害

工場名	現在の会社名	川崎工場創設年	西暦	労働者数	死者数	死亡率（％）	被害状況
明治製糖	大日本明治製糖	明治40年	1907年	115	8	6・96	建物2棟中1棟焼失、死者8名
東京電気	東芝	明治41年	1908年	965	67	6・94	建物11棟中3棟全潰、1棟焼失、社員28名、女子事務員5名、職工（男14名、女20名）圧死
日本蓄音機商会	コロムビアデジタルメディア	明治42年	1909年	110	6	5・45	建物3棟全潰、圧死6名
富士瓦斯紡績	富士紡ホールディングス	大正4年	1915年	2353	161	6・84	建物19棟全潰、工場長を含め、職工（男19名、女141名）圧死
鈴木商店	味の素	大正3年	1914年	139	0	0・00	建物7棟すべて半潰、死者なし
日本鋼管	JFEスチール	大正3年	1914年	978	11	1・12	すべての建物半潰、圧死者11名
浅野セメント	デイ・シイ	大正6年	1917年	ー	6	ー	建物4棟半潰、内1棟焼失、圧死6名

＊労働者数は『川崎市史』通史編（文献74）による大正3、4年頃の数字
＊死者数、被害状況は『神奈川県下の大震火災と警察』（文献13）による。

の犠牲者は実に１５０５名にものぼった。この数は、津波や土砂災害で亡くなった人の数をはるかにしのぐものである。工場には通常多くの労働者が働き、一つの建物が全潰するだけで多数の死者が出る。明治以降に西洋を模倣して造られた近代的な工場の大きな課題の一つが耐震化であったといえる。その課題を解決するための有力な手段は耐震基準の設定であったが、残念ながら関東大震災の翌年に成立した耐震基準は市街地建築物法の一部であり、実質的には六大都市圏以外の地域にはほとんど広がることはなかった。また六大都市圏でも戦争中はその適用が停止させられた。その結果、昭和19（１９４４）年12月7日に発生した昭和東南海地震では、名古屋市南区の三菱重工道徳《どうとく》工場で57名の動員学徒が、また愛知県半田市の中島飛行機山方《やまがた》工場では、97名の動員学徒と57名の成人従事者が犠牲となった[75]。

関東大震災が提起した工場建物の耐震性の問題が解決の方向へ向かうためには昭和35年の建築基準法の成立を待たなければならない。震災直後の12月には日本鋼管によって、川崎工場での犠牲者に対する慰霊碑が川崎市川崎区渡田《わたりだ》3丁目（旧田島町）の真言宗成就院に建立され、また翌年9月1日には東京電気によって、川崎堀川工場の慰霊碑が横浜市鶴見区（旧鶴見町）の曹洞宗の大本山総持寺に建立された（78ページ表5参照）。いずれも京浜工業地帯の発展の陰で非業の死を遂げた人々の証しである。

第六章　神社仏閣の復興

日本には、昔から地域の要として神社仏閣があり、それらも例外なく震災の大きな影響を受けた。復興に際しては、国から指定された建物や仏像と、一般の神社や寺院とでは事情が大きく異なってくる。震災当時は明治30（1897）年に制定された古社寺保存法で、国宝と特別保護建造物が指定されていた。それらの指定は保存修理のために国庫から保存金を出すための指定という意味合いが強く、指定を受けたものに対しては国から修復時に補助金が出された。この法律は昭和4（1929）年に国宝保存法となり、国宝も特別保護建造物もすべて国宝と呼ばれるようになる。第二次世界大戦後は昭和25年に文化財保護法が制定され、それらはすべて重要文化財となり、そのうち特に日本文化史上重要なものを国宝とする現行制度となった。

一方、一般の神社や寺院では、一部の神社には県などから補助があったようであるが、氏子や檀家など住民の支えが主体であることは今日とそれほど変わらない。氏子や檀家もまた被災者である。自らの生活再建も重なるなかで神社や寺院の復興はどのように行われたのか。神社仏閣の境内に残る多くの復興碑の記載を主に検証する。

一　国宝の復興

建長寺と円覚寺

多くの国宝や特別保護建造物のあった古都鎌倉は、関東大震災で最も大きな被害を出した地域の一つである。その代表格が鎌倉五山筆頭の建長寺である。建長寺のある北鎌倉一帯は当時の行政単位では小坂村であった。JR横須賀線はすでに開業していたが、震災時の小坂村に駅はなかった。円覚寺と建長寺の働きかけで、北鎌倉駅が開業するのは昭和2（1927）年のことである［76］。

『鎌倉震災誌』［31］によれば、建長寺の被害は、「被害甚大にして全山の堂塔ほとんど倒潰した。即ち特別保護建造物たる仏殿（正保三年建立）、唐門（同上）、昭堂（長禄二年建立）をはじめ、書院、客殿、庫裡《くり》、鐘楼、舎利殿《しゃりでん》、禅堂、法輪蔵、宝蔵、禅門、中門、西来庵、半僧坊本殿等全潰し……」とあり、倒壊を免がれたのは山門くらいのものであった。（なお、平成20年に有志のグループが復刻した『新版鎌倉震災誌』では、「仏殿（正保四年移築）、唐門（同年移築）、昭堂（寛永十一年頃の建立）をはじめ……」とある）

特別保護建造物であった仏殿と唐門（いずれも現在は重要文化財）は復旧に際して、特別の配慮がなされた。そのことは、仏殿前の植え込みの中に立つ「仏殿唐門重修碑」に記載されている。復旧工事は大正13（1924）年10月から大正15年5月にかけて行われ、この碑は竣工時に管長の菅原時保《じほう》老師によって建立されたものである。

碑文によれば、震災後すぐに文部省（現・文部科学省）と相談して、壊れた建物の材料をすべて集め、できるだけそれらを用いて旧態に復するよう努めた。工事には国庫の補助を得てすべてを神奈川県庁に委嘱したとある。復旧費用のうち国庫補助は4万2534円（約2億円）である。一方、寺の負担は7966円と総工費の約16％であるが、現在の貨幣価値に直すと約4000万円となり、かなりの額に上ったことがわかる。

鎌倉五山第2位の古刹であった円覚寺も、仏殿、方丈、庫裡など山門以外はほとんど倒壊した［31］。特別保護建造物に指定されていた舎利殿は昭和4年に復元されたが、肝心の仏殿は指定がなかったためか、昭和39年になってようやく鉄筋コンクリートで現在の姿に再建された。建長寺とは対照的に実に40年あまりの歳月がかかったことになる。なお、震災で全潰した仏殿の柱の脐《ほぞ》に墨書きした記録が偶然発見され、それによれば元禄16（1703）年の元禄地震で仏殿が倒壊したこと、このときは3年で復旧したことなどが書かれていた。

鎌倉大仏

鎌倉市長谷4丁目（旧鎌倉町）の浄土宗高徳院にある有名な露座の大仏も被災した。被害の様子は以下のようである［31］。「特別保護建造物大仏（阿弥陀如来銅像）：全体一尺五寸（約45㎝）前方（南）に移動し、台座右後側三寸（約10㎝）、前側一尺五寸（約45㎝）地中にめり込みたるが、大正十三年一月十五日払暁《ふつぎょう》の強震にて更に全体一尺（約30㎝）ばかり後方に退いた」。

大正13（1924）年1月15日明けがたの強震とは丹沢の余震のことである。図37に現在の大仏とその胎内にある修復状況を記したプレート（大正14年6月作成）を示す。それによれば、修復は震災の翌年9月に古社寺保存法に基づき修理補助費が付き、11月に起工、翌大正14年5月に竣工した。基壇は東京帝国大学建築学科教授で、安田講堂や旧地震研究所の建物も設計した建築学者の内田祥三《よしかず》が顧問となって戸田組が工事を引き受け、仏身は帝室技芸員で彫刻家の新海《しんかい》竹太郎を顧問として鋳造家の安部胤齊《いんさい》が施工にあたった。事務の面では県知事の清野《せいの》長太郎が始終監督したということで、ここでも工事を進めるうえで神奈川県の果たした役割が大きかったことがわかる。

図37　鎌倉市長谷の高徳院にある大仏と胎内の大正修理のプレート

大仏はその後昭和35～6年（1960～61年）にも修理がなされ、その際に納められた昭和修理のプレート（昭和36年6月）も胎内にある。そのプレートには昭和期の修理に至るまでの大仏の歴史的変遷が記載

図38 鎌倉市若宮大路にある一の鳥居と重修の記碑

されているが、元禄16（1703）年の元禄地震の際にも、大正のときと同様に「大仏台坐石崩れ大仏三尺（約90㎝）下に傾く」という被害を受けていたことがわかる。

鶴岡八幡宮一の鳥居

鶴岡八幡宮では本宮の本殿や拝殿、さらには白旗宮の本殿などは大破にとどまったが、楼門、下拝殿（現在の舞殿）、一の鳥居、二の鳥居、三の鳥居、太鼓橋、白旗宮拝殿などが全潰した[31]。そのうち、段蔓《だんかずら》の入り口にある二の鳥居から若宮大路を海岸方向へ約900m行ったところにある一の鳥居は、寛文8（1668）年の建立で特別保護建造物に指定されていた。『鎌倉震災誌』[31]は一の鳥居について「一ノ鳥居は特別保護建造物で、高さ三丈一尺五寸（9・5m）、柱の周囲一丈二尺五寸（3・8m）、両柱の間三丈九尺（11・8m）あり、修理不可能と称せらるゝは甚だ遺憾である」と記している。『鎌倉震災誌』が編纂されたのが昭和5（1930）年であり、それから6年後の昭和11年には不可能と見られていた復旧が見事に実現したのである。

鳥居の下にある「大鳥居重修の記碑」（昭和11年9月建立）が詳細を伝えている（図38）。それによれば、鳥居は震災で下部を残してことごとく転落し大破したので、文部省に復旧を願い出たが、復旧計画が成ったのは昭和9年のことであった。文部技師の阪谷良之進と嘱託の大岡實が修復の設計をし、国庫補助と東京の上田ちかと近田三郎という二人の篤志家の献資で昭和11年3月に起工し11月に工事が完了した。工事は建長寺の仏殿や唐門と同様に、できるだけ旧材を再利用し旧観を損なわないように行われた。工事監督の総責任者は神奈川県知事半井《なからい》清ということで、ここでも神奈川県が大きな役割を果たしていたことがわかる。

震災直後の写真を見ると、鳥居は両柱とも途中で完全に折れている［31］。折れた位置は図38に示す現鳥居の両柱が継がれている位置とほぼ一致している。できるだけ忠実に復元された証しであろう。

鎌倉国宝館

多くの国宝や文化財を抱える鎌倉の神社仏閣では、震災で堂宇《どうう》が倒壊し、中にあった貴重な仏像なども破壊し大きな被害を出した。そんななかで、堂宇の復興に加えて仏像の復興にも取り組まねばならない寺院や神社からは悲鳴の声が上がった。多くの貴重な仏像を抱える鎌倉市山ノ内（旧小坂村）の臨済宗円応寺の本堂前に立つ「震災復興碑」は、そのあたりの経過を伝えている。

この寺は建長寺の塔頭《たっちゅう》の一つで、元禄16（1703）年の元禄地震の津波によって流され、材木座から移転してきたといわれている［77］。材木座5丁目には旧地を示す鎌倉町青年団による「荒居閻魔堂阯《あらいえんまどうあと》」の史跡導標（昭和13年3月建立）がある。関東大震災による寺の被害は、本堂、庫裡が全潰、国宝の閻魔王、倶《く》生神像《しょうじん》、初江王像《しょこうおう》、その他の仏像12体が破損した[31]。復興碑によれば、震災当時の住職、川上道濟《どうさい》和尚は自らも地震で負傷したにもかかわらず堂宇の復興をなんとか成し遂げ、さらに十王のうち国宝の閻魔王《えんまおう》（琰王像）をはじめとする4体の修理をしたが、国の補助がない他の諸像の修理には苦慮していた。そのときに政治家の小泉策太郎（号・三申）が2500円（約1300万円）を出資し、国宝以外の10体の仏像の修繕が成ったというのである。本寺である建長寺の被害も大きく、もし小泉策太郎の篤志がなかったらどうなっていたか。同様の思いをした寺院はたくさんある。同じく山ノ内の臨済宗浄智寺にも、震災で破損し昭和初期に復元されたとする南北朝時代の木造観音菩薩像が今も仏殿脇の小さな祠に納められている。震災を通じて、寺院ごとに国宝や文化財の維持管理にあたることの難しさが痛感されたのである。

鶴岡八幡宮の境内にある鎌倉国宝館はこのような背景のもとで建設された。大正13（1924）年6月22日に鎌倉の有力寺院と鎌倉同人会の協議によって国宝館の建設が立案され、鎌倉町（当時）もこれに賛同し、文部大臣宛てに建設費の国庫補助の請願がなされた。国庫より2万円、神奈川県より5000円、鎌倉町から2万円の支出が決まり、大正15年11月7日に地鎮祭が行われ、昭和3（1928）年3月30日に竣工した[31]。なお、建設にあたっては天皇の特別な思し召しとして金3000円が下賜《かし》された。国宝館のエントランスに掲げられているプレートには総額14万円（約7億円）を得たとあり、有志者からの寄付金や神社仏閣の負担を合わせての額だと思われる。寄付金などの割合は実に66％にのぼり、国宝館はまさに神社仏閣と市民が協力してつくり上げた施設であるといえる。

二　神社の復興

畏敬の念

神社の震災復興を伝える石碑には、題額に「震災復興記念」、または「復興」と明確に書かれているものもあるし、社殿や鐘楼など対象物を明確にして「社殿改築記念」とか「鐘楼再建」などと書かれているもの、また「震災記念」と書かれただけのものなど様々で、なかには社号塔や由緒碑に震災復興について書かれているものもあり、慰霊碑との線引きが難しい場合も多い。そのようななかであえて数を挙げると、神奈川県下で30件くらいの石碑が関東大震災に対する神社の復興を物語っているようである。

その多くは社殿が倒壊してそれを再建したというものであるが、なかには厚木市山際（旧依知村）にある山際神社のように社殿を移転させたところもある。題額に「社殿移転之記」と書かれた復興碑（大正14年9月建立）によれば、本震の翌年1月15日に発生した丹沢の余震によって社殿の背面の急崖の崩れが伸びて社殿が傾いたので、背後に土地を持っていた中丸重郎兵衛が土地を用意し、社殿を後ろに移転させ大正14（1924）年2月10日に竣工したというのである。費用は6700円（約3400万円）もかかったが、主に住民の寄付で賄われた。移転前に社殿のあった相模川の崖縁の地には復興碑と同じ大正14年9月1日に建立された「山際神社社殿旧趾碑」が立っている。このほかにも、先に述べた真鶴町の貴船神社は、将来の津波のことを考えて高台に社を移し、また逗子市小坪4丁目（旧逗子町）の諏訪神社のように崖崩れで境内地を失い大正15年ころ山上に移転したところもある。

図39　藤沢市片瀬3丁目の旧滝口明神社にある「至誠通神」の碑

一方、山北町岸（旧川村）の岸八幡神社では、地震の前年10月より数千円もかけて、本殿ならびに拝殿の屋根を銅板に葺き替えると同時に、大修繕を加えて大正12年3月にようやく竣工したが、その矢先に地震に襲われた。この場合も村人は再び力を合わせ3年後の大正15年4月に社殿を改築し「社殿改築記念碑」を建立している。このように人々は身の回りの復旧を後回しにしてでも、神威を畏《おそ》れ、神社を優先的に復興させた。藤沢市亀井野（旧六会村）の亀井神社の本殿の横に立つ「大震災復興記念碑」には、社殿は大正15年4月に落成したが、それから十有余年苦労して亀井野部落の復興がようやくなったと書かれ、記念碑の建立は昭和10（1935）年4月で、村の復興を記念して立てられたことがわかる。

復興碑の碑文は、このような人々の崇高な努力の跡を後世に伝えたいとの趣旨で結ばれているものも多い。先の亀井神社の碑では「苦しき試練は人を偉大ならしめ、大災の人生に与うる教訓の深甚測り難きもの存す。これを永久後世に伝う」と書かれている。また、茅ヶ崎市《ちがさきし》小和田2丁目（旧茅ヶ崎町）の小和田熊野神社の「大震災碑」（昭和5年8月）には「天変地妖は人力の如何《いかん》ともするべき所に非ずといえども、災禍の範囲を縮狭し救済の道をして遺算なからしむるは人事のあえてよくする所なり。ここに本区復興の計全く就《な》るに際し、即ち鑑戒《かんかい》を末代に貽《たい》し遺範を後昆《こうこん》に垂れ、もって来者の指針に供せんため、区民相図りて碑を建つ云爾《しかいう》」と結ばれている。

また、藤沢市片瀬3丁目（旧川口村）の旧滝口明神社《りゅうこう》にある復興碑（昭和3年8月）は、正面に「至誠通神」と大書されている（図39）。意味は「人間は、他人に対しても自分に対しても誠実に生きれば、その生き様は神に通じ、一時の不遇や不条理もやがては幸運に転じる」ということであろうか。神様を信じて人々が困難な復興に立ち向かった様子を伝える石碑である。なお滝口明神社は、昭和53年に鎌倉市腰越《ごえ》の湘南モノレール西鎌倉駅近くへ移転しているが、鳥居や石碑、端垣《みずがき》などはそのまま旧地に残されている。

復興の費用

復興のための費用を考える際に、当時の神社と国との関係が気がかりになる。震災当時、国は神道を宗教ではなく超宗教的な国家の制度であるという立場を取っていた[78]。これは明治政府が神道の国教化を目指した末の到達点であった。政府は明治維新に際して、神仏分離（明治元年）や社格制度の導入（明治4年）などを進めた。社格制度では、全国の神社のうち約200の有力な神社を官社（官幣社、国幣社）とし、その他大多数の神社を民社（府県社、郷社、村社、無格社）に分類した。そのうち官社に対してのみ2月の祈年祭《ねんさい》と11月の新嘗祭《にいなめさい》ならびに例大祭に奉幣と呼ばれる資金を出したが、民社には特別な資金は出さなかった。官社は京都や奈良など近畿地方に多く、神奈川県では官幣社はなく、国幣社は大社が鎌倉宮、中社が寒川神社《さむかわじんじゃ》と鶴岡八幡宮、小社が箱根神社の合計4社のみであった[79]。

その後明治40（1907）年からは、府県社、郷社と村社の一部が府県または市町村から奉幣を受けることが認められた。これらの神社は、「神饌幣帛料供進社《しんせんへいはくりょうきょうしんしゃ》」と呼ばれた。村社のうち神饌幣帛料供進社と認められたものを指定村社と呼ぶ。社格制度は、昭和21（1946）年にGHQの命令により神社の国家管理が廃止されると同時に廃されるが、その時点での社格のある神社数は全国で約11万社、そのうち無格社が約6万社、村社が約4万5千社、郷社が約3600社で、官社と府県社は残り1400社ほどでしかなく[78]、奉幣を受けることができた神社はごく一部であったことがわかる。なお、社格とは国家による待遇の差を表したもので、その神社への崇敬の厚さを表したものではない。

復興碑に神社や寺院の復興にかかる氏子や檀家の寄付金などの情報が書かれているものを選びまとめると表20のようになる。番号1~14が神社である。碑文からわかる範囲で復旧の主な対象物も記載した。

表20 a　復興碑から読める神社と寺院の復興費用

神社の復興碑

番号	所在地	住所	碑名・出典	建立年	西暦	主な対象
1	三島神社	小田原市千代	震災復興記念碑	昭和4年10月	1929年	社殿・神輿
2	宗我神社	小田原市曽我谷津	神社のしおり	昭和3年	1928年	拝殿
3	岸八幡神社	山北町岸	社殿改築記念碑	大正15年4月	1926年	社殿・石垣
4	室生神社	山北町山北	川村震災記念誌	大正15年6月	1926年	社殿など全域
5	正八幡神社	秦野市堀山下	震災復旧記念碑	大正15年2月	1926年	不明

番号	所在地	住所	碑名・出典	建立年	西暦	主な対象
6	小和田熊野神社	茅ヶ崎市小和田2丁目	大震災碑	昭和5年8月	1930年	神楽殿・鳥居
7	山際神社	厚木市山際	社殿移転記念碑	大正14年9月	1925年	社殿移転
8	上鶴間鹿島神社	相模原市南区上鶴間本町	神社再建記念碑	昭和3年11月	1928年	神社再建
9	旧滝口明神社	藤沢市片瀬3丁目	至誠通神の碑	昭和3年8月	1928年	社殿・鳥居
10	大庭神社	藤沢市稲荷	復興碑	昭和2年9月	1927年	社殿再建
11	亀井神社	藤沢市亀井野	大震災復興記念碑	昭和10年4月	1935年	社殿・石垣
12	諏訪大神社	横須賀市緑が丘	大震災記念碑	大正15年5月	1926年	社殿・社務所
13	金刀比羅大鷲神社	横浜市南区真金町	三社復興碑	大正13年6月	1924年	境内三社殿
14	橘樹神社	横浜市保土ヶ谷区天王町	震災復興記念碑	昭和5年3月	1935年	社殿再建

寺院の復興碑

番号	所在地	住所	碑名・出典	建立年	西暦	主な対象
15	浄土宗春光院	小田原市鴨宮	堂宇新築記念碑	昭和10年8月	1935年	本堂など
16	曹洞宗香集寺	山北町向原	震興碑	大正15年9月	1926年	移転復興
17	曹洞宗大岳院	秦野市今泉	本堂再建寄附者名碑	昭和4年12月	1929年	本堂
18	真言宗満福寺	鎌倉市腰越2丁目	復興記念碑	昭和7年5月	1932年	本堂
19	臨済宗海蔵寺	鎌倉市扇ガ谷4丁目	復興碑	昭和5年7月	1930年	本堂
20	臨済宗建長寺	鎌倉市山ノ内	仏殿唐門重修碑	大正15年5月	1926年	仏殿・唐門
21	臨済宗円応寺	鎌倉市山ノ内	震災復興碑	（不明）		一般の仏像

＊総工費について碑文に記載がない場合（No・1、5、6、8、9、13、17、18、19）は、寄付金と公的補助金の合計額を総工費とする

また総工費について記載がないものは、寄付金と公的補助金の合計額で示した。山北町岸の岸八幡神社(表20-3)の総工費と公的補助金は『神奈川県足柄上郡川村震災記念誌』[65]に書かれているものであるが、「社殿改築記念碑」の背面に記載された寄付金の合計が総工費を大きく上回っている。これは碑文の寄付が震災復興だけでなく前出の震災前に行われた大修繕を含む境内整備に対するものを含んでいるためである。正面の碑文には、その際の総工費が数千円と記載されており震災復興の2720余円より多く、合計すると寄付金の総額に近くなる。『川村震災記念誌』によれば、震災前の境内整備は「村社の尊崇」を目指し行われたようで、村社または指定村社への格上げももくろんで行われた可能性がある。一方、山北町

表20b　復興碑から読める神社と寺院の復興費用

神社の復興碑

番号	総工費	公的補助	寄付金(総額/最高/平均)	寄付者数	備考
1	3533		3533/53/44	81	
2	16000		16000/—/50	320	人数は鳥居復旧碑の氏子数から算出
3	2720余	106	12088/1600/44	275	前の工事に数千円。復興工費2720余円、県の復興補助106円(震災誌・文献65)
4	39356	1098	38258/—/50	760	氏子労働提供のべ1000名(震災誌・文献65)
5	1917		1917/100/5	389	碑の摩耗により194人分から推定
6	4534		4534/300/12	364	

7	6700		6700／―／―		
8	8917		8917／330／58	154	
9	5797	1231	4566／200／19	240	公的補助金は神奈川県から交付
10	10000		10443／380／32	327	ほかに幕など物の奉納14人
11	5300		5300／―／30	174	
12	18000		11891／2316／1189	10町	町平均、工費寄付18000円(震災誌・文献21)
13	1645		1645／100／28	59	ほかに公孫樹奉納1人
14	25000	3953	21047／―／―		公的補助金は神奈川県から交付
	(円)	(円)	(円)		

寺院の復興碑

番号	総工費	寺負担額	寄付金（総額／最高／平均）	寄付者数	備考
15	17000		17000／―／121	140	檀信徒労働提供のべ1000名
16	8000	3000	5000／―／161	31	寺負担38%、檀信徒労働提供のべ600名、県の砂防工事に数千円
17	8548	200	8348／180／36	234	寺負担2%、労働提供のべ745名
18	4130		4130／100／46	90	ほかに欄間8枚奉納1人
19	9920	1500	8420／300／107	79	寺負担15%
20	50500	7966			寺負担16%、国宝に補助金42534円
21	2500		2500		小泉三申氏が全額寄付
	(円)	(円)	(円)		

山北の室生《むろう》神社（同4）については、郷社への昇格を出願していた矢先の震災で、復興補助金を県に申請し、大正14（1925）年7月31日に1098円が交付されたと書かれている。なお社務所の建築を最後に復興がなったのが、大正15年6月19日で社号標の記載から10月には郷社に格上げされたことがわかる。

補助金交付はいずれも県からで、確認できるのは岸八幡神社（同3）、室生神社（同4）、旧滝口明神社（同9）、橘樹《たちばな》神社（同14）の4社である。橘樹神社は横浜市保土ヶ谷区天王町（旧保土ヶ谷町）にある。社格との関係を見ると、岸八幡神社（同3）は村社で震災前後の事情も特殊であり額も少額である。また、室生神社は郷社への格上げ寸前の神社で1098円（約550万円）と額は比較的多いが総工費に対する比率は約3％と低い。これに対し旧滝口明神社と橘樹神社はもともと指定村社であり、それぞれ1231円と3953円（約600万円と約2000万円）の補助金が出されたことがわかる。前者は総工費の約21％、後者は約16％にあたる。

一方、藤沢市稲荷（旧藤澤町）の大庭《おおば》神社（同10）は郷社であるが、碑文記載の総工費と寄付金の合計がほぼ一致し公的補助金の記載はない。また秦野《はだの》市堀山下（旧西秦野村）の正八幡神社（同5）も郷社であるが、神饌幣帛料供進社に指定されたのが大正14年のことで震災時は指定前であった［79］。さらに横須賀市緑が丘（旧横須賀市）の諏訪大《すわだい》神社（同12）は指定村社であり、『横須賀震災誌』［21］記載の総工費は、記念碑背面に記載された寄付金合計より多いが、負担は氏子によるとはっきり書かれており公的補助金の交付は確認できない。

さらに相模原市南区上鶴間本町（旧高座郡大野村）の上鶴間鹿島神社（同8）は指定村社となるのが昭和4

（1929）年であり、社殿が再建された昭和2年（記念碑建立は昭和3年）時点では無格社であった［79］。後で述べるように震災を契機として粗末な社殿を立派な社殿に建て替えたことが、村社へさらには指定村社への格上げにつながったのではないかと推察される。そのほかの神社は、横浜市南区真金町の金刀比羅《ことひら》大鷲《おおとり》神社（同13）が無格社である以外はすべて村社であり、いずれも公的補助金の記載はない。

他地域の例を見ると、当時の東京府の公文書である「昭和四年七月学部長事務引継書」［80］によれば、東京府は焼失全壊の神社に対してその復興を促進するために復興低利資金25万円を国庫から借入して、神田神社など府社3、郷社5、村社30に対して貸付現金を交付したと書かれている。東京府内の神社の焼失全壊数は122にも上る［81］ことから、そのうちのごく一部、おそらく日頃から奉幣を受けている府県社や郷社、指定村社を中心になんらかの復興資金の手当てが行われていたものと推察される。

以上のように、復興に対する公的補助は限られた神社にのみに行われ、交付を受けた場合でも総工費のごく一部に限られていたようである。つまり復興資金の大半は氏子による寄付に頼らざるをえなかったものと思われる。表20の寄付金欄には、総額、1人当たりの最高の寄付額と平均の寄付額がまとめられている。社殿などの再建はその規模によって総工費は3000円から4万円（1500万円から2億円）まで様々であるが、氏子の平均の寄付額は一部例外を除くと20円から60円（10万円から30万円）程度である。なお、横須賀市緑が丘の諏訪大神社（同12）は町ごとに寄付金額が書かれており、平均も一町当たりの平均であるため額が多い。

震災当時、農村部では鎮守を中心に村が形成され、村人のほとんどがその氏子となっていた。そのことは表20の寄付者の人数の多さにも表れている。先述のように、あるときは自らの復興を後回しにしてでも行った神社復興の負担はかなりの額に上ったことが見てとれる。

鳥居の再建

鳥居は神域と俗界を隔てる門として、神社では神様が居ます本殿と同様に重要な役割を果たすものである。ところが2本の柱の上に笠木と呼ばれる横木を渡すという極めてシンプルな構造は、地震の揺れに対して脆弱であり、いったん地震が起こると多くの鳥居が倒壊する。特に通常よく見る石鳥居は、図38で説明した鶴岡八幡宮の一の鳥居のように、柱が途中で折れることも多い。このため本殿は無事でも鳥居が倒壊するケースは数限りなくあり、被害の全容を明らかにすることはできていない。

ただし、調査で訪れた神社のうち鳥居の倒壊と復興が確認できた神社は45あり、それらをもとに復興時期を整理すると、大正15（1926）年までに半数以上の26の神社で鳥居が再建されていたことがわかった。特に大正15年は14と最も多く、残りの大半は昭和3（1928）年の昭和天皇の御大典の記念として再建され、その数は全体の約8割に達していたが、終戦後まで本格的な再建がなされなかった神社も一部にはあった。

その一つが藤沢市大鋸《だいぎり》3丁目（旧藤澤町）の諏訪神社である。現在の鳥居の横にある「鳥居建設寄付者芳名碑」（昭和38年8月建立）によれば、鳥居は震災で倒壊、応急処置をしてその後も使い続けてきたが、近年の交通事情によって車の振動ではなはだ危険となったので、昭和38年8月に再建されたと書かれている。その際、氏子など関係の個人や団体など185の協力で123万円の寄付を得て建設された。現在の貨幣価値に直すと、優に1000万円は超えると推定される。同様に、鎌倉市坂ノ下（旧鎌倉町）の御霊神社では、震災で嘉永3（1850）年建立の大鳥居の2本の柱にひびが入ったが、そのまま使い続け、ついに危険となって平成23（2011）年12月に再建された。同年3月の東北地方太平洋沖地震の影響があったのであろうか。現在の鳥居には「平成二十三年十二月建立」と刻まれている。一方、嘉永の大鳥居の残欠は境内に積まれ、その後も大切に保存されている。なお、境内には坂ノ下消防組が震災記念に建立した別の鳥居もある。

このように、震災後、被災したにもかかわらず応急措置をして使い続けてきたが、危険になって立て替えたというほかに、倒壊した部位をそのままにして再建を待っていた鳥居もある。藤沢市城南1丁目（旧藤澤町）の四ッ谷不動と呼ばれる祠の隣に鳥居がある。大山詣が行われてきた丹沢山地の大山にある阿夫《あぶ》利《り》神社の一の鳥居である。この鳥居には、びっしりと奉納時期や奉納者の出身地などが刻まれている。その記載から、この鳥居は万治4（1661）年に建立、天保11（1840）年に再建され、さらにそれが関東大震災で倒壊した後、長く放置されていたが昭和34年に倒壊した部位をそのまま使って復元されたことが読み取れる。大山講は江戸時代、江戸全域にあり、天保や万治の建立再建にあたっては地元の世話人を中心に江戸の各講が協力したが、昭和の再建は茅ヶ崎市の端山銀次郎の篤志を得て地元の協力で行われたと書かれている。

大山詣と並んで江戸時代に人気のあったのが江の島詣である。藤沢市の江島神社《えのしまじんじゃ》の奥津宮《おくつのみや》からさらに岩

図40　藤沢市江の島の奥津宮の近くにある再建された鳥居と奉納者名碑

屋洞窟に向かう途中、現在、魚見亭という魚料理店の前あたりに江戸文様があしらわれた鳥居と、鳥居の残欠で造られた「奉納者名碑」がある（図40）。鳥居の左柱内側には「嘉永四辛亥《かのとい》年四月大安日」、右柱内側には「大正十四年乙丑《きのとうし》年二月修理」とあり、藁座《わらざ》に「も組」と書かれている。また奉納者名碑には「大正十四年四月大安日」と書かれ、鳥居修理のふた月後に建立されたことが分かる。嘉永4（1851）年に江戸町火消しのも組によって奉納され、関東大震災で壊れたのを大正14年に修理したものと思われる。「奉納者名碑」には組頭の三橋榮太郎を筆頭に小頭、筒先、纏《まとい》などの役割とともに組員の名前が記されている。

一方、鳥居には個人の強い信仰心によって再建されたものもある。鶴岡八幡宮の境内にある鎌倉国宝館前への道は白旗神社へ通じる参道でもある。そこにある鳥居には、左柱背面に「大正十三年三月七日奉納」、右柱背面に「従六位　關平右衛門　七十七歳」と書かれている。一方、『鶴岡八幡宮年表』[82]を見ると、「大正12年6月1日　白旗神社参道に鎌倉町小町関平右衛門花崗石鳥居の奉納あり」と書かれている。両者を併せて考えると、関平右衛門は喜寿の祝いとして地震の直前に鳥居を奉納し、震災で倒壊したため再び翌年3月に鳥居を奉納したことになる。

モニュメントになる倒壊鳥居

鳥居を再建する際に、震災に遭って壊れた旧鳥居の残欠や残材を活用した例は、図40の江島神社の鳥居の「奉納者名碑」や鳥居の再建碑などにも見られるが、そのほかに社号標や手水舎に転化したものもある。図41は静岡県伊東市馬場町1丁目（旧伊東町）の葛見神社の手水舎で、石柱に「この柱は、大正十二年九月一日大震災の時、破壊したる鳥居の柱を記念のためそのまま使用す　昭和三年十月十九日」と記載されている。また、先に鎌倉市坂ノ下の御霊神社で紹介したように旧鳥居の柱や笠木の残欠をそのまま積み上げて保存している神社もある。壊れた震災鳥居の残欠の場合と、震災からすでに100年近くの歳月が流れ、再建した鳥居を再び建て替えた結果残された復興鳥居の残欠の場合がある。また震災鳥居の扁額《へんがく》や基礎をそのまま記念として保存している神社もある。一方で、震災鳥居の残欠を震災の記念碑やほかの目的の記念碑に転用した例も数多く見られる。以上すべてを表21にまとめた。

図41　伊東市馬場町1丁目の葛見神社にある鳥居の残欠からつくられた手水舎

建立者の欄に（鳥居再建）と書かれている場合、建立年の欄にはかっこで震災後の鳥居の復興再建の時期を記載した。そのほかの場合は記念物の建立者と建立年を示す。また、記念物に使われている震災鳥居の残欠に旧鳥居の建立年が刻まれている場合は、備

表21　鳥居の残欠による震災モニュメントの一覧

番号	市町村	町名	所在地	モニュメント	鳥居・記念物建立者	建立年（鳥居再建）	西暦	備考
1	南足柄市	大雄町	参道三丁目路傍	大雄山華表門旧址碑	大雄山11世観法	昭和16年9月	1941年	大鳥居の残欠による
2	中井町	遠藤	五所八幡神社	復興再建鳥居などの残欠	石塚氏奉納（鳥居再建）	（昭和8年）	1933年	境内に「復興記念碑」あり 現鳥居は平成19年建立
3	伊東市	馬場町1丁目	葛見神社	手水舎	吉浜の佐藤隆吉	昭和3年10月19日	1928年	倒壊鳥居の柱を使用
4	藤沢市	亀井野	亀井神社	復興再建鳥居の残欠	不明（鳥居再建）	（大正15年4月）	1926年	境内に「復興記念碑」あり 現鳥居は平成3年建立
5	藤沢市	江の島2丁目	奥津宮	再建奉納者名碑	江戸火消（鳥居再建）	（大正14年2月）	1925年	旧鳥居：嘉永4年建立
6	茅ヶ崎市	柳島2丁目	柳島八幡神社	旧鳥居による震災記念碑	氏子（鳥居再建）	（大正15年9月吉日）	1926年	旧鳥居：文政5年建立
7	寒川町	田端	貴船大神	旧鳥居による震災記念碑	氏子（鳥居再建）	（大正15年9月1日）	1926年	旧鳥居：明治45年建立
8	寒川町	宮山	寒川神社	震災一の鳥居の残欠	相模鉄道（鳥居再建）	（昭和4年11月）	1929年	旧鳥居：寛政8年建立
9	大磯町	大磯	愛宕神社	旧鳥居による震災記念碑	大笹屋など（鳥居再建）	（大正15年1月）	1926年	神社入り口に震災復興の社号塔あり
10	厚木市	岡田4丁目	岡田三嶋神社	旧鳥居による震災記念碑	氏子（鳥居再建）	（昭和15年4月）	1940年	旧鳥居：明治33年建立

11	厚木市	厚木町	厚木神社	旧鳥居による震災記念碑	氏子（鳥居再建）	（昭和2年7月）	1927年	旧鳥居：文政11年建立
12	厚木市	恩名3丁目	恩名三嶋神社	旧鳥居による震災記念碑	氏子（鳥居再建）	（大正15年9月）	1926年	旧鳥居：天保12年建立
13	海老名市	中新田2丁目	中新田諏訪神社	旧鳥居による震災記念碑	相模興業（鳥居再建）	（昭和41年7月22日）	1966年	旧鳥居：大正2年建立
				震災鳥居の基礎	氏子	平成18年9月1日	2006年	記念物として近年整備
14	海老名市	中新田3丁目	川寿稲荷神社	旧鳥居による震災記念碑	平井溝（鳥居再建）	（昭和14年3月）	1939年	旧鳥居：大正9年建立
15	海老名市	中新田1丁目	大島記念公園	旧鳥居による震災記念碑	不明	昭和14年春	1939年	大島正健没年の翌年に建立
16	鎌倉市	雪ノ下2丁目	鶴岡八幡宮境内	源実朝歌碑	鎌倉文化連盟	昭和17年8月9日	1942年	二の鳥居の残欠による
17	鎌倉市	鎌倉山3丁目	鎌倉山ロータリー	鎌倉山記念碑	菅原通濟	昭和44年2月11日	1969年	二または三の鳥居の残欠による
18	鎌倉市	材木座2丁目	日蓮宗妙長寺	相輪搭（後鳥居部分撤去）	震災当時の住職	昭和8年5月12日	1933年	二の鳥居の残欠による
19	鎌倉市	坂ノ下	御霊神社	嘉永大鳥居の残欠	坂ノ下氏子（鳥居再建）	（平成23年12月）	2011年	旧鳥居：嘉永3年建立
20	鎌倉市	材木座2丁目	五所神社	復興鳥居の再建碑	氏子（鳥居再建）	（昭和2年7月）	1927年	旧鳥居：明治32年建立
21	逗子市	逗子5丁目	亀岡八幡宮	社号標と平和搭	逗子氏子（鳥居再建）	（大正15年7月15日）	1926年	平和塔は御大典記念に建立

22	横須賀市	汐入町4丁目	子之神社	旧鳥居扁額保存	氏子18名（鳥居再建）	（昭和3年11月）	1928年	境内に「震災記念碑」あり
23	横須賀市	緑が丘	諏訪大神社	大震災避難記念碑	相模運輸（鳥居再建）	（大正15年1月）	1926年	記念碑は震災避難者建立
24	横浜市	青葉区奈良町	住吉神社	旧鳥居による震災記念碑	不明（鳥居再建）	（大正14年5月10日）	1925年	
25	横浜市	旭区今宿西町	神明社	旧鳥居による震災記念碑	氏子（鳥居再建）	（昭和27年1月）	1952年	記念碑は伊勢神宮参拝團建立

考欄に旧鳥居として建立年を記載した。

震災で壊れた旧鳥居の残欠によって建立された震災記念碑は、茅ヶ崎市柳島2丁目（旧茅ヶ崎町）の柳島八幡神社（表21-6）、寒川町《さむかわまち》田端（旧寒川村）の貴船大神《きふねおおかみ》（同7）、大磯町大磯（旧大磯町）の愛宕《あたご》神社（同9）、厚木市岡田4丁目（旧相川村）の岡田三嶋神社（同10）、同厚木町（旧厚木町）の厚木神社（同11）、同恩名《おんな》3丁目（旧南毛利村）の恩名三嶋神社（同12）、海老名市中新田2丁目（旧海老名村）の中新田諏訪神社（同13）、同中新田3丁目の川寿稲荷《かわじゅいなり》神社（同14）、同中新田1丁目の大島記念公園（同15）、横浜市青葉区奈良町（旧中里村）の住吉神社（同24）、同旭区今宿西町（旧都岡村）の神明社（同25）などで見られる。代表的なものとして寒川町田端の貴船大神の例を図42に示す。中心の石柱に「嗟呼《ああ》　大正十二年九月一日之大震災」と刻まれている。また、横須賀市緑が丘の諏訪大神社の本殿横にある「大震災避難記念碑」（同23）には、震災時に宮司も含め諏訪大神社の境内に避難した43名の氏名が刻まれている。諏訪大神社への避難民は9月5日の時点で400人に達し[21]、そのなかの一部がしばらく諏訪大神社にとどまり避難生活をした。大震災のなかで命を救われたことに対する神への感謝の意を込めて、避難者により立てられた記念碑であるとすれば、これも震災記念碑である。

図42　寒川町田端の貴船大神にある鳥居の残欠による震災モニュメント

ほかの目的の記念碑に鳥居の残材が用いられた例としては、南足柄市大雄町参道三丁目（旧南足柄村）の「大雄山華表門旧址碑」（同1）、鎌倉市雪ノ下2丁目（旧鎌倉町）の鶴岡八幡宮境内の鎌倉国宝館の敷地に立つ「源実朝歌碑」（同16）、同鎌倉山3丁目（旧鎌倉町）の鎌倉山ロータリーの中央に立つ「鎌倉山記念碑」（同17）、同材木座2丁目（旧鎌倉町）の日蓮宗妙長寺の相輪搭（同18）、さらには逗子市逗子5丁目（旧逗子町）の亀岡八幡宮の平和搭（同21）などがある。亀岡八幡宮の平和搭についての詳細はわからない。また大雄山華表門旧址碑についてはコラム8で取り上げる。一方、ほかの三者はいずれも震災で倒壊した鶴岡八幡宮の二の鳥居ないしは三の鳥居の残材により建立されたものである。

「源実朝歌碑」の前に立つ説明板によれば、この歌碑は関東大震災で倒れた二の鳥居によるもので、「当初鎌倉ペンクラブにより計画されたのち、鎌倉文化連盟結成とともに、連盟各部の協同事業として社団法人・鎌倉同人会の賛同も得、建立された」と書かれている。建立年は昭和17（1942）年8月9日である。また鎌倉同人会は先に述べたように鎌倉国宝館の建設に大きくかかわった社会貢献団体である。一方、「鎌倉山記念碑」は、鎌倉山を開発した実業家の菅原通濟《すがわらつうさい》が昭和44年2月11日に建立したもので、由来碑に「故あって堤義明氏の好意に甘え、鎌倉鶴岡八幡宮の華表の一に『鎌倉山』と望月圭介墨書、『建国記念の日二月十一日』佐藤大寛墨書、いづれも石に刻み千年も万年も子々孫々に伝え得ることは、こよなき喜びである」と書かれている。華表とは鳥居のことを指している。

最後は日蓮宗妙長寺の相輪搭（同18）である。境内に入ると正面に真新しい本堂があり、その右側に相輪搭があるが、現在の相輪搭に石材は使われていない。住職の話では相輪搭は鶴岡八幡宮の二の鳥居の残欠の上に立てられており、11mもの高さであったが、耐震上の問題から今は鳥居の部分は撤去したとのことである。相輪搭の建設は昭和8年5月12日であった。どのような経緯で鶴岡八幡宮から二の鳥居や三の鳥居の石材が当事者に渡ったかについての詳細はよくわからないが、八幡宮の震災復興費用の捻出に回された可能性も考えられる。

コラム8　鳥居が語るエピソード

倒壊した鳥居の残欠で造られたモニュメントや鳥居の建立碑には、時として思わぬエピソードが刻まれている。いずれも鳥居を守ることや再建することに関連するものであるが、人間くさくてどこかほほえましさが漂う話ばかりである。3つ紹介する。

一つ目は南足柄市大雄町参道三丁目の大雄山華表門旧址碑（表21-1）に刻まれた話である。曹洞宗大雄山最乗寺（道了尊）は南足柄市大雄町にある古刹で、足柄の山中に大伽藍を擁する寺院である。その入り口、参道一丁目から坂道を仁王門方向へ上ると小さな公園があり、石碑とともに鳥居の残欠による記念碑が二つ立っている。一つには「整理改修燈籠移転」と刻まれ、もう一つが「大雄山華表門旧址」と書かれた記念碑で、どちらも大震災で折れた大鳥居の残欠を用いて昭和16（1941）年に建立されたものである。後者にはこの地にあった大鳥居の由来が書かれている。

大鳥居は、元治元（1864）年9月に大阪の炭屋町（現在の西心斎橋）の石工みかげや新三郎が菩薩の霊感を得て寄付したものである。その後、明治政府の神仏分離政策により、官吏が寺を訪れ、鳥居を撤去させようとした。これに対して、寺の典座《てんぞ》が、鳥居に板屋根を架けて、わが国ではいまだに屋根を架けた鳥居など聞いたことはない。これは寺の総門であると言い張り、官吏を追い払った。世人はこれを聞いてこの鳥居を大雄山の華表門と称したという。典座とは禅宗寺院で修行僧の食事や、仏や祖師への供膳《ぐぜん》を司る役で修行経験が深く篤実温厚な人物が任命される場合が多いという。そのような人が必死で守った鳥居が震災で倒れてしまい、思案の末に観音堂の修繕に際し一部を記念碑として保存することにしたというのである。

もう一つは、厚木市岡田4丁目の岡田三嶋神社の震災記念碑（同10）である。記念碑には現在の鳥居建立の由来が以下のように書かれている。

旧鳥居は明治33（1900）年9月に立てられたものであったが、関東大震災で倒れ、折れてしまった。そこで修理して使い続けていたところ、ちょうど昭和15年2月11日の紀元節の日に大破してしまった。あたかも皇紀2600年の記念日にあたり、神威を畏《おそ》れ氏子は大慌てで再建したというのである。現在の鳥居にはそのことを裏づけるように「皇紀二千六百年記念」「昭和十五年四月建之　氏子中」と刻まれている。人々の慌てた様が目に浮かぶようである。岡田三嶋神社にはこのほかに社殿の復興記念碑（昭和3年4月建立）もある。

最後は、藤沢市稲荷の大庭《おおば》神社の鳥居で、昭和26年9月の再建にまつわる話である。境内の「鳥居建立の由来碑」によれば、大震災で倒壊した鳥居はそのまま28年間放置されていた。その間氏子一同は由緒深い神社の荒廃する姿を常に憂えていた。そうこうするうちに傍らにあった樹齢350年の松の御神木が突然マックイムシに侵され、むなしく朽ちるのを待つ運命となってしまった。そこで氏子一同が考えた末に、これを売却しその収益によって鳥居再建の資にあてることができたというのである。さらに、新しい鳥居が建立された日の9月8日は、第二次世界大戦の敗戦国日本と連合国との講和条約調印の日であったと付記されている。

大庭神社では、表20の番号10にあるように、社殿の復興は氏子による約1万円（約5000万円）の寄付で昭和2年9月に成し遂げられているが、その後勃発した第二次世界大戦の影響などで鳥居の再建はのびのびにせざるをえなかったようである。なお、近くに立つ「帰去来の碑」には、太平洋戦争時の金属供出で失われた梵鐘が昭和30年9月に氏子の努力によって再鋳造されたことが記されている。氏子の神社に対する強い思いが伝わってくるようである。

三　寺院の復興

戮力協心

関東大震災の起こる55年前の明治維新は、寺院にとって大きな打撃であった。江戸時代、寺院は布教の自由こそ認められていなかったが、幕府の統治体制の一翼を担うべく、檀家制度のもとで事実上住民の戸籍（宗門人別帳）を管理する出先機関としての性格をもつ安定した存在であった。また領地も幕府や大名から安堵され、庇護されている寺院も少なくなかった。そのような状況を明治維新は一変させた。幕藩体制の崩壊で、寺院は寺領を失うだけでなく有力な外護を失うことになった。さらにそれに追い打ちをかけたのが、神道国教化の下準備として行われた神仏分離政策であった。神仏分離政策ははじめから仏教排斥を意図したものではなく神道の国教化もすぐに頓挫するが、これをきっかけに全国各地で廃仏棄釈《はいぶつきしゃく》運動が起こり、各地で寺院や仏具の破壊が行われ、寺院の社会的地位を著しく損なう結果となってしまった。

図43　南足柄市塚原の天王院にある「檀信戮力碑」

動乱期が過ぎ一段落した状況下で関東大震災に遭遇した多くの寺院は、やっとのことで守り抜いた本堂や庫裡《くり》さえも失うことになってしまった。そのようなときに頼りになったのは、江戸時代から培われてきた檀信徒との強い絆であった。檀信徒とは檀家と信徒のことで、一般的には、檀家とはその寺に墓地を持っている家のことをいい、信徒とはそのお寺にお墓はないが葬儀や法事などをまかせる人をいう。寺院の震災復興を伝える石碑には、神社同様、様々な形態のものがあるが、復興碑と見なせる石碑は神奈川県下で30件くらい確認できる。

そのなかで、南足柄市塚原（旧岡本村）にある曹洞宗天王院の山門の右横に立つ石碑には、正面に「檀信戮力碑」と書かれ、まさに復興時の檀信徒の力を表すものである（図43）。本書でもすでに、山北町の用沢耕地整理組合の「不動堤之碑」や葉山町漁業協同組合の「船溜《ふなどまり》竣功紀念碑」で組合員に対して用いられている「協心戮力《きょうしんりくりょく》」という言葉を紹介しているが、「戮力」とは力を結集し一つにすることで、力を合わせるという意味の「協力」よりもさらに強い意味がある。表題の「戮力協心」とは「力を結集し心を合わせて任にあたる」という意味である。「檀信戮力碑」には、檀信徒によって進められた復興の具体的な内容が書かれており、まとめると表22のようになる。

震災の翌年の大正13（1924）年から復興作業が始まり、まず本堂や諸堂を再建し、周辺の道路や石垣、

表22　天王院の「檀信戮力碑」が伝える復興の記録

対象	工期	成果	備考
本堂及諸堂	大正13年12月〜昭和2年10月	落成	昭和3年8月15日認可
道路及石垣	大正13年 大正14年秋	新旧道路開設復興 石垣復旧および竣成	
水路及隧道	大正13年初夏	竣功	耕地整理組合事業
河添路新開	大正13年秋〜同14年春	開通	山下部総員奉仕
山林植樹	大正15年春〜昭和2年春	観音平5116番地	同地山下部員奉仕
飲用水堀鑿	昭和12年4月〜同年6月	噴出	
石垣新工事	昭和15年2月〜同年3月	完成	
天王社	昭和15年3月30日	編入	境内堂宇祭祠許可
紀念碑建設	昭和15年5月大吉祥日	「檀信戮力碑」完成	

さらには水路や隧道《すいどう》、河川の整備、山林の植樹、飲料水確保のための井戸の掘削など復興は集落全体に及んだ。集落の復興が寺を中心に行われた様子がよくわかる。17年もの歳月をかけて行われ、昭和15（1940）年5月、紀元二千六百年記念として碑を建立して終了した。碑は文末で、檀信徒による復興を、「永遠に至宝として伝えんと期す、嗚呼《ああ》許様《きょよう》広大なる戮力の功徳は、各位が始祖先考の冥福を資助して余りあり」とたたえている。先考とは亡き父のことである。

次は、茅ヶ崎市柳島1丁目（旧茅ヶ崎町）の真言宗善福寺の例である。山門を入ってすぐ右側に「柳島山善福寺復興記念」と書かれた石碑が立っている（昭和7年3月建立）。本堂・庫裡が倒壊し、檀信徒が相談して復興を企画して昭和6年8月3日に落成したと刻まれている。裏面には本堂建築委員として9名、世話人兼建築委員として8名、建築請負棟梁として2名の名前が記され、最後に「柳島山善福寺住職井上壽山代」とある。井上壽山はその際の住職で第18世にあたる。世話人兼建築委員の筆頭に書かれた藤《とう》間《ま》善左エ門と青木長次郎は善福寺の檀家総代であった。藤間家は代々柳島村の名主を務めた家柄で、江戸時代この地が相模川河口の柳島港として栄えた頃の廻船問屋でもあった。特に13代目の藤間柳庵（享和元―明治16年／1801―83）は本名を善五郎といい、文人としても有名である。

集落には柳島1丁目に柳島八幡神社もある。現在の鳥居には「大正拾五年九月吉日」「復興新建氏子中」と刻まれ、震災復興による鳥居であることがわかる。また鳥居の横には、鳥居の残欠で立てられた「震災記念碑」がある（表21―6）。記念碑の石柱の文字は「文政五年午《うま》四月十五日建之　当所総氏子中　発意　藤間善左衛門　世話　青木由右衛門　山口仙右衛門」と読める。つまり、関東大震災で倒壊した鳥居は、文政5（1822）年4月15日に氏子の総意で建設されたもので、その際の発意者である藤間善左衛門は柳庵の父であり、関東大震災の時の藤間善左エ門は柳庵の子か孫であろう。なお、隣の茅ヶ崎市松尾（旧茅ヶ崎町）にも松尾神明神社の復興を記念した「大震災記念碑」（大正15年4月）がある。

一方、柳島集落の外れ、現在の柳島小学校の近くの共同墓地の北の角に、小さな石造りの観音像が立っている。その台座正面には、震災後の墓地整理の完成と13回忌を兼ねて、享和《じゅんな》3（1803）年からあったとされる観音菩薩像を墓地整理の浄財によって整備、供養し安置したと書かれている。その後に施主として「柳島一同、昭和十年二月吉日」と記されている。台座背面には「善福寺住職　井上壽山代」「諸事担任者　藤間善左エ門　青木長次郎」などと書かれており、柳島八幡神社、善福寺の順に復興させた後、柳島の住民は墓地の整理も行ったことがわかる。共同墓地のあるあたりは地盤が軟弱で、震災時に液状化してもおかしくない地域であり、墓地もその影響を受けた可能性がある。

もう一つ、茅ヶ崎市行谷《なめがや》（旧小出村）の曹洞宗宝蔵寺の例を挙げる。石碑は本堂に向かい合うように立っている。題額に「震災記念聯芳塔《れんほうとう》」と書かれ、開山以来の代々の住職の名前が刻まれている。背面には、震災で伽藍が大破するなどの大きな被害を出したが、檀信徒の協力で5年間で復興できた。ちょうど開山から300年に相当していたので、震災を長く記念するために聯芳塔を立てたと書かれている。さらに建設委員10名、信徒6名、檀徒（檀家）18名の名前が書かれ、日付は昭和2年10月1日である。

費用の捻出

神社や寺院の復興にかかる氏子や檀家の寄付金情報などをまとめた表20のうち、番号15～21が寺院の例である。そのうち特別保護建造物である建長寺の仏殿・唐門の場合（表20-20）や円応寺の国宝の仏像の場合は国からの公的補助があったが、他の堂宇《どうう》などに対する補助はなく、円応寺の国宝以外の仏像が篤志家の寄付を仰いだこと（同21）は、先に述べたとおりである。一般の寺院は自力復興が原則であった。復興碑には寺からの拠出額が書かれている場合もあり、表20では、神社の公的補助欄に代わり寺の負担額欄を設けた。ほかは神社の場合と同様である。寺の負担額は総工費に対して最大で40％程度で、残りは檀信徒からの寄付金によって復興資金が賄われたことがわかる。また檀信徒は寄付金を出すだけでなく労働提供も広く行っていたことも復興碑の記載からわかる。

一方、寺もただ漫然と寄付を待っていたわけではない。山北町山北（旧川村）の曹洞宗盛翁寺《せいおうじ》にある

「寒行供養塔」(昭和7年4月建立)には、浄財を集めるために3年間寒行巡錫したことが書かれている。寒行は冬季に何回かに分けて村々を回り加持祈禱を行うもので、その際に受けるお布施から必要経費を差し引いた額が寺の収入となる。それを元手に震災復興が行われた。

表20の番号15〜19の5寺院はいずれも一般の寺院であるが、伽藍の再建を伴う大規模な復興工事が行われた。そのなかで山北町向原《むこうはら》の香集寺（同16）には、「震興」と題額に刻まれた復興碑があり、それによれば、地震により後方の山林が十数町（千数百m）にわたり崩壊し、県による砂防工事のために、祖師堂、廻廊、庫院《くいん》など残った寺の建物を移動させたり石垣を改修したりするのに8000円を要し、寺所有の材木の伐採で3000円、その他は檀信徒の寄付で賄ったと記されている。寄付者の数を表では31名としているが、これは復興碑の背面に記載されている檀家総代9名と世話人22名の合計であり、寄付者はほかにもいた可能性が高い。このため平均の寄付額161円は多めの評価となっている。なお、砂防工事は県による事業であり費用の数千円はすべて県費で賄われた。

香集寺を除き、他の4寺院で檀信徒による寄付金の平均値を見ると40円から120円（20万円から60万円）であり、先に述べた神社の場合と比べやや多いようである。原因は寄付をした神社の氏子数のほうが寺院の檀信徒数よりも総じて多いためである。神社は地域の守り神（鎮守）であり、住民のほぼすべてが氏子であるのに対して、寺院は宗派に分れており、そのぶん住民にも宗旨の異なる人がいるためであろうか。また記念碑の建立時期、すなわち復興の終了時期を見ると神社のほうが寺院よりやや早いように見える。このことは、先に指摘した柳島八幡神社と善福寺の例にもあてはまる。復興の順序も地域の守り神として共通に崇拝する神社が優先された結果かもしれない。

一方、檀信徒による復興資金の提供に関して興味深い事例がある。逗子市久木《ひさぎ》6丁目（旧逗子町）にある日蓮宗妙光寺門前の題目塔にそのいきさつが記載されている（図44）。この題目塔はもともと明治13（1880）年に32世の日健上人の代に建立されたものであるが、その後36世の日慶上人によって檀信徒への感謝の意を込めて、塔身背面に大正12（1923）年12月の日付で震災復興の経緯が刻まれた。それによれば、寺は震災で本堂と庫裡が半潰し、七面堂、鐘楼堂などが倒壊した。その際に檀信徒はそれまで行ってきた頼母子《たのもし》講の預金をあててすぐに本堂と庫裡を修繕したというのである。頼母子構というのは、信頼できる仲間（この場合は檀信徒）が講親のもとに集まり、定期的に一定額を拠出し、お金が必要な仲間に金銭を融通する仕組みである。世話人15名のなかには、当時の逗子町長の小林章司の名前も刻まれている。なお、その際修繕された本堂は約50年後に同じ日慶上人によって改築され現在に至っている。

図44 逗子市久木6丁目にある妙光寺の門前にある震災復興を伝える題目塔

また、一人の有力な信徒によって震災復興を成した寺院もある。鎌倉市二階堂（旧鎌倉町）にある臨済宗瑞泉寺である。瑞泉寺の被害は、本堂・庫裡・総門が全潰、国宝夢窓国師木像ほか仏像二体破損である[31]。この寺の震災復興に大きく貢献したのは、住友家15代当主の長男として生まれた住友寛一であった。寛一氏は若い頃から事業には興味を示さず絵画に傾倒したため廃嫡され、大正5年に分家された。それ以降は好みの芸術・宗教を愛し、瑞泉寺を建立した夢窓国師に強く傾倒した。その結果、本堂（仏殿）は昭和10（1935）年、総門は昭和13年、庫裡（広間）も含めてすべて同氏によって、震災前をはるかに上回る規模で再建された[83]。瑞泉寺の山門前に「一覧亭復興碑」という小さな石碑が立っている。一覧亭は正式には偏界一覧亭《へんかいいちらんてい》と称し、嘉暦3（1328）年に夢窓国師が建立し、鎌倉五山の僧達がたびたび詩会を催した場として有名であるが、震災前にはすでになく、これも同氏が昭和12年に再建したものである。

今も続く復興

『鎌倉震災誌』[31]の中から、社殿や本堂（仏殿、観音堂）が全潰または単に全潰と記録されている神社仏閣、ならびにそれ相当の大きな被害と判断されるものを抜き出し、それらが復興再建された年代を調査し、表23にまとめた。対象とする地域は、現在の鎌倉市のうち中心部の旧鎌倉町と北鎌倉を含む旧小坂村にほぼ対応し、上記の条件に合致するのは30寺院、8神社で圧倒的に寺院が多い。対象地域外の旧腰越《こしごえ》津《つ》村《むら》や旧深澤村についても本堂が全潰したことが明らかになった寺院がさらに3寺院あるので、それらも表に加え、全部で41の社寺の復興の経過をまとめた。復興年代は備考欄に引用の記載がない場合は『鎌倉近現代史年表稿』[83]を用いて特定した。また、境内のほかの建物の再建年代がわかるものについては、その情報も加えた。ほとんどに再建という言葉が使われているが、なかには単に復興と書かれている場合もあり、できるだけ資料に忠実な表現を用いた。

全潰した寺院のうち再建できずに鎌倉を離れたのは、西御門《にしみかど》の高松寺ただ一つである（山門は鎌倉山3丁目にある料亭のらい亭に移築されている）。神社では極楽寺の熊野新宮が昭和2（1927）年に社殿と鳥居を再建し、翌年同じく全潰した八雲神社と諏訪神社の両者を合祀している。従って神社は数では二つ減少したことになる。

震災から比較的早い大正年間に復興したのは、建長寺（旧小坂村）、寿福寺、海蔵寺、巽神社、来迎寺、妙隆寺、別願寺、妙長寺、実相寺、九品寺《くほんじ》、補陀洛寺《ほだらくじ》、千手院（以上旧鎌倉町）、本龍寺（旧腰越津村）の13社寺で全体の約3分の1にとどまり、残り28社寺は昭和に入ってから復興した。多くは昭和8年までに一応復興しているが、その陰には政府の出した通達の影響が考えられる。政府は震災後の世情安定対策として、社寺復興を促進することを決め、当初昭和3年8月末までに復興しないものは社寺明細帳から除去するとしたが、被災社寺にとってさすがにそのハードルは高く、期限を5年間延長し、昭和8年までとしたのである[85]。それでも6社寺は、復興が震災から10年以上経過した昭和10年以後にずれ込んでいる。このことから、社寺復興が容易なことではなかったことがよくわかる。

昭和になる前に、早々に復興した13寺院のうち、建長寺の仏殿・唐門は先に述べたように国庫補助によって修復されたもので、他の寺院とは事情が異なっている。他の寺院のなかには仮復旧ゆえに早かった寺院もある。復旧を仮とするかどうかは、人によって判断が異なるが、少なくとも現在の住職から仮復旧であったことが確認できたものだけでも、来迎寺、妙隆寺、妙長寺、千手院、本龍寺の5寺院に上る。そのうち4寺院は平成5（1993）年以降、約70年あまりの歳月を経て本堂が新築で再建され、本格的な復興が成し遂げられたといえる。一方で千手院はいまだに仮復旧のままとのことである。またさらに別願寺は屋根がトタン葺きであることから判断して、仮復旧のままと考えてもよいかもしれない。

表23　鎌倉において全潰した神社仏閣の復興時期

●旧小坂村（寺院5、神社0）

所在地・関連施設	町丁目	復興事象	復興年	西暦	備考
臨済宗円覚寺	山ノ内409	仏殿・再建	昭和39年3月15日	1964年	仏殿は鉄筋コンクリート造
		舎利殿復元	昭和4年	1929年	
		方丈・庫裡・書院新築	昭和4年4月3日	1929年	
臨済宗東慶寺	山ノ内1367	本堂・再建	昭和10年11月1日	1935年	佐藤禪忠による
		書院・再建	大正14年	1925年	「佐藤禅忠展」「松ヶ岡宝蔵談」より
		松ヶ岡文庫・設立	昭和20年	1945年	
臨済宗浄智寺	山ノ内1402	仏殿・再建	昭和7年	1932年	
		書院・新築再建	大正13年	1924年	
		庫裡・新築	昭和6年	1931年	
臨済宗建長寺	山ノ内8	仏殿・唐門・解体修復	大正15年5月	1926年	菅原時保による
		重修碑建立	（同）	（同）	
臨済宗円応寺	山ノ内1543	本堂・復興	昭和13年7月	1938年	川上道濟による

●旧鎌倉町北東部（寺院9、神社4）

所在地・関連施設	町丁目	復興事象	復興年	西暦	備考
臨済宗寿福寺	扇ガ谷1丁目17-7	仏殿・庫裡・再建	大正14年	1925年	
臨済宗海蔵寺	扇ガ谷4丁目18-8	本堂・再建	大正15年7月	1926年	「復興碑」記載より
		書院・再建	昭和5年1月	1930年	
八坂大神	扇ガ谷1丁目13-40	社殿新築・神輿新造	昭和8年7月4日	1933年	鳥居再建：昭和3年11月10日
		元神輿之碑建立	昭和10年7月	1935年	
巽神社	扇ガ谷1丁目9-7	復興	大正14年	1925年	
鶴岡八幡宮	雪ノ下2丁目1-31	本宮・復興	昭和5年6月3日	1930年	
		下拝殿（舞殿）・竣工	昭和7年9月	1932年	
白旗神社	雪ノ下2丁目1-31	復興	昭和6年4月12日	1931年	鳥居再建：大正13年3月7日
臨済宗瑞泉寺	二階堂710	仏殿・再建	昭和10年	1935年	住友寛一による
		偏界一覧亭・復興	昭和12年7月	1937年	
		山門・新築	昭和13年3月	1938年	
臨済宗報国寺	浄明寺2丁目7-4	本堂・再建	昭和12年	1937年	茅葺き→銅板葺き『報国寺』（文献84）
時宗来迎寺	西御門1丁目11-1	本堂・再建（仮）	大正14年	1925年	「住職談」より
		本堂・庫裡・新築	平成6年6月	1994年	
日蓮宗高松寺	西御門1丁目	（移転消滅）	昭和6年	1931年	
		山門をらい亭へ移築	（同）	（同）	

天台宗宝戒寺	小町3丁目5-22	本堂・復興	昭和6年	1931年	山門・復旧せず
		本堂・屋根大修理	昭和51年	1976年	境内の「勧進案内」参照
日蓮宗妙隆寺	小町2丁目17-20	復旧（仮）	大正13年8月10日	1924年	「住職談」より
		本堂・再建	平成18年	2006年	
日蓮宗大巧寺	小町1丁目9-28	本堂・山門・再建	昭和6年	1931年	「門前標柱」参照

●旧鎌倉町南東部（寺院14、神社2）

所在地・関連施設	町丁目	復興事象	復興年	西暦	備考
日蓮宗妙本寺	大町1丁目15-1	本堂・再建	昭和6年	1931年	現在、新釈迦堂位置に霊宝殿あり
日蓮宗常栄寺	大町1丁目12-11	本堂・再建	昭和2年	1927年	
八雲神社	大町1丁目11-22	社殿・新築復興	昭和5年7月	1930年	『神奈川県神社誌』（文献79）より
時宗教恩寺	大町1丁目4-29	本堂・庫裡再建	昭和8年	1933年	
		本堂屋根葺き替え	平成24年7月	2012年	耐震化のため瓦葺きから銅版葺きへ
時宗別願寺	大町1丁目11-4	本堂・再建	大正のうち		瓦葺き→トタン葺き「住職談」
日蓮宗本興寺	大町2丁目5-32	本堂・再建	昭和7年4月	1932年	
浄土宗安養院	大町3丁目1-22	本堂再建	昭和3年	1928年	
浄土宗延命寺	材木座1丁目1-3	本堂・修復	昭和4年	1929年	
五所神社	材木座2丁目9-1	震災復旧工事完了	昭和5年7月7日	1930年	鳥居再建：昭和2年7月
日蓮宗啓運寺	材木座3丁目1-20	再建	昭和8年	1933年	

日蓮宗妙長寺	材木座2丁目7-41	本堂・再建（仮）	大正14年	1925年	
		相輪塔	昭和8年5月12日	1933年	
		本堂・新築	平成18年5月19日	2006年	「住職談」より
時宗向福寺	材木座3丁目15-13	本堂・再建	昭和5年	1930年	
日蓮宗実相寺	材木座4丁目3-13	本堂・再建	大正14年	1925年	
浄土宗九品寺	材木座5丁目13-14	本堂・再建	大正14年	1925年	
真言宗補陀洛寺	材木座6丁目7-31	新築再建	大正13年	1924年	
浄土宗千手院	材木座6丁目12-8	本堂・再建（仮）	大正のうち		「住職談」より

●旧鎌倉町西部（寺院2、神社2）

所在地・関連施設	町丁目	復興事象	復興年	西暦	備考
熊野新宮	極楽寺2丁目3-1	社殿・鳥居・再建	昭和2年	1927年	
		八雲・諏訪両社合祀	昭和3年9月10日	1928年	
真言律宗極楽寺	極楽寺3丁目6-7	本堂再建	昭和9年	1934年	
浄土宗長谷寺	長谷3丁目11-2	観音堂・復興	昭和18年5月2日	1943年	ホームページによれば、罹災激しく
		観音堂・新築	昭和61年	1986年	鉄筋コンクリートで新築
甘縄神明宮	長谷1丁目12-1	本殿・新築	昭和12年9月	1937年	『神奈川県神社誌』（文献79）より

●旧深澤村（寺院1、神社0）

所在地・関連施設	町丁目	復興事象	復興年	西暦	備考
真言宗青蓮寺	手広768	本堂・再建	昭和4年	1929年	「住職談」では昭和6年
		庫裡玄関らい亭へ移築	昭和5年	1930年	鎌倉市ホームページ参照

●旧腰越津村（寺院2、神社0）

所在地・関連施設	町丁目	復興事象	復興年	西暦	備考
日蓮宗本龍寺	腰越2丁目26-2	本堂・再建（仮）	震災後すぐ		「本龍寺談」より
		本堂・新築	平成14年	2002年	
真言宗満福寺	腰越2丁目4-8	本堂・再建	昭和6年9月8日	1931年	「復興碑」記載より
		復興碑建立	昭和7年5月	1932年	

このように復旧に時間を要したのは、中小規模の寺院だけではない。先に指摘した鎌倉五山第2位の円覚寺の仏殿が復興されたのは、震災から実に41年もたった昭和39年のことである。また、浄土宗長谷寺の中心にある観音堂は昭和18年にようやく復旧するが罹災が激しく、昭和61年になって本格的に鉄筋コンクリート造で新築された。

また表には含まれないが、鎌倉市大町4丁目（旧鎌倉町）の日蓮宗安国論寺では、本堂の向かい側に日

図45　震災直後の仮復旧の姿を今にとどめる横須賀市吉井1丁目の真福寺の本堂

蓮上人が庵を構えて『立正安国論』を書いたとされる「御法窟」があるが、その前に立つ復興碑によれば、復興できたのは昭和32年9月末日のことであった。「檀信徒に巨万の浄財を請い杉山石工店主の特別の御奉仕によって竣工した」と書かれている。また、現在の鎌倉で唯一の尼寺として残る鎌倉市扇ガ谷《おうぎがやつ》1丁目（旧鎌倉町）の浄土宗英勝寺では、倒壊した山門が震災後にある資産家に買い取られていたのを、平成13年になってやっと買い戻し、復興工事を経て平成23年に落慶法要が行われた。

以上のように震災後の寺院では、住職や檀信徒の努力にもかかわらず震災の爪痕はなかなか癒えず、復興は現在まで継続してきたことがわかる。図45は横須賀市吉井1丁目（旧浦賀町）の浄土宗真福寺の本堂の様子である。本堂は天明元（1781）年建立で、震災復旧の過程で傾きを直して支柱で補強した。昭和60年頃に屋根を茅葺きから瓦形銅板葺きに改めたが、裏に回ると支柱はそのままで、震災直後の仮復旧の姿を今にとどめている。

住職の奮闘を偲ぶ

ここまで寺院の復興における檀信徒の果たした役割の大きさを述べてきたが、檀信徒の信頼を得て自ら先頭に立ち復興に邁進《まいしん》する住職の奮闘も忘れてはならない。その様子は頌徳碑《しょうとくひ》や墓碑から偲《しの》ぶことができる（183ページ表18参照）。そのうち横浜市泉区の中田寺《ちゅうでんじ》の法隆上人（表18－4）については第一章で述べたが、ここでは他の住職について墓碑を手がかりに紹介する。

一人目は鎌倉市山ノ内（旧小坂村）の臨済宗東慶寺の佐藤禪忠和尚である（同16）。墓は、松ヶ岡宝蔵の奥、墓地の入り口にある新旧二つの階段のうち古い階段を上った一角にある。墓石には漢文で「遭大震災一新本堂書院等」とあり、昭和10（1935）年11月20日に53歳で亡くなったと書かれている。東慶寺の宝物館である松ヶ岡宝蔵で平成27（2015）年に行われていた「佐藤禅忠展」の展示説明によれば、大正8（1919）年に東慶寺の住職になった和尚は、本山の円覚寺で震災に遭遇し九死に一生を得、その後東慶寺はもとより震災で大きな被害を受けた鎌倉の各寺院のために奔走した。東慶寺では、石段の上から中段まで転がっていた中門（現在の山門）を元に戻し、崖下に落ちかかっていた鐘楼を移動、庫裡の東半分を取り壊し翌年に大改修を行った。鐘楼には今も地震の揺れで鐘がぶつかってついたと見られるキズが残っている。

その後も復興に邁進し、大正14（1925）年には書院を再建した。鎌倉の寺院のなかでは、震災後一番早くに本格的な書院が復興したといわれている。その後、積年の疲労のために腎臓病に侵されたが、青森・北海道など各地を巡錫《じゅんしゃく》布教し揮毫《きごう》する。そのかいあって昭和10年に本堂の再建に着手できた。禪忠和尚は完成間近の本堂を担架から一見し、10月23日に遷化《せんげ》した。その後、11月1日には和尚の死を悼みつつ本堂入仏式が執り行われた。

境内には、禅忠和尚の人柄を偲ばせる石碑が立っている。正面の上部に「身投無用と断り申し上げ観世音 大魂」と書かれ、その下に線刻で観音像が描かれ、最後に「空華道人謹書」とある。墓碑には禅忠和尚の別号が「空華道人善画洪嶽禪師」とあり、この観音像の線刻が禅忠和尚によるものであることがわかる。この石碑は、関東大震災の翌年1月26日に由比ヶ浜に建立されたもので、「大魂」は政治家の野田卯太郎の号である。松ヶ岡宝蔵で聞いた話では、当時は第一次世界大戦後の好景気の反動で物価高騰が起き、さらに震災で多くの犠牲者が出るなど社会情勢が不安定で、鎌倉周辺の海岸では自殺者が相次いだために建立されたのだという。

もう一人は、川崎市川崎区渡田《わたりだ》3丁目の真言宗成就院の住職、倉田隆性和尚（同13）で、先に述べた日本鋼管の慰霊碑の建立を勧めた人物である。本堂左側から墓地に出ると、墓地の奥の塀の際に代々住職の墓所がある。その一番左側に第23世隆性和尚の五輪塔が立っている。地輪の左側面、背面、右側面に和尚の生前の行いが記されている。そのうち、背面の3行目あたりから関東大震災のことが書かれている。それによれば、震災で本堂をはじめ庫裡、山門、不動堂などの諸堂伽藍が一瞬にして崩壊した。これに対して、隆性和尚は翌年の大正13年には仮本堂を再建し、さらに檀信徒と謀って、昭和15年4月に本堂の建設にこぎ着け、昭和20年3月に完成した。ところが5月に落慶法要を行おうとしていた矢先の4月15日に、川崎空襲で本堂はあえなく焼失した。「慟哭《どうこく》するも猶《なお》及ばず」という下りに和尚の心情を察するにあまりある。

しかしながら和尚はあきらめず、昭和32年に3度目の本堂起工にこぎ着け、昭和34年に完成し、山門、庫裡の落慶を前にした昭和35年11月に85歳で遷化した。碑文にあるように、まさに寺門の繁栄復興に捧《ささ》げた波乱万丈の生涯であった。

3人目は、川崎大師として有名な真言宗平間寺《へいけんじ》の第43世隆超和尚（同11）である。大本堂の後方に墓地があり、一般墓地の奥に歴代先師の墓域がある。墓域に入ると、本堂側に3つの五輪塔が並び、最も左側が隆超和尚の墓碑である。やはり地輪の左側面、背面、右側面に和尚の生前の行いが漢文で記されている。左側面から背面にかけて、和尚が震災後の大正14年10月に貫主（住職）となり、震災で倒壊した鐘楼や大本坊と客殿を復興したことが書かれている。大本坊については境内に「大本坊落成記念碑」がある。また鐘楼の石垣には銘板があり、いずれも第43世の隆超の代に再建されたと書かれている。隆超和尚は戦災復興に取り組んでいる最中の昭和23年の9月8日に53歳の若さで遷化した。

同じ歴代先師墓域には、横浜市神奈川区東神奈川1丁目（旧横濱市）の真言宗金蔵院《こんぞういん》の住職、隆壽和尚の墓碑（同12）もある。この墓は震災前の大正11年3月に生前墓として立てられたものであるが、昭和7年5月に和尚が遷化した際に、弟子たちによって震災後の和尚の業績が追刻されたものである。それによれば、金蔵院では震災で庫裡、客殿が倒壊、和尚は老骨に鞭打って震災復興に尽力されたと記されている。

コラム9　お寺に伝わるエピソード

神社と同じくお寺に伝わるエピソードについてもまとめてみた。横須賀市長沢1丁目（旧北下浦村）の日蓮宗本行寺の庫裡《くり》の玄関にある神棚の上に木製の大黒天がある。背面を見ると、当時の住職夫妻が地震で倒壊する庫裡内で、梁の下敷きになるのを防いだ守護神であると記されている（図46）。

図46　横須賀市長沢1丁目の本行寺に伝わる住職夫妻を救った大黒天

当時の住職は38世の日瑞上人であった。本堂もその際、後ろへ倒れ、翌年引き起こして修復された。その際の補修跡が今でも梁と柱の接合部などに生々しく残っている。

大黒天といえば、震災でお寺が全焼するなかで、災禍を免れた大黒天のことが刻まれた宝塔が立つお寺がある。伊豆箱根鉄道大雄山線井細田《いさいだ》駅近く、小田原市扇町2丁目（旧足柄村）の日蓮宗正蓮寺である。宝塔の記載によれば、大黒天は宗祖日蓮の自作と伝えられる寺宝で、震災を免れたことで信徒が帰依し、昭和5（1930）年1月に宝塔を建立したのである。

一方、震災の傷跡がもとで観音様の呼び名が変わったお寺もある。三浦市初声町《はっせまち》三戸《みと》（旧初聲村）の浄土宗光照寺である。本堂の左手に「光照寺かめくり観音」と書かれた説明板がある。震災で「いなだ観音堂」の宝珠が落ちて雨漏りがするので応急に水がめをかぶせ

図47　南足柄市大雄町の大雄山最乗寺にある八天狗の再建碑と天狗像

ておいたのがきっかけで「かめくり観音」と呼ばれるようになった[86]。現在、観音様は本堂内陣左手の厨子に安置されている。

また、震災の傷跡が御本尊様に残るお寺もある。鎌倉市材木座3丁目（旧鎌倉町）の時宗向福寺では、本尊である阿弥陀如来の右手の指が3本欠けている。阿弥陀像は南北朝時代に造られたもので、関東大震災の折に本堂が全潰し、避難させようとした際に傷つけたものであるという。

さらに、思わぬところから震災の記録が出現したお寺もある。三浦市南下浦町松輪《みなみしたうらまちまつわ》（旧南下浦村）の臨済宗福泉寺である。このお寺は、もともとは海岸沿いの大浦にあったが、元禄16（1703）年の元禄地震の津波で流れ、現在地に移転した。現在の本堂は文化13（1816）年建立で関東大震災では倒壊を免れたが、庫裡は倒壊した。震災直後、庫裡の復旧は仮に行われたが、新築できたのは平成19（2007）年のことである。新築の際に、床柱から仮復旧当時の記載が現れた。床柱には「大正十二年大震災のため大破　全十五年四月再建　元周代」と書かれている。元周和尚は現在の大住職の祖父にあたる。円覚寺の倒壊した仏殿の柱から元禄16年の元禄地震の際の復興の記録が出てきたのとどこかよく似た話である。

最後は、天狗も震災にはかなわなかったという話である。南足柄市大雄町の曹洞宗大雄山最乗寺は応永元（1394）年に足柄の山中に了庵《りょうあん》慧明《えみょう》禅師によって建立された寺である。その際、禅師のもとに参じてその大事業を成し遂げたのが修験道の行者であった道了大薩埵《さった》であった。最乗寺が通称「道了尊」といわれるのはそのためである。道了大薩埵は了庵禅師が遷化《せんげ》した後、「以後山中にあって大雄山を護り多くの人々を利済する」と山中に身を隠し天狗になったとされている。このため最乗寺境内のあちこちに8つの姿に身を変えた八天狗の銅像が寄進されて立っている。これらの銅像も震災で破損した。その再建碑（昭和12年5月建立）が三面大黒殿前の広場にある（図47）。題額には「八天狗　太郎坊、次郎坊、僧正坊、飯縄坊《いいづなぼう》、伯耆坊《ほうきぼう》、相模坊、半僧坊、三尺坊」とあり、八天狗の銅像は明治19（1886）年に奉納されたが、大震災で破損し、昭和12年5月吉日に復旧した旨が記載されている。その下に再建に際して寄付した60名あまりの信徒の名前が刻まれている。

第七章　心の復興

関東大震災が起きる少し前の日本は、大正3（1914）年から始まった第一次世界大戦の影響で膨大な利を得、世の中には一夜にして大金持ちとなったいわゆる成金があふれた。日本ではかつて金持ちが社会を指導するという思想はなかったが、政治家はもとより革命家でさえも資本家と結びついて金儲け、金集めにうつつを抜かす有様で、歴史学者の今井清一はこの時代を「金、金、金の成金天下」と称している[87]。好景気は大正7年に第一次大戦が終わるとすぐに過ぎ去り、多くの成金も没落するが、社会はもとに戻ることはなかった。資本主義が深く根を下ろし貧富の差が拡大する一方で、東京市政疑獄と呼ばれる東京市会議員らの汚職事件などが次々に発覚し、人々の心がすさむなかで勃発したのが関東大震災であった。社会的にも「心の復興」を必要としていたのである。

本章では、このような状況下で被災した当時の人々の心情に触れてみたい。震災に関する石碑の調査をしていて驚くのは、とにかく感謝の意を込めて立てられた石碑が多いことである。九死に一生を得て感謝、避難できて感謝、震災後に飲み水を与えてくれた泉に感謝、被害が軽微だったことに感謝。感謝の対象は救援してくれた人々にはもちろん、多くは神仏にも向けられた。また、そのような豊かな気持ちを反映してか、身の回りで倒壊した石碑や石仏の復旧や、祭礼に使う神輿《みこし》や船などの復活にも人々は熱心であった。それがまた逆に人々の復興への気持ちを支えることになったようである。

一方、震災を契機にして日本人のこれまでの生き方に対する反省も語られた。大正天皇は震災後の民心の荒廃を恐れて、2か月後の11月10日に「国民精神作興詔書《さっこうしょうしょ》」を出された。その影響もあってか教育現場では教育方針を見直す動きもあった。残された石碑や遺構からそれらの点も検証する。

一　感謝の気持ち

命をつなぐ

わが国のリゾートホテルの草分けの一つに箱根町宮ノ下（旧温泉村）の富士屋ホテルがある。山口仙之助が明治11（1878）年に創業したホテルで、関東大震災の年には芦ノ湖畔の箱根ホテル（旧箱根町）も営業を始めていた。震災で箱根ホテルは倒壊したが、宮ノ下では明治24年建設の本館と明治39年建設の西洋館1、2号館は辛くも倒壊を免れた。現在、本館の後ろに広がる庭園の一角に小さな赤い鳥居が立っている（図48）。鳥居の後ろの泉には「ホテルの守り神」古井戸跡という説明板がある。そこには、震災で断水状態となった際に、「この井戸が当時滞在中の百十三名のお客様の食事や洗面のために、大いに役立ち、文字通り救い神となりました」と書かれている。震災時、宿泊客は湯本への交通が途絶したために多くがホテルに足止めされた。それらの人々の命をつないだのがこの井戸で、それに感謝するために祀られているのである。

図48　箱根町宮ノ下の富士屋ホテルの庭園にある「ホテルの守り神」

横浜や横須賀で火災に巻き込まれた人々はもっと切実であった。神社などに逃げ込んで九死に一生を得、しばらくそこで避難生活を送った人々が、神様への感謝の意を込めて立てた記念碑がある。213ページの鳥居によるモニュメントで紹介した横須賀市緑が丘の諏訪大神社《すわだい》にある「大震災避難記念碑」もその一つである。畑年宮司の話では、現在の鳥居の前にある狛犬のうち本殿に向かって右側の狛犬の台座がコンクリートで補修されているのは、避難して逃げてきた人の家財道具に火がついて、狛犬の台座が欠けてしまったためであるという。避難者でごった返すなかで火が移り、人々は生きた心地がしなかったに違いない。

同じような話は、横浜市南区山王町5丁目（旧横濱市）のお三の宮（日枝神社）にもある。焼失地域にあって本殿周辺は奇跡的に焼け残った。このため隣の日枝小学校とともに多くの人々の避難場所となり、9月7日時点での避難者数は3000人に達したといわれている[46]。本殿の裏に回ると、題額に「献樹碑」と書かれた大正14（1925）年9月建立の石碑がある。碑文を要約すると以下のようになる。

大正12年は神社創立250年で、社殿を改築し大祭を行おうとしていた矢先に大震災が発生、大火のなか風向きが変わり危機一髪で社殿が残った。人々は集まって拝殿の下で寝起きして、その間に家屋や工場を再建して危急を逃れ、皆安堵することができた。それから半年、御神徳を明らかに表すために、クスノキの稚樹100株を献上しかつ記念のために石に記録した。

背面には植樹に賛同して寄付した人々の名前が刻まれている。10円の寄付が9人、5円が49人で、合計335円（約170万円）を集めて行われた。震災1周年にあたる大正13年9月のことである。撰文《せんぶん》の吉田勘兵衛良循は10代目で、入り海を埋め立て横浜の中心部の地域に「吉田新田」をつくった吉田家の末裔である。神社で一命を取りとめ生活再建につなげることができた人々の神様への感謝の気持ちを表すために植樹が行われたことがわかる。

神仏への感謝

九死に一生を得たというだけでなく、大震災の最中に自分の身の回りに被害が少なかったということで神仏に感謝するという人々も多かった。厚木市上荻野《かみおぎの》（旧荻野村）の上荻野浅間《せんげん》神社に立つ「鐘楼再建碑」（昭和5年5月建立）には現在の鐘楼が再建された由来が書かれている。碑文は鐘楼の再建をなした上荻野出身の森屋太吉を小学校の師である小野澤龍吉が顕彰するという形で書かれている。それによれば森屋太吉は地震の際に東京に住んでいたが、周りでは老少ことごとく被災を免れることができた。これもひとえに故郷の浅間神社の神威であると考えて、大震災の7周年にあたり鐘楼を再建したというのである。

一方、平塚市中原2丁目（旧中郡大野村）の浄土宗大松寺《だいしょうじ》では、山門を入ると右側に墓石が並ぶなかに「大震火災墓地革整記念碑」（大正14年9月）がある。碑文には、大松寺では地震の前に当時の金額で1000円あまりをかけて堂宇《どうう》を改造していたので、地震で倒壊することがなかった。このような山門の慶福に感謝して祖先への崇敬を表すために荒れた墳墓を整備したと書かれている。寺の話でも、大松寺は昭和20（1945）年の平塚空襲によって壊滅的な被害を受けたが、関東大震災では大きな被害はなかったという。

さらに、現在の相模原市の南区と中央区にまたがる旧高座郡大野村では、「震災記念樹」「震災記念植樹」などと書かれた石碑が6つの神社で確認できる（表24）。そのうち、東大沼稲荷神社のものは標柱状で

表24　相模原市南区と中央区に残る震災記念植樹碑一覧

番号	神社名	住所	石碑名	建立者	備考
1	長嶋神社	南区上鶴間本町9丁目	震災記念樹碑	在郷軍人会大野村分会	
2	上鶴間鹿島神社	南区上鶴間本町3丁目	震災記念樹碑	在郷軍人会大野村分会第二班	植樹のイチョウ2本現存
3	東大沼稲荷神社	南区東大沼3丁目	震災記念樹標柱	氏子	植樹のイチョウ現存
4	古淵鹿島神社	南区古淵1丁目	震災記念植樹碑	在郷軍人会大野村分会第四班	植樹のイチョウ現存
5	淵野辺日枝神社	中央区淵野辺本町1丁目	震災記念植樹碑	在郷軍人会大野村分会第六班	甲府聯隊区司令官の書
6	村富神社	中央区矢部2丁目	震災記念植樹碑	在郷軍人会大野村分会第七班	日枝神社とまったく同じ形式

＊すべての碑で建立年の記載なし

ほかとは形式を異にし建立者も氏子であるが、残りの5碑は形式も類似し建立者はいずれも在郷軍人会大野村分会である。石碑に記載事項が少なく、いずれの場合も植樹の動機についてはよくわからないが、東大沼稲荷神社では隣家の方に、上鶴間鹿島神社では神社総代の方に話を伺ったところ、植樹は氏神様に感謝の意を表すためによく行われていたが、周辺は関東大震災で比較的被害が軽微であり、神様のおかげであるという気持ちを震災記念として表す意図もあったのではないかとのことである。高座郡大野村は、住家全潰率3・7％で死者はなく、神奈川県下では比較的被害が少ない地域であった。なお、上鶴間鹿島神社には「神社再建記念碑」（昭和3年11月）がある（201ページ表20参照）。震災前は非常に粗末な社殿であったものを震災が契機となって立派な建物に建て替えた記念碑である。これも神様への感謝のしるしかもしれない。

祭礼の復旧

地域にとって神社の祭礼は人々の心のよりどころとなってきたもので、祭礼の復旧は「心の復興」を支える重要な要素である。祭礼の復旧を物語る石碑を二つ紹介する。一つ目は、31ページで「震災復旧記念碑」について述べた真鶴町の貴船神社にある「小早新造記念碑」（昭和10年7月建立）である。貴船神社では毎年7月27、28日の両日に日本三大船祭の一つとして有名な貴船まつりが行われる。小早船《こばやぶね》はその際に用いられる船である。地震の折に大火災に見舞われた旧眞鶴村では、東西で2艘あった小早船のうち東の東明丸が火災で焼失した。それを青年団が中心となって再建したのである。昭和9（1934）年の真鶴漁港の完成を期して建造されたと記されている。

図49　鎌倉市扇ガ谷1丁目の八坂大神にある元神輿之碑

二つ目は、鎌倉市扇ガ谷《おうぎがやつ》1丁目（旧鎌倉町）の八坂大神《やさかおおかみ》である。八坂大神の社殿は全潰した（227ページ表23参照）。鳥居をくぐり境内に入ると、本殿の左側奥に「元神輿《みこし》之碑」という奇妙な石碑が立っている（図49）。背面の碑文によれば、震災で神輿が社殿とともに壊れ、昭和8年7月4日に新造され、翌年7月12日にもとの神輿を焼いて灰をこの場所に納めたと書かれている。碑の建立は昭和10年7月で、この碑はいわば以前の神輿の墓標ともいえる。『鎌倉近現代史年表稿』[83]には、「社殿新築神輿新造　昭和8年7月4日」「破損神輿炊き上げ碑建立　昭和10年7月」とある。社殿の新築と神輿の新造は同時であったことがわかる。神輿は京都・八坂神社由来の六角神輿である。

コラム10　平塚復興講

南足柄市大雄町の最乗寺道了尊の由緒についてはコラム9（237ページ）で述べた「八天狗の再建碑」で説明した。碑が立つ場所は、三面大黒殿と呼ばれるお堂の前の広場である。お堂の周りにある4つの石段には、奉納者として平塚復興講や平塚御詠歌講という団体と、講元の平田忠心の名が刻まれている。奉納時期はいずれも昭和53（1978）年である。

平塚市博物館[88]によれば、平田忠心は明治31（1898）年平塚町平塚新宿（現・平塚市明石町）に生まれ、小間物商を営む家業の手伝いで少年時代から自転車によく乗っていた。大正3（1914）年数え年17歳のとき、非常にあらたかな神様であると近所の人たちから聞いて、大雄山最乗寺の道了尊に自宅から自転車で参拝した。当時夢中になっていた自転車競技について一流の選手にしていただきたいと願をかけ、以後、平塚から道了尊まで毎月自転車で参拝した。そのかいもあって、出る競技のすべてに優勝できるようになった。また大正4年には道了尊登山1周年を記念して自転車店を開業、同好の士を募り、大雄山自転車遠乗参拝団を組織した。さらに大正9年には貸切自動車業を開業する。

大正12年9月1日、いつものように道了尊へ参拝する客を車に乗せて松田町にさしかかったとき、大地震に遭遇した。幸い本人にも客にもけがはなく、道了尊に救っていただいたという感謝の念からさらに信仰を強くした。一方平塚町は、住宅の全潰1136戸、死者266名を出す大打撃を受けた。そこで荒廃した人々の物心両面を道了尊のお力で復興しようと思い立ち、大正13年6月に136名の商店主を集めて平塚復興講を開講、さらに昭和8年5月に平塚御詠歌講を開講した。同氏は昭和63年に89歳で亡くなるまで、生涯にわたって両講の講元を務め、その遺志を継いで両講は今も続いているという。

つまり、震災復興を願って設立された道了講が震災後55年を経て奉納したのが4つの石段である。これらは平塚の震災復興の記念塔と見なすこともできる。なお、境内には石井和一が講元を務めた平塚町平和講（平塚の「平」と和一の「和」で「平和」）による「相生橋新設紀念碑」（大正14年8月建立）もある。建立年代から推測して、こちらも震災復興を祈って境内にある相生橋が奉納された際の記念碑であろう。

二 歴史を守り伝える

小田原城

小田原城は明治3（1870）年に廃城となり、天守閣を含む城内の多くの建物が解体された。後で述べる常盤木門《ときわぎもん》も塁郭を残すのみとなっていたところに、荒廃に追い打ちをかけたのが関東大震災であった。震災での小田原城の惨状は以下のように記されている[13]。「内濠外濠の石垣や、城内一隅に高く築き上げた天守閣の礎石も無残に崩潰し、構内到るところに地割れを生じ、その割目から噴水して庭に小池が出来、また数年を経たる老松の縦横に打倒れた数が実に三百二十八本の多きに上った」。

図50 小田原城内の市立図書館前に残る関東大震災による石垣の崩壊跡

今でも城内にある小田原市立図書館の前には、石垣が関東大震災の際に崩れたままの状況で残っている（図50）。以前は、そこに小田原市教育委員会による「史跡 小田原城跡」という説明板があった。以前あった記載を再現すると以下のようになる。「小田原城本丸の石垣は、上から下まで石を積んだ総石垣ではなく、鉢巻石垣、腰石垣となっています。本地点は関東大震災の際に、鉢巻石垣が滑り落ちたものです」。

現在、天守閣の立つ本丸広場の入り口にあるのが常盤木門である。門をくぐる手前左側に「常盤木門石塁復旧碑」がある。昭和38（1963）年3月に小田原市によって建立されたもので、震災で崩れた塁郭を復旧した際の記念碑である。説明板によれば、上部構造はさらに昭和46年に再建された。また、現在の天守閣も昭和35年に市制20周年の記念事業として宝永の再建時を模して鉄筋コンクリートで復元したものである。内部は博物館になっており、その展示の最後に、元禄16（1703）年の元禄地震による被害の復興を物語る石碑がある（平成28年竣工の平成の大修理の後は未確認）。この石は関東大震災の際に天守閣の礎石が崩壊したとき、北東隅の角石の内面に彫刻してあるのが発見されて騒ぎになったものである[13]。小田原が何度も大地震の被害に遭遇していることを示す証拠でもある。

史跡の復旧

伊勢原市上粕屋《かみかすや》（旧高部屋村）に太田道灌《どうかん》によって建てられた曹洞宗洞昌院《とうしょういん》があり、その隣の鬱蒼《うっそう》とした樹木に包まれたところが道灌の墓所である。道灌は江戸城を築いたことで有名な武将であるが、文明18（1486）年に主君の上杉定正によってこの地の上杉館で殺された。その太田道灌を祀《まつ》る祠に向かって左側に歌碑とともに「復旧記念碑」が立っている。正面碑文によれば、墓所は本震と翌年の丹沢の余震によって大きな被害を受け、村内の諸士および青年は道灌公の偉徳を慕い、力を尽くして復興の実を挙げたと書かれている。碑の建立は太田道灌公霊跡保存会によるもので、大正15（1926）年4月3日竣成とある。旧高部屋村が634戸中全潰170戸、死者1名の被害を出すなかで、2年半ほどの間に墓所の復旧がなされたことがわかる。

一方、箱根の山中にある親鸞聖人の旧跡地でも親鸞聖人を慕う人々によって建立された箱根路の復旧記念碑ともいうべき「親鸞聖人詠歌碑」が立っている。場所は箱根町畑宿の旧道沿いの甘酒茶屋と呼ばれるところである（旧湯本村）。甘酒茶屋は道中に甘酒をふるまう休憩所で、この場所は二子山の山麓に位置し、湯本から旧街道を行くと七曲がり坂の難所を越えたところにあたる。

親鸞は建保2（1214）年に妻・恵信尼《えしんに》を伴い関東に移住し、以後約20年間東国教化に努めるが、貞永元（1232）年頃に京都に戻った。戻る途中、随行してきた弟子と別れたのがこの地と伝えられている。関東の門徒にとっては親鸞との最後の別れの場所である。歌碑の正面には別れを惜しむ弟子に、自分の心はここに残すからと慰める親鸞の御詠歌が刻まれている。裏面にこの歌碑の由来が刻まれており、それによれば、この旧跡地に以前、中山理賢や東京箱根講信徒有志が中心となって記念碑を立てたが、関東大震災で箱根の道が通れなくなり閉塞状況になってしまった。その復旧工事が昭和2（1927）年11月4日に完成した。それを記念して報恩寺住職の坂東性開が中心となって歌碑を建立したというのである。報恩寺は東京・上野にある真宗大谷派の寺院である。歌碑の近くには大きな石碑があり、「大正十年仲秋」と建立年が書かれ、「理賢書」とあることから由来記に出てくる記念碑であろう。震災で行かれなくなってしまった親鸞聖人の旧跡地へ、行けるようになったことの喜びを表すために建立されたもので、信徒のいちずな思いが成せる歌碑である。

また、横浜市西区宮崎町（旧横濱市）にある伊勢山皇大神宮に高さ約9mの「照四海《しょうしかい》」と呼ばれる常夜灯がある。この灯籠は明治15（1882）年に建立されたもので、国学者の本居宣長の「天照皇大神の御神徳は四海（天下）を照らす」との言葉より名づけらた。その名の通り、高台から横浜港を行き来する船の目印としての役割を果たしてきたが、大震災で崩壊した。再建の経緯は大灯籠の台座に刻まれており、第2代横浜商業会議所会頭で貴族院議員であった大谷嘉兵衛が中心となり、神奈川県立工業学校の秋山岩吉が設計、建造を引き受け大正15年9月に起工、12月に竣工した。平成27（2015）年に再び大改修が行われ、世界の海を照らすという横浜市民の気概を感じる逸品となっている。

図51　鎌倉市由比ガ浜1丁目の六地蔵（芭蕉の辻）。右手前が「復興碑」、六地蔵の後ろ右側が鎌倉同人会による史跡導標、その左が芭蕉の句碑

市井の石仏

人々の思いは路傍の石仏にも向けられた。鎌倉市由比ガ浜1丁目（旧鎌倉町）の由比ガ浜通りの角に六地蔵（芭蕉の辻）がある。鎌倉時代の刑場の跡で饑渇畠《けかちはた》と呼ばれていたが、ここに置かれた6体の石地蔵は、地震で無残にも倒壊・破砕し、続いて火焔の焼くところとなって修理不能に陥り、ついに一体を残すのみとなった。同時に俳聖芭蕉の「夏草やつはものどもが夢の跡」の一句を刻した碑石も崩壊した[31]。図51に現在の六地蔵（芭蕉の辻）を示す。右側手前が「六地蔵復興碑」である。碑文によれば、大正14

（1925）年に鎌倉同人会と有志が相談して新たに六地蔵をつくり、これを安置して復旧し、昭和9（1934）年3月に復興碑を建立した。背面には鎌倉同人会をはじめ、復興に協力した63の市民や団体の名前が刻まれている。

近くの由比ガ浜2丁目には「和田塚」と呼ばれる一角がある。「和田塚」は鎌倉幕府の内部抗争に敗れた和田義盛の一族の屍《しかばね》を埋葬した塚である。昭和5年編纂の『鎌倉震災誌』［31］には、「雪ノ下大石氏の邸内にある和田義盛の墳墓は、地震のために倒潰し更に火焔の焼くところとなって、塋域《えいいき》の樹木は枯れ、墓石玉垣は崩れ、いたましい有様となった。今では僅《わず》かに焼け崩れた墓石を集め辛じて保存されている」と書かれている。塋域とは墓のある区画のことである。震災後辛くも大石邸に残っていたものが、その後雪ノ下から現在地へ移されたようである。和田塚には、昭和10年9月1日の13回忌に、鎌倉町由比ヶ浜区によって建立された「大震災殃死者供養碑」もある（62ページ表2参照）。その際に現在の姿に整備されたのかもしれない。

一方、横浜市保土ヶ谷区岩井町（旧保土ヶ谷町）の横浜清風高校と交差点を挟んで立つ北向地蔵堂にも震災復興を伝える石碑がある。この地蔵は享保2（1717）年に旅の僧によって立てられ、その後修繕のときなどに地蔵の向きを変えても、いつの間にか北向きに戻っているのでその名が付けられたというもので、現在は横浜市地域有形民俗文化財に指定されている。地蔵堂の脇に小さな4つの石碑があり、その一番奥に地蔵堂の震災復興を伝える「再建碑」がある。地震の翌年大正13年8月に石材店や鳶《とび》職人や墓地の茶花店などによって再建されたことが記されている。

図52　横須賀市久里浜2丁目の長安寺にある不動明王像（右）と大震災殃死者供養塔（左）

また、先に「大震災殃死者供養塔」を紹介した横須賀市久里浜《くりはま》2丁目（旧久里浜村）の浄土宗長安寺にある石造の不動明王像も震災復興にまつわるものである。図52のように、現在、不動明王像は祠に安置され58ページで述べた供養塔と並んで立っている。不動明王像は、浦賀との境にある久比里坂《くびりざか》を往き来する人々の安全を願ってもともと坂の途中に祀られていたが、関東大震災で周囲が崩れたために長安寺に移され、昭和5年に覆堂を設けて整備されたものである[89]。久比里坂は浦賀と久里浜を結ぶ道の途中の坂で、地元の八幡村の三富家から東京の峯嶋家に入って財をなした4代目の峯嶋茂兵衛が、故郷の人々の難渋を見聞きして私財を投じて明治4（1871）年に開鑿《かいさく》した道である。坂の途中には現在もその功績をたたえた「浦賀港拓道碑」が立っている。この碑も関東大震災で倒壊して3つに割れ、現在の碑（大正14年11月建立）は7代目峯島茂兵衛によって再建されたものである。

頌徳碑の復旧

様々な分野で人々の功績を刻む頌徳碑《しょうとくひ》は各地に建立されているが、石碑のなかでもひときわ大きく立

図53　藤沢市江の島の奥津宮前の小丘に立つ「曾禰荒助記念碑」

派なものが多く、復旧には多額の費用がかかるのが一般的である。それにもかかわらず弟子などの努力で復活を遂げた頌徳碑にはその旨の追刻があることが多い。横須賀市大滝町2丁目（旧横須賀市）の豊川稲荷下の急な階段の上り口に立つ「武藤松翁頌徳碑」もその一つである。松翁こと武藤松庵は、維新後42世池坊専正《いけのぼうせんしょう》が習いやすく教えやすい花形として定めた「正風体」を全国に普及させた人で、その功績をたたえて家元の43世池坊専啓が明治45（1912）年7月に建立したのがこの碑である。それが地震で倒壊し、震災の翌年大正13（1924）年10月に修復された。背面の下段にそのことが追刻され、再建者として発起人3名を含む19名の有志の名と橘会会員一同と刻まれている。

もう一つの例は、藤沢市江の島2丁目（旧川口村）の奥津宮《おくつのみや》の前面の小丘に立つ「曾禰《そね》荒助《あらすけ》記念碑」である。曾禰荒助は日露戦争中の大蔵大臣としての功績によって子爵に列せられた政治家で、その後伊藤博文の後を受けて朝鮮統監になった人である。湘南の風光を愛し、片瀬に居を置き、明治42年9月13日にこの地で亡くなった。頌徳碑は2年後の9月に立てられたもので、正面には「子爵曾禰君碑」と大書され、その下に行歴が漢文で記載されている（図53）。背面には、「大正十二年九月一日　大震災により破

損し　翌年十一月修理竣工す」と刻まれている。

一方、誰しもが地震で倒れたと思ったであろう巨大な碑が、横須賀市久里浜7丁目（旧久里浜村）のペリー公園にある。「拍理《ペルリ》上陸紀念碑」である。震災直後に出された多くの被害調査報告書に、こぞって「ペルリ上陸紀念碑異状なし」と書かれていることからもその意外さと注目度がうかがえる。この記念碑は明治34年7月14日に米友協会会長で枢密顧問官などを歴任した政治家の金子堅太郎が中心となって、日米で募金を呼びかけて建立したものである[90]。その碑が日米の強い絆を表すように関東大震災ではびくともしなかった。アメリカは震災に際して多大な援助を日本に行い、震災復興に少なからぬ貢献をなした[1]。ところがその約20年後、両国は敵国同士になり、戦況が悪化するなかで記念碑の破壊運動が起こり、昭和20（1945）年2月8日ついに記念碑は倒されてしまう。しかしながら同年8月15日には終戦となり、慌ただしく11月には碑の復元工事が行われ今日に至っている[90]。人間の愚かさは地震より恐ろしいということだろうか。

図54　小田原市江之浦で相模湾の絶景を前に建つ「相翁松碑」

コラム11　松下の誓い

小田原市根府川《ねぶかわ》から旧道（県道740号線）を真鶴方向へ向かうと途中に江之浦集落があり、みかん畑の急傾斜地の向こうに相模湾の絶景が広がる。集落のはずれ、道路の山側に

「相翁松碑《しょうおうしょうひ》」と呼ばれる石碑が立っている（図54）。この碑にまつわる話は「松下の誓い」と呼ばれ立身出世の手本として、小学校の教科書にも掲載された有名なものである。

話は明治17（1884）年にさかのぼる。当時、東京帝国大学の学生であった坪野《つぼの》平太郎、阪谷《さかたに》芳郎、添田《そえだ》壽一《じゅいち》ら3人は、春期休暇を利用して共に東京から熱海への旅行に出かけた。その途上、足柄下郡江之浦村の街道沿いに老松があり、3人はそこで休憩することにした。老松は枝ぶりが良く、またそこからの相模湾の眺めも爽快なものであった。3人はその老松の下で将来を語り合った。そして、「われわれは親の恩恵により学問を修めている身であるが、今また、ここに爽快な景色を見、大いに英気を養うことができた。将来、立身したならばこの地に碑を立てよう」と誓い合った。その後、3人はそれぞれ立身出世を成し遂げた。坪野平太郎は第2代神戸市長、阪谷芳郎は第1次西園寺内閣の大蔵大臣、添田壽一は日本興業銀行初代総裁である。老松の下での誓いから23年たった明治40年3月、3人は約束通り江之浦を再訪し、かつての老松の下に石碑を建立した。

この碑が関東大震災で埋没破損し老松も倒れて枯れてしまった。翌年3人で話し合って復旧した旨が以下のように追刻されている。「大正十二年九月一日、地大いに震う相翁松《あいおいまつ》は顚覆《てんぷく》枯死し、碑は倒れて土中に埋没せり。ここにおいて建碑者三人相謀《はか》りて、原碑を修理し傍《かたわら》に稚松を植えてその成長繁茂を祈り、もって名木追懐の意を表す。大正十三年九月一日　芳郎追記　壽一書」。3人の記念碑は今も相模湾の絶景を望んで立ち続けている。

学校にある震災の碑

「九月一日正午突前《ママ》（然）大地震上下動、最初本村学校より出火、その他数か所より発火のため、全村類焼数軒を残すのみ、死傷者百人以上に達せり」。これは、震災で焼失し、本尊と過去帳のみを辛くも持ち出せた真鶴町真鶴の浄土宗西念寺の過去帳に記された震災時の様子である。本村とは旧眞鶴村、学校とは現在の真鶴小学校である。真鶴小学校の中庭には「震災記念碑」が立てられ、当時の様子を伝えている。それによれば、学校では地震によって校舎が倒壊し火災が発生した。当日は2学期の始業式の日で、幸いに児童は下校後であったが、勤務中の教師4人が殉職、岡田校長は重傷を負いながらも御真影を搬出し命を取りとめた。火災は薬品によるもので、火の回りが早く居合わせたほかの教師も手の施しようがなかった。この碑は昭和4（1929）年9月1日の7回忌に建立されたもので、児童十数名が帰宅後亡くなったこと、校舎が昭和2年に再建されたことなども記されている。

同じ真鶴町の現在は廃校となっている岩小学校（旧岩村）でも校舎が倒壊した。隣接する曹洞宗瀧門寺《りゅうもんじ》に「慰霊碑」がある。この碑は、関東大震災による岩小学校での職員1名・生徒11名の犠牲者の13回忌法要を機に、創立以来非業の死を遂げた関係者の慰霊を目的に、昭和10年9月に建立されたものである。職員の犠牲者は、前年に教師として赴任したばかりの朝倉ヒサで、津波により行方不明になった[91]。さらに周辺の村々での学校の被害を見ると、湯河原町の現在は湯河原小学校となっている土肥《どい》小学校（旧土肥村）は宮上にあり、地盤が強く被害は壁の一部剝落程度であったが、湯河原町の福浦小学校（旧福浦村）や吉浜小学校（旧吉濱村）では、いずれも校舎が倒壊した[92]。

また、藤沢市本町（旧藤澤町）の藤沢小学校でも始業式が終わり、児童がすべて下校したなかで30名の教師が2学期の準備をしていて地震に遭遇した。校舎はすべて木造で裁縫室以外はすべて倒壊してしまった。多くの教師がその下敷きになったが、幸い外に飛び出せた教師の迅速な救出活動により死者は一人も出なかった。そのときの教師一人一人の体験談は、学校の復興の様子などとともに、震災1周年を記念して作成された『藤沢震災誌』[93]に掲載されている。ほかの小学校でも児童がすでに下校したところが多く学校における犠牲者が少なかったせいか、被害の大きさの割には学校に立つ慰霊碑や記念碑は少ないようである。

そのようななかで、鎌倉市腰越5丁目（旧腰越津村）の腰越小学校には運動場を挟んで校舎の正面に立派な記念碑が立っている。碑の正面には「関東大震災記念碑」と書かれ、背面には被災地域全体の被害総数のほかに、「本村被害概要」として、腰越津村《こしごえつむら》の被害がまとめられている。それによれば、被害は神社2棟、仏閣9棟、村の建物4棟、焼失家屋139戸、全潰家屋406戸、死者66人、損害額335万余円などである。腰越津村の供養碑としては、腰越2丁目の真言宗浄泉寺に1周忌に建立されたものがあり（62ページ表2参照）、そこには犠牲者の氏名が全員書かれている。その数は79名で腰越小学校の碑の記載よりも10人あまり多い。腰越津村は明治22（1889）年に腰越村と津村が合併したもので、その意味で腰越小学校の記念碑には腰越地区の被害のみが記されている可能性があるが真相は不明である。

腰越小学校の碑がどのような経緯で建立されたのかはよくわからないが、当時の腰越小学校は通常の尋常小学校とは多少異なる学校であった。『開校120年記念誌』[94]などによれば、腰越小学校は当時、腰越津村立正修小学校といい、大正3（1914）年4月より神奈川県師範学校（現・横浜国立大学）の代用付属校となっていた。これは様々な事情で教育効果が出ない現状を変えたい村や学校側の熱心な誘致に対し、師範学校側が応えたもので、代用付属校となるにあたっては井上保次郎（碑文中では村長）が尽力した。以降、師範学校との契約が終了する昭和4年までの15年間、正修小学校は師範学校の代用付属校として位置づけられていた。碑の建立年は昭和4年11月10日で、代用付属校として最後の年である。一方、碑文には背面上段に「同年十一月十日　大正天皇　賜　詔書　勅精神喚発」との記載がある。同年というのは震災が発生した大正12（1923）年を指し、詔書とは大正天皇が国民に対して出された「国民精神作興ニ関スル詔書」（「国民精神作興詔書」）を指す。碑の建立の日付が7回忌の年の正に詔書が出された日付と一致していることは注目に値する。

国民精神作興詔書

大正天皇により「国民精神作興詔書」が発布されたのは大正12年11月10日で、災禍による帝都の破壊や増大する社会不安を契機に、国民に対して災害後の国力回復への努力や道徳的行為の励行を呼びかけたものである。詔書とは大日本帝国憲法下で天皇の命令を伝える公文書で、『大正震災志』[20]をはじめ、『横須賀震災誌』[21]や『鎌倉震災誌』[31]などでも冒頭にこの詔書が掲載されている。

他の詔書と同様に難解な言葉が並ぶが、要約するとおよそ以下のような内容である。

「私が思うには国家興隆の根本は国民の精神が剛健であるというところにあり、それを養い盛んにすることが重要である。このことは先帝（明治天皇）が天皇家の遺訓を掲げて教育において、その大綱を示されたとおりである（明治23年の「教育勅語」を指す）。今回の災変に遭遇して恐れ憂うるのは、近年学術がますます開け人智は日ごとに進んでいる一方で、浮華放縦《ふかほうじゅう》の習い（うわべばかり華やかで内容のない勝手気ままに振る舞う行為）や軽佻詭激《けいちょうきげき》の風《ふう》（よく考えず、軽はずみに度を失って激しい言行に走る風潮）が生じていることである。今回の災禍は甚大で、文化の再興や国力の振興には国民の精神に待つところが多い。今こそ上下、協戮振作《きょうりくしんさく》（心を合わせ力を一つに奮い立ち）、気を引き締めてかかるときである。そのためには先帝の聖訓に従って実を挙げることである。すなわち綱紀を粛正し悪を正し善を行い、浮華放縦《ふかほうじゅう》を退けて質実剛健を旨とし、輕佻詭激《けいちょうきげき》をいましめて醇厚中正《じゅんこうちゅうせい》（人情厚くかたよらず公正）に帰し、人の道を明らかにして親和を心がけ、公衆道徳を守り秩序を保ち、おのおの責任を尊び、忠孝義勇の美（主君への忠義と、親への孝行、そして正義を守ろうという気持ちから発する勇気を持つ美しさ）を掲げて、博愛共存の精神を大切にし、産業の発展に邁進《まいしん》するとともに、己の利益のみを追求することなく、公共の福祉のためを第一として、国家の興隆と民族の安寧を目指すべきである。私は国民の協力によって国の根本を固め、この大業が押し進められんことを願う。国民よこれに勉めよ」

　この詔書には、天皇を中心とする国家の政治的意図を感じる一方で、震災直後から巷《ちまた》で発せられてきた「天譴論《てんけんろん》」との関係にも思いあたるのである。

天譴論

「天譴」とは「天のとがめ・天罰」を意味するもので、「天譴論」を唱えたのは当時の財界の長老、渋沢栄一であった。渋沢はすでに83歳であったが、周りの心配をよそに「わしのような老人は、こういうときにいささかなりとも働いてこそ、生きている申し訳がたつようなものだ」と述べ、東京に留まり罹災した人々を支援するために、寝食を忘れて救済のために東奔西走した〔1〕。

渋沢の救済活動の特徴は、あくまで民間の立場から「官」でできない迅速で、多様な立場の人へのきめこまかな救済をしようとするものであった。その一つが「大震災善後会」による活動である。「大震災善後会」は震災直後の9月9日に東京商工会議所に約40名の実業家が集まり、渋沢を座長に民間有志による救護・復興に関する組織を提案、11日に貴族院・衆議院議員の有志が加わって結成された。この会の目的は資金配布が必要な事柄の調査と内外の実業家からの寄付金集めであった。集まった資金は、孤児院や労働者のための託児所の設置、罹災外国人への支援などに使われた。

9月9日の東京商業会議所での集まりで座長を務めた渋沢が、「大震災善後会」を提案する際に展開したのが「天譴論」であった。渋沢の談話をまとめた『青淵回顧録』〔95〕にも以下のように記されている。

「天は国民を誡めるためにこうした大事変を起こしたのではないかと思う。世の中押しなべて行き詰って居った。誰かこれを打開しなければならぬ状態に置かれてあった。五十年の昔に拮据《きっきょ》勉励（貧しくとも一生懸命働くこと）した国民も、今や華美に流れ、遊惰に陥り、偏《ひとえ》に各人は自己の満足安逸《まんぞくあんいつ》（自己満足と気楽さ）にのみ走って居った。従って私の常に主張して止まぬ所の、孝悌忠信《こうていちゅうしん》（両親や目上の人によく仕え、真心を込めて偽りのないこと）などは耳を傾けるものは至って少い状態であった」

ここで50年前とは明治維新頃を指している。明治維新後の急速な近代化のなかで、世の中には私利私欲がはびこり、「清く、正しく、美しく」や道徳といった「日本人の心」を軽視した社会になってきていることを憂いての発言である。特に第一次世界大戦後の成金天下を容認する社会へ猛省を促そうとするものであったと思われる。

「天譴論」について、芥川龍之介は「大震に際《さい》せる感想」［96］で、民俗学者の柳田国男は「青年と学問」［97］でこれを痛烈に批判している。趣旨はいずれも、毎日勤勉に働いていて罰を受ける理由がないはずの多くの善良な市民も、震災によって大きな犠牲を払ったではないかというものであった。事実、本書で取り上げてきた震災復興に邁進《まいしん》する多くの人々の姿には、「清く、正しく、美しく」は感じても、「私利私欲」などは縁遠いもののように思われる。渋沢の指摘は、特に「成金天下」にうつつを抜かす政財界のリーダーやそれを擁護容認する知識人階級、さらにはその風潮に流され一喜一憂する市民に向けられたものであったと思われる。

この発言を契機に様々な階層で賛同者が現れた。それらの人々のなかには以前から身の回りに蔓延する悪しき風潮に危機感を覚えた人もいたに違いない。部下に「誠心山」を築かせて自省を促した、横須賀重砲兵連隊の荒城《あらき》連隊長もその一人であったに違いない。また前述の大正天皇が出された「国民精神作興詔書」にも同様の危機感を見て取ることができる。

渋沢は以前から「道徳経済合一説」を主張していた。つまり『論語』をもとに倫理と利益の両立を掲げ、経済を発展させ、利益を独占するのではなく富は国全体を豊かにするために社会に還元すべきだとする姿勢である。その主張から判断すれば、「天譴論」の行き着くところは、「物質の復興」の根本には「人心の復興」が必要であり、社会の様々な面において仁義道徳による行動が本当の復興につながるということではなかったかと思われる。老骨に鞭打って迅速に本当に必要なところに救済の手を差しのべようとした渋沢の震災後の行動そのものが、そのことをよく物語っているように思われる。渋沢が発した「天譴論」は日本人の在りようをめぐって、震災後の社会に一石を投じたことは間違いない。

図55　大和市深見西の市立大和小学校の正門前の運動場脇に立つ2本のイチョウの大木

大和小学校のイチョウ

大和市深見西（旧大和村）にある大和市立大和小学校の正門を入ると、そこに2本のイチョウの大木がある（図55）。右側の植え込みには、「大正十二年九月一日　関東大震災記念樹　銀杏《いちよう》貳本《にほん》」と刻まれた碑（昭和11年9月建立）がある。この記念樹の由来を調べていくと、関東大震災後に日本人の在りようが問われるなかでの教育界の動きが垣間見えるようである。

地震の際、学校では2学期の始業式が終わり児童は帰宅後で全員無事、校舎の被害も比較的軽微であった。そんななかで11月に当時の大和村村長の高下才介が震災復興記念樹として雌のイチョウの苗木2本を寄贈し、校舎裏の用務員室近くに植えた。その後、翌年の3月に高等科2年生62人が卒業式を迎え、その翌日に学校に集まり、先に植樹されたイチョウの苗木2本を、卒業記念として正門前の現在位置に移植した。当時は直径10㎝足らず高さ3ｍほどの木で、これが2本の大イチョウのルーツである[98]。

震災直後の植樹の背景には、震災を通して浮かび上がった教育の問題点についての反省があったようである[99]。世間で展開されていた「天譴論」や大正天皇が11月10日に出された「国民精神作興詔書」とも無縁ではなかったであろう。村長の高下才介がイチョウの苗木を寄付したのも11月のことである。当時の教員で、昭和12（1937）年から第8代目校長となった大矢喜三郎は、『神奈川県教育』の「震災記念号」（大正13年発行）に、「大震災と修身教授について」という文章を寄稿している[100]。その中で、震災において国民が暴露した短所と発揮した長所を指摘し、長所を伸ばし欠点を補うための項目を揚げている。長所として罹災民に対する同情と救護、隣同士の団結、さらには家族愛などを指摘する。一方、欠点として科学知識の乏しさや特に知識階級の人々の責任感のなさ、さらには他民族に対する理解の欠乏や感情激発による妄動などを指摘している。その上で震災を契機として特に注意すべき教材として以下の4点を挙げている。①自治と自頼、②勤倹（勤勉と倹約）と質実剛健の気風、③生活改善、④社会生活と人類の相愛。特に4番目の項目の解説の最後に「人類の相愛協同互助の精神を叩き込むにまた好機たるを忘れてはならぬ」と結んでいるのが注目される。欠点として指摘されたことと考え合わせると、渋沢が指摘した私利私欲に満ちた社会における実業家や政治家の行動や、震災時に発生した朝鮮人虐殺などの蛮行[29]もその背景にあったものと思われる。

イチョウの植樹という行為は、イチョウを大切に育てるということも含めて、「生き物への思いやり」や「責任感の醸成」を育み、さらには発展して「同情心の養成」「家族への愛情」など人類の相愛協同互助に通じるものがあるように思われる。

震災記念として植樹された2本のイチョウは、その後同校のシンボルとなり、90年以上たつ現在でも大切に育てられている。創立100周年の記念誌[98]によれば、毎年1、2年生はイチョウの観察とギンナン拾い、5、6年生は大変なギンナンの種出し作業、3、4年生はギンナン100gの袋詰め作業をし、それらを販売して福祉施設への寄付や、教材や書籍の購入などにあてる伝統が続いているということである。

阪神淡路大震災(平成7年)や東日本大震災(平成23年)後には、防災教育の充実が叫ばれるが、震災時の日本人の行動を通して、普段は気づかない日本人や日本社会の持つ長所と短所とを分析し、次世代を担う子供たちの教育につなげてゆくことも重要ではないかと思われる。大矢喜三郎が述べているように、震災直後はその〝好機〟であるということは昔も今も変わらないはずである。

コラム12　児童救済の足跡

横浜市西区浅間町4丁目（旧横濱市）の横浜市営バスの浅間車庫前の公園に慰霊碑が一基立っている（183ページ表18参照）。この碑の正面には、「木村坦《たん》乎《こ》先生終焉地」と刻まれている。木村坦乎は神奈川県の教師で大正3（1914）年に帷子《かたびら》小学校長の職を辞し、貧しい子供たちのために、その退職金と私費を投じて、浅間町大新田（現在の西区南浅間町）で12畳半の小さな寺子屋式、授業料無料の「鄰徳《りんとく》小学校」を始めた［101］。ところが関東大震災により校舎が倒壊し、その下敷きとなって71歳の生涯を閉じたのである。碑の背面にはそのいきさつが書かれ、建立は大正14年12月、建立者は私立鄰徳尋常小学校となっている。偉大なる教育者の足跡を偲《しの》んで有志により建立されたものでる。

震災は多くの子供たちにも容赦なく降りかかった。その際立ち上がった一人が曹洞宗宝安寺32世住職の村山大仙である。小田原市浜町1丁目（旧小田原町）の小田原愛児園がその証しである。村山大仙の社会事業は明治33（1900）年に、教育の機会に恵まれない子供たちや青年男女のために夜間学校と和洋裁縫院を設立したのが始まりである［102］。その後明治45年に小田原―熱海間の軽便鉄道で置き去りにされていた子供の養育を当時の小田原町長から委託されたのがきっかけとなって、孤児や貧困児の養育に乗りだし、四恩会育児院を設立した。

関東大震災で寺は山門や本堂は焼失したが、大仙和尚やその後を継いだ34世の正道和尚は、本堂再建で資金を集めるくらいなら、震災後困っている子供たちや婦人たちに手を差しのべるのが先決と、30年もの間本堂再建を見送った。そんな大仙和尚が震災の2か月後の11月1日に設立したのが

「小田原乳児保護会」で、後に改称して「小田原託児所」となる。これが現在の「小田原愛児園」の前身である。つまり小田原愛児園は震災復興のために働く市民の子供たちのための託児所がルーツとなっている[103]。

同様に震災後の託児所がルーツとなっている幼稚園としては、東京都墨田区横網町1丁目の江東学園幼稚園がある。こちらは築地本願寺が焼け跡に開設した8つの託児所の一つがもとになっている[1]。どちらも自らの復興を後回しにしてでも行政の手が届きにくい子供や婦人などの弱者を救済した寺院の活動から生まれている。衆生救済を掲げる寺院の在りようを示唆する事例である。

第八章　歴史に学ぶ防災論

筆者が関東大震災の調査を始めて、はや4半世紀になる。本書は震災復興をテーマに神奈川県内の慰霊碑、記念碑、遺構などの最新の調査結果をまとめたものである。筆者の目的はあくまで過去の災害をできるだけ正確に記述し後世に伝えることにあるが、調査の過程で自ら地震防災について考える機会も多く歴史に学びつつ思索を深めてきた。本章では筆者が考える地震防災の要点を述べてまとめに代えることにする。

一　地震と震災

大地震は繰り返す

神奈川県下を歩き回って関東大震災の慰霊碑、記念碑、遺構などを調べていると、同時にほかの地震や水害、高潮などの災害の記録も目にする。それらをまとめたのが表25である。大きく地震によるものと、大雨による水害や高潮によるものとに分けられる。そのうち、宝永4（1707）年11月の富士山宝永噴火による降灰の影響で、酒匂川《さかわがわ》を中心に続発した大水害についてはコラム5で詳しく述べたとおりである。地震についてみると、本書のメインテーマである関東大震災を引き起した大正関東地震と同じく、相模トラフに潜り込むフィリピン海プレートが原因の海溝型地震と見られる地震（関東地震）が、その前に3つある。正応6（1293）年4月13日の永仁地震、明応4（1495）年8月15日の明応関東地震、元禄16（1703）年11月23日の元禄地震である。

表25　神奈川県下で見つけた関東大震災以外の地震や水害、高潮などの災害記録

災害名	発生年月日	西暦	慰霊碑・記念碑・遺構・由緒など
永仁地震	正応6年4月13日	1293年	鎌倉市西御門来迎寺の創建由来（一向上人による）
明応関東地震	明応4年8月15日	1495年	鎌倉市長谷大仏で堂宇破堂などの津波記録『鎌倉大日記』による
江戸時代の四地震			小田原市板橋の本応寺の供養塔（寛永、元禄、宝永、天明の地震の年忌に建立）
天和の高潮	天和元年	1681年	鎌倉市材木座妙長寺の移転由来
元禄地震	元禄16年11月23日	1703年	伊東市行蓮寺・佛現寺・恵境院・鎌田に供養塔、小田原市慈眼寺・伊東市浄信寺・三浦市福泉寺・鎌倉市円応寺の創建・移転由来、小田原市本源寺・山北町深沢・同平山大日堂に犠牲者墓、小田原城・鎌倉円覚寺に再建記録、鎌倉市雪ノ下に崖崩れ跡、同材木座光明寺大殿遭遇し現存
富士山宝永噴火と水害	宝永4年11月から	1707年	南足柄市福澤神社・山北町岩流瀬地蔵堂・松田町三角堤公園に文命堤関連碑や地蔵堂など。山北町に川村土功之碑、川入堰碑、室生神社の湯山彌五右衛門贈位記念碑など湯山家による治水関連碑。開成町に蓑笠之助陣屋跡
天明小田原地震	天明2年7月15日	1782年	山北町香集寺の万霊塔
安政江戸地震	安政2年10月2日	1855年	川崎市高津区宗隆寺宝塔の再建記録。川崎区稲毛神社の倒壊鳥居の台座
安政3年暴風雨	安政3年8月25日	1856年	川崎市高津区溝口神社の水屋再築碑。平塚市八雲神社に関連常夜燈
明治三陸津波	明治29年6月15日	1896年	鎌倉市材木座九品寺に弔魂碑（日清戦争の犠牲者とともに）
明治36年山津波	明治36年10月20日	1903年	鎌倉市材木座千住院に小学生2名の哀悼碑（由比ヶ浜小職員・児童有志）
大正6年の高潮	大正6年9月30日	1917年	葉山町七桶地蔵堂の再建由来
大正9年の水害	大正9年8月3、4日	1920年	山北町落合・地蔵平に慰霊碑

大正9年の大雨	大正9年10月30日	1920年	藤沢市江の島の延命寺の無縁塔
関東大震災	大正12年9月1日	1923年	関連石碑・遺構など555（詳細は本文参照）
北伊豆地震	昭和5年11月26日	1930年	箱根町上水道竣功記念碑、同町恩賜箱根公園西洋館と日本館の被害記録
昭和12年の水害	昭和12年7月	1937年	山北町役場水害復旧記念碑、同町岸道海堀工事完成記念碑
昭和13年の水害	昭和13年6月・7月	1938年	山北町役場水害復旧記念碑、開成町九十間堤の治水の碑
アイオン台風	昭和23年9月16日	1948年	箱根町天成園ホテルの延命地蔵菩薩の由来

永仁地震については、津波堆積物調査などから関東地震の可能性が示唆されている[104]。鎌倉市西御《にしみ》門《かど》1丁目（旧鎌倉町）にある時宗来迎寺《らいこうじ》には、この地震による多数の犠牲者を弔うために一向宗の開祖である一向上人が寺を開いたという話が残っている[105]。またこの地震では建長寺が転覆炎上したという記録もある。なお、地震の発生は正応6年4月13日であるが、その年の8月5日に改元して永仁元（1293）年となったことから永仁地震と呼ばれている。

次の地震は明応関東地震である。『鎌倉大日記』という年代記には、明応4年8月15日に、鎌倉由比ヶ浜の海水が千度壇（鶴岡八幡宮の参道）に至った、水の勢いが大仏殿の堂舎屋を破った、溺死者は200名あまりを数えたという記載がある。『鎌倉大日記』の信憑性や解釈についての議論もあり、長い間この地震の記録は明応7年8月25日の明応東海地震の誤記ではないかといわれてきた。ところが最近の検討により、『鎌倉大日記』の信憑性が見直され、他の資料や津波堆積物調査の結果を総合的に考えると、明応4年8月15日の明応関東地震を否定する要素はないとの見解に至った[106]。このためここでは関東地震の一つとして数えることにする。そのように考えれば、1703年の元禄地震を含めて、海溝型の巨大地震が1293年、1495年、1703年、1923年とほぼ200年周期で、規則正しく神奈川県を含む南関東地域を襲っていることになる。まさに大地震は繰り返してきたのである。

さらに神奈川県に影響の大きいもう一つの地震のグループは、寛永10（1633）年1月21日と天明2（1782）年7月15日の地震に嘉永6（1853）年2月2日の地震を加えたいわゆる小田原直下で起こる地震で、これらの地震に先の元禄16年元禄地震と大正12（1923）年の大正関東地震を加えると、小田原付近はほぼ規則正しく70年余に一度の割合で大地震に見舞われてきたことになる[107]。

表25で江戸時代の四地震と書いたのは、小田原市板橋（旧大窪村）の法華宗本応寺の地震供養塔を念頭に置いてのことである。この供養塔は享和2（1802）年9月23日建立で、小田原をたびたび襲う地震による犠牲者の供養に立てられたものである。台石にある由来文によれば、寛永10年の地震の200年忌、元禄16年の地震と宝永4年の地震の100年忌、天明2年の地震の23年忌法要にあたるという。宝永4年の地震は富士山の宝永噴火の直前10月4日に起こった宝永地震のことである。昔から大地震が繰り返しやってくることはよく知られた事実であったようである。なお、天明2年の地震に対しては山北町向原《むこうはら》の香集寺に万霊塔が立っている。

ところが、ここで一つ注意が必要である。地震被害を詳しく見ると、同じような地震が起こっても震災の程度は必ずしも同じではないということである。その例を以下に示す。

最大の謎

筆者にとって関東大震災の最大の謎は、なぜ震源域から離れた東京で最大の被害が出たかということであった。先に述べたように、関東地震は相模トラフと呼ばれる海溝沿いに震源を持つ地震である。このため、神奈川県のほぼ全域と千葉県の南部は震源域の直上にあたる[8]。ところが東京はそれから外れ、その分揺れも弱かったはずである。それにもかかわらず、全体の死者数約10万5000人のうちの実に7割近くにあたる約6万9000人が東京で命を落としたのである。なぜだろうか？

その謎を解く鍵は、220年前に発生した元禄16（1703）年の元禄地震にあるように思われる。表26は元禄地震に対してわかっている地域ごとの死者数と、ほぼ対応する地域の大正関東地震による死者数を比較したものである[108]。神奈川県やその周辺の山梨県、静岡県（主に伊豆地方）では死者数はほぼ同じか、元禄地震のほうがわずかに多い傾向が見てとれる。千葉県で元禄地震の死者数が多いのは、元禄地震の震源が房総半島の東側まで延びていたために九十九里浜を大津波が襲い、その影響で大量の死者が発生したためである。これに比べて、東京における大正関東地震による桁外れの被害は何に起因しているのであろうか。元禄地震当時の江戸の人口はすでに約70万人もあり、関東大震災当時の東京市の人口約220万人の3分の1にまで達していたし、震源はお互いによく似た地震であり、江戸・東京での揺れ方はそれほど変わらなかったと考えられる。

震災は繰り返すものか？

そもそも表26に示す元禄地震の江戸府内の死者数が正しくないとする見方もある。そこで筆者は元禄地震当時、隅田川の東側に市街地が広がっていなかったことに着目し、関東大震災の東京での被害分布をもとに、もし元禄時代の江戸に大正関東地震が来ていたらどの程度の死者数になったかを見積もってみた。結果は死者628人となった[108]。この結果から元禄地震の江戸府内の死者数340人は、それほどおかしな数字ではないのではないかと考えられる。

もともとデルタ地帯である隅田川の東側、すなわち現在の墨田区、江東区は、元禄地震以前はほとんどが湿地帯で人間が住むことを拒んできた。ところがそれ以降、科学技術の進歩によって堤防がつくられ、埋め立てが行われて、広大な軟弱地盤上に居住地が開かれた。それに伴って多くの人々が身を任せるように思い思いに住み始めた結果、気がついたときには防災上最悪の木造密集地が生まれていたのである。危険な兆候は約150年が経過した幕末の安政2（1855）年に発生した安政江戸地震の時にすでに表れていたが、その後明治に入り、十分な都市改造がなされないままにより一層無秩序な人口集中が進行し、元禄地震から数えて220

表26　元禄地震と大正関東地震の地域別死者数の比較

1703年元禄地震		1923年大正関東地震	
地域	死者数(人)	地域	死者数(人)
甲府領	83	山梨県	22
小田原藩領	2291	足柄上郡・下郡	1624
駿河・伊豆	397	静岡県	444
房総	6534	千葉県	1346
江戸府内	340	東京市	6万8660

年後の大正12(1923)年にその日を迎えたのである。軟弱地盤で増幅された強い揺れが木造密集地を襲い多数の延焼火災の発生を招いて、結局6万9000人もの人々が命を落とすことになってしまった。

科学技術はわれわれに選択肢の幅は広げるが、何をどのように選択するかによって、返って危険にもなってしまう。まさに科学技術の落とし穴である。地震は繰り返しても震災は決して同じようには繰り返さない。なぜなら震災の程度は人間の対応によるところが多いからである。つまり地震は震災の引き金を引いているのであって震災の大きさを決めるのは人間なのだということを、関東大震災の東京の被害はよく表しているのである。

二　共助の条件

被災地から離れた供養堂

今から5年前、筆者は初めて愛知・名古屋の地で生活するようになった。その直後に筆者にもたらされた情報は意外なもので、名古屋市千種区の日泰寺《にったいじ》に関東大震災の供養堂と慰霊碑があるというものであった。なぜ、被害がほとんど出ていない名古屋市に慰霊施設があるのだろうか、さっそく調べてみた。その結果、日泰寺には供養堂が一つと慰霊碑が2碑あり、ほかにも名古屋市東区の東寺町にある日蓮宗照遠寺《しょうおんじ》にも慰霊碑があることがわかった[109]。

図56　名古屋市千種区の日泰寺にある関東大震災の供養堂とその内部

日泰寺の創建は明治37（1904）年と比較的新しく、当時のシャム（現タイ）国王からいただいた仏舎利《ぶっしゃり》を奉安するために、超宗派で建てられた特異な寺院である。当初はシャム（暹羅）と日本の友好を象徴するために日暹寺《にっせんじ》と命名されたが、昭和24（1949）年にシャム国がタイ（泰）国へと改名したのに合わせて日泰寺となった。仏舎利を納めた奉安塔への入り口右側にある小さな御堂が関東大震災の犠牲者の供養堂である（図56）。

前に立つ由来碑によれば、震災発生後すぐに日暹寺では、信徒などを動員して毎日名古屋駅の駅前で東京方面からの避難民を収容し、宿泊もさせて救済に務めた。一方で6名の慰問使を派遣して、東京、横浜を中心に数十の火葬場を弔問、多数の遺骨を拾集して帰山した。以来その遺骨は、供養のため特に鋳造された釈迦仏とともに日暹寺の本堂に安置されてきた。昭和15年4月、慰問使の一人であった小林藤吉が会長を務める万燈会という信徒の会の創立20周年にあたり、記念事業として永く遺霊の冥福を祈るために供養堂が建立された。今でも日泰寺の縁日である毎月21日には御堂の扉を開け、震災記念日の9月1日には供養が行われている。図56には内部の様子も示したが、中央に震災の犠牲者を永遠に供養するための釈迦仏が立ち、台座に関東大震災の文字が書かれている。

情けは人のためならず

日泰寺にはこのほかに、東区蒲焼町《かばやき》（現在の中区錦3丁目付近）の青年会と町役員一同により、百か日法要の際に立てられたと見られる「関東大震災横死者追悼之碑」（大正12年12月12日建立）と「関東大震災惨死者供養塔」（大正15年8月21日）と書かれた慰霊碑がある。後者には世話人、発起人10名と寄付者24名の住所、氏名が刻まれている。住所は中区、中川区、中村区、東区、南区、西区など名古屋市内の広範囲に及んでいる。一方、東区の照遠寺にあるものは、正面に「関東大震災横死者之霊」とあり、右側面には追悼の辞と供養主町内として役員、青年団、各寺院と書かれ、地元住民や寺町の寺院が中心となって建立されたものと思われる[109]。

関東大震災に際しての愛知県や名古屋市の様子は『大正震災志』下巻[66]に書かれている。それによれば、県内への避難民は9月4日午後4時に名古屋駅に到着した300名を皮切りに、9月30日までに総計15万742人に達したとある。これに対して青年会、在郷軍人会、婦人会、信仰団体、社会事業団体などが救護にあたった。また当初避難者に対し名古屋市はとりあえず名古屋駅前広場に大天幕を張って応急宿舎にしたが、その増加にとても追いつけず、寺院、教会、富豪はもとより一般市民も貧者の一燈に至るまで宿舎の提供を申し出る者が後を絶たず、県や市の救護活動上多大の便宜を得たと書かれている。

慰霊碑が建立された経緯についての詳細はわからないが、震災に遭遇した人々に対する県民の同情心は極めて高く、避難民から聞く震災の惨状に、自らも犠牲者への供養をと慰霊碑が建立されたものと思われる。「情けは人のためならず」と国民のほとんどが思っていた時代であり、そうであったからこそ復興が成し遂げられたのだと思われる。関東大震災で全国に散らばった避難民の数は約100万人に達したといわれている[43]。

おそらく名古屋で行われたような一般市民による救済は全国各地で行われたのであろう。筆者が把握しているだけでも、同様の慰霊碑は長野市の善光寺、兵庫県加古川市志方町《しかたちょう》の浄土宗安楽寺、兵庫県西宮市甲山町《かぶとやまちょう》の真言宗神呪寺《かんのうじ》にもある[110]。特に安楽寺にある「関東震災横死供養之碑」の由来は日泰寺の供養堂の由来によく似ている。慰霊碑の背面には、震災から百か日忌に、地元の念仏踊による供養の依頼が東京の加古川出身者からあり、当時14歳から20歳前後の若い女性やその親、親戚など総勢20余名が食料持参で上京、浅草の浅草寺など10か所あまりで、追福のために念仏踊を披露し、数百万の市民が感涙したと書かれている。被災地のあまりの悲惨さに、帰郷した娘たちの一行は、非業の死を遂げた被災者を供養するためにこの碑を建立したのである。心温まる話である。

感謝と希望

情けをかけた人がいれば、情けをかけられた人もいた。ここで私が忘れられない一つの手記を紹介する[111]。筆者は松本ノブさんという震災当時28歳の女性である。夫と0歳の娘と3歳の息子の4人で東

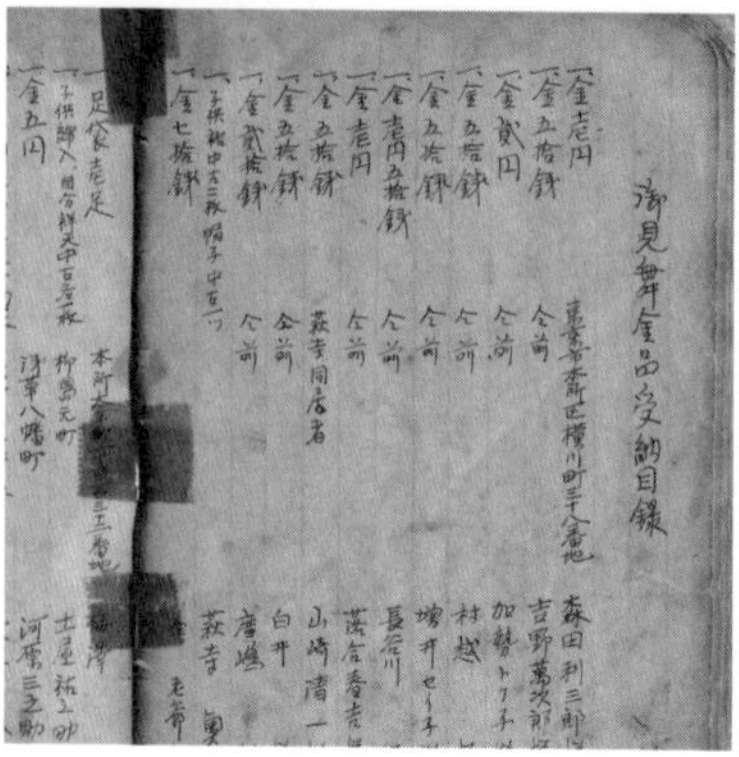

図57　松本ノブさんの書いた手記の表紙と「御見舞金品受納目録」の一部

京・本所の横川橋近くで魚屋を営んでいて震災に遭遇した。この付近は地震直後に火災が発生し火の回りが早く、ご本人はふたりの子供を連れて命からがら現在の江東区亀戸《かめいど》に逃れることができたが、夫は自宅に大事なものを取りに行ったきり帰らぬ人となってしまった。手記は、幼い子供ふたりを抱え、夫とすべての財産を失って途方に暮れるなかで書かれたものである。

　最後に手記を書いた目的が、以下のようにつづられている。「私はこの時の自分の難儀と、人様から受けた御恩は生涯忘れる事は出来ません。及ばずながら受けた御恩の万分の一も返さなければならぬとは、片時も忘れる事はありません。然《しか》し子供はまだ幼年なれば、さ程に強く記憶に残らぬと思い、せめてその時の有様のあらましなりとも子供に語り継いで、人様から受けた御恩に報ゆる様にして貰いたいとの願いから、当時の記憶をたどりつつこれを書いたのでございます」。手記には、さらに続けて震災後多くの人々から譲り受けたものが「御見舞金品受納目録」としてまとめられている（図57）。そこには見舞金だけではなく子供のおしめや古着まであますところなく書かれている。また原文では漢字すべてにふりがながなが振られ、成長するわが子に一日も早く読ませたいという気持ちが伝わってくるようである。

ノブさんの当時の境遇を考えれば、その時点でよく「人様から受けた御恩に報ゆる様に」という気持ちになれたと感心してしまう。おそらくノブさんのみならず当時の人々には、皆が支え合う社会を持続させるための自立心と倫理観が無意識のうちに備わっていたのではないかと想像したくなる。第7章で紹介したように、命拾いをして避難生活が続けられていることや被害が比較的軽微であったことなどを神仏に感謝する人々の意識も同じような気持ちからであろう。

防災ではよく自助、共助、公助が話題となる。自助の足らざるを補うという意味で共助と公助は共通し、原資が国民から集めた税金であることを考えれば公助は共助の一種ともいえる。それでは共助が成り立つ条件は何か。それは各人が利己心を減ずることである。なぜなら人間誰しも利己的な人を助けようとは思わないからである。

利己心が少ないからこそ感謝の気持ちがわき出し、感謝の気持ちから希望が芽生える。関東大震災の復興は感謝と希望から始まったようで、不満と絶望からでは復興を成し遂げることはできなかったかもしれない。

三　防災・減災に向けた注意点

科学技術と安心

「天災は忘れた頃にやってくる」とは、随筆家として有名な寺田寅彦の言葉から導かれた名言だという。寺田が亡くなる直前に書いた『日本人の自然観』〔112〕の中で、日本の自然は慈母の愛も深いが厳父の厳しさも尋常ではない。一方、西洋では慈母の愛も欠乏しているが、地震や台風を知らない国がたくさんあって、厳父の威厳も物足りない。このため、自然を恐れることなしに自然を克服しようとする科学の発達には真に格好の地盤であったろうと述べている。したがって、このような西欧科学の成果を、なんの骨折もなくそっくり継承しているだけでは、日本では天災を回避することはできない。冒頭の名言も、日本の自然に対する西洋科学の限界を背景に、日本では自然との共生を目指す思想が必要だという観点から生まれたものであろう。その際、科学はあくまで適切に利用すべき利器としてとらえるべきだとも述べている。

ところが、寺田の考えとは裏腹に、第二次世界大戦後の日本は西洋科学一辺倒の途を歩んできた。その結果、科学技術はわれわれを幸福にしてくれると信じて、便利なものにはすぐに飛びつく日常生活を送ってきた人も多い。科学技術は万能ではない。地震時にどれほどのものが通常と変わりなく機能を発揮するのか、津波に対する堤防や揺れに対する高層住宅の信頼性などもその対象である。身の回りのものに対し多少心配してかかるのが第一のポイントである。「安心は安全の敵、心配は安全の友」、過去の教訓に耳を傾けることを忘れ、ひたすら科学技術を盲信し、無責任な安心論に惑わされることがないよう、くれぐれも注意が必要である。

守るべきものは何か

地震対策といえば、水や食糧など地震後の生活に必要なものの備蓄を思い浮かべる人も多い。これらは過去の震災で被災し生き残った人々が伝えた経験から生まれた教訓であろう。しかしながら、もっと大切なことは、地震で命を落とした人がどう思っているかを想像すればすぐにわかる。

住宅の倒壊で命を落とした人は住む家の耐震性を考えておけばよかったとか、家具の固定をしておけばよかったとか思っているであろう。津波で亡くなった人は、地震による強い揺れを感じたときにすぐに行動を起こして高所へ避難していればよかった、そのために普段から高台への道筋や、高くて頑丈な鉄筋コンクリート造のビルへの避難の方法を確認しておけばよかったと考えているだろう。関東大震災の東京で3万8000人もの死者を出した陸軍被服廠跡で、自らが持ち込んだ家財道具に引火、火にまかれ亡くなった多くの人々は、火災の際には大八車で荷物を運んではいけないとする昔からの警句を守るべきだったと思っているに違いない[6]。もし彼らがわれわれの前に現れたら、われわれに震災時にはむやみに自動車に頼るのはやめたほうがいいと言うだろう。

つまり、われわれが第一に守るべき教訓は、震災で亡くなった人々が考えていそうなこと、すなわち自分の命を守るということである。それが達成できたら次に大事なことは各人それぞれで違うので自分なりに考えるべきである。その際、意外に気づかないのはお金の知識かもしれない。通常収入があるときはそれほど苦にならないが、もし震災の影響で収入が途絶えたら、毎月の公共料金やカード決済、さらにはローンの支払いなどかなりの重荷になることは間違いない。そのときになって慌てずに適切に手続きが行えるよう、事前に公的支援制度を知っておくことも重要である[113]。

公的支援制度を受けるためには市町村が発行する罹災証明書の取得が不可欠である。これさえあれば、被害に応じて、支援金の支給、弔慰金・見舞金の支給、義捐金の支給などが受けられる。また、住宅ローンや公共料金についても支払いの猶予や免除もそれぞれの機関に相談すれば受けられる可能性が高い。住居に関しても仮設住宅、公営住宅、被災家屋の応急修繕や自力再建にも支援を受けられる制度がある。関東大震災の時代とは雲泥の差の支援制度である。しかしながらこれらはあくまで支援であって、自分の生活再建には自己資金も必要である。そのためには日頃から地震保険をかけておくのもいいのではないだろうか。保険金の使い道は自由であり、当座の生活資金にあててももちろん構わない。

官民問わずどこの機関が示す地震対策も、備蓄品や非常持出品のことが上位に書かれているが、それよりももっと重要なことがないか各自で考えて、重要なことから実行に移すというのが第二のポイントである。

社会で生きる責任

第三のポイントは、自分が社会の構成員として生きているということをあらためて自覚することである。

例えば、震災が発生すると避難所が満員で人手が足りないという話をよく聞く。本当だろうか。避難所に来る人の多くは人手足りえるはずである。そんなところで役所の職員や学校の先生に自分たちの世話をさせていると、罹災証明の発行が遅れたり、子供の教育の再開が遅れたりして、最後に不利益をこうむるのは結局自分たちである。防災では連携の重要性が指摘される。身の回りの人や組織が社会でどのような役割を果たしているかを理解し、自分の行動がそれらの人や組織にどのような影響を与えるかをよく考えることこそ連携ではないだろうか。

一方、市民の防災意識が問われることも多い。都会に住む多くの人々は一般に自然に対する警戒心が不足しているようである。特別な理由もなく平気で液状化の危険性が高い軟弱地盤上に住む人、高潮や津波の危険性を顧みずに海岸近くに不用意に住む人、ひとたび地震が来たときに、それらの人々が大きな被害をこうむるのは必定で、その救済や復興にかかる費用は誰が負担するのであろうか。都市計画にかかわる行政上の問題でもあるが、個人レベルでもわがこととして真剣に考えるべき課題である。

命の問題はさらに深刻である。大地震が来ればそうでなくても皆が大変な状況に陥ってしまう。そんななかで、不用意に命を落とすようなことにでもなれば、自分にとって最大のダメージであるということは言うまでもないが、同時に自分の身の回りの人々にも大きなダメージを与え、時には皆から集めた税金で大きな社会的コストを払わせてしまう。老若男女を問わずいかなる人にもそれぞれに社会的責任があるはずである。たとえ地震によって引き起こされたことであっても、自分の怠慢や不用意な行動によって社会に迷惑をかけてもいいということにはならない。各自の地震対策は自分のためだけにやるのではない。われわれの大切な社会を持続させるためにも必要なのである。

残念ながら地震がいつ起こるかはわからない。関東大震災で大きな被害を受けた鎌倉の建長寺を再建した菅原時保《じほう》老師は、自らが中心となって立てた供養塔の前の碑に、関東大震災の教訓として「人生無常の実際に覚醒《かくせい》すること」と記した。いつ何が起こるかわからないので、できることは先延ばしせずにやっておくこと、地震が起こった際には全力で復旧、復興に取り組む体制を常に整えておくこと。それこそが防災対策で最も重要とされる自助への努力である。その際、けがをしたり命を落としたりしないことが、われわれができる最大の社会貢献であるということも同時に忘れないようにしたいものである。

参考文献

1　武村雅之『関東大震災を歩く――現代に生きる災害の記憶』吉川弘文館、平成24年、全328頁
2　武村雅之、都築充雄、虎谷健司『神奈川県における関東大震災の慰霊碑・記念碑・遺構（その1　県中部編）』科研費報告書（JSPS　KEKENHI　25350496）、平成26年、全100頁
3　武村雅之、都築充雄、虎谷健司『神奈川県における関東大震災の慰霊碑・記念碑・遺構（その2　県西部編（熱海・伊東も含む））』科研費報告書（JSPS　KEKENHI　25350496）、平成27年、全148頁
4　武村雅之、都築充雄、虎谷健司『神奈川県における関東大震災の慰霊碑・記念碑・遺構（その3　県東部編）』科研費報告書（JSPS　KEKENHI　25350496）、平成28年、全210頁
5　諸井孝文・武村雅之「関東地震（1923年9月1日）による被害要因別死者数の推定」『日本地震工学会論文集』第4巻、第4号、平成16年、21～45頁
6　武村雅之『未曾有の大災害と地震学――関東大震災』古今書院、平成21年、全209頁
7　武村雅之、諸井孝文、八代和彦「明治以後の内陸浅発地震の被害から見た強震動の特徴――震度VIIの発生条件」『地震』第2輯、第50巻、平成10年、485～505頁
8　武村雅之『関東大震災――大東京圏の揺れを知る』鹿島出版会、平成15年、全139頁
9　諸井孝文、武村雅之「1923年関東地震における死者発生のプロセス（その2）――旧横浜市での人的被害の発生」『歴史地震』第21号、平成19年、109～116頁
10　横浜市役所市史編纂係『横浜市震災誌』第2冊、大正15年、全198頁
11　歴史地震研究会『地図にみる関東大震災』図録、日本地図センター、平成20年、全67頁
12　葉山郷土史研究会『郷土誌　葉山』第9号、続一色、平成24年、全112頁
13　西坂勝人『神奈川県下の大震火災と警察』警有社、大正15年、全496頁

14　竹内六蔵「大正十二年九月大震災に因る死傷者調査報告」『震災予防調査会報告』100号戊、大正14年、229〜264頁
15　小島直記『岡野喜太郎伝』フジ出版社、昭和42年、全257頁
16　秦野市史編纂室『秦野の自然III――震生湖の自然』秦野市史自然調査報告書3、昭和62年、全155頁
17　厚木市教育委員会『厚木の石造物（記念碑）』、厚木市文化財調査報告第12集、昭和45年、全89頁
18　横浜市『横浜復興誌』第3巻、昭和7年、全953頁
19　松澤武雄「木造建築物に依る震害分布調査報告」『震災予防調査会報告』第100号甲、大正14年、163〜260頁
20　内務省社会局『大正震災志』上巻、大正15年、全1236頁
21　横須賀市震災誌刊行会『横須賀震災誌（附復興誌）』、昭和7年、全336頁
22　茅ヶ崎市『茅ヶ崎市史』4通史編、昭和56年、全747頁
23　平塚市『平塚市制40周年記念誌』、昭和47年、全241頁
24　斉藤匡念『報恩山来迎院阿弥陀寺寺誌稿』（寺誌編纂用資料集）、平成18年
25　横浜市役所市史編纂係『横浜市震災誌』第3冊、大正15年、全650頁
26　O・M・プール著、金井圓訳『古き横浜の壊滅』有隣堂、昭和51年、全218頁
27　今井清一『横浜の関東大震災』有隣堂、平成19年、全305頁
28　『民団新聞』（平成22年4月14日）「〈関東大震災〉虐殺の地に恩人の碑　史跡巡りで確認、友好誓う」
29　中央防災会議災害教訓の継承に関する専門調査会『1923関東大震災報告書』第2編、平成21年、全237頁
30　武村雅之『天災日記――鹿島龍蔵と関東大震災』鹿島出版会、平成20年、全302頁
31　鎌倉町震災誌編纂委員会『鎌倉震災誌』鎌倉町役場、昭和5年、全319頁

32 寺田寅彦『柿の種』岩波文庫、平成8年、全310頁。
33 田中大作「横浜市に於ける被害建築物調査報告」
『震災予防調査会報告』第100号丙下、大正15年、379〜401頁
34 物部長穂「横浜市内道路橋震害調査報告」
『震災予防調査会報告』第100号丁、大正15年、109〜134頁
35 鉄道省『国有鉄道震災誌』、昭和2年、全1207頁
36 中央防災会議災害教訓の継承に関する専門調査会『1891濃尾地震報告書』、平成18年、全212頁
37 武村雅之「1923年関東地震による旧東京市内での各種構造物の被害と震度——〃土蔵の話〃は本当か？」
『日本建築学会構造系論文集』第577号、平成16年、153〜159頁
38 武村雅之『地震と防災——〃揺れ〃の解明から耐震設計まで』中公新書、平成20年、全236頁
39 佐野利器、谷口忠『耐震構造汎論』岩波全書、昭和9年、全176頁
40 田邊平學『耐震建築問答』丸善、昭和8年、全695頁
41 杉山英男『地震と木造家屋』丸善、平成10年、全366頁
42 中央防災会議災害教訓の継承に関する専門調査会『1923関東大震災報告書』第3編、平成21年、全209頁
43 北原糸子『関東大震災の社会史』、平成23年、全370頁
44 復興局『帝都復興事業概観』東京市政調査会、昭和3年、全195頁
45 横浜市史資料室『震災復興と大横浜の時代』平成27年、全120頁
46 横浜市『横浜復興誌』第1巻、昭和7年、全681頁
47 藤原咲平『関東大震災調査報告（気象編）』中央気象台、大正13年、全161頁

48 横浜市『横浜復興誌』第4巻、昭和7年、全909頁
49 中央防災会議災害教訓の継承に関する専門委員会『1923関東大震災報告書』第1編、平成18年、全242頁
50 横浜市役所市史編纂係『横浜市震災誌』第5冊、昭和2年、全664頁
51 横須賀市『新横須賀市史』別編（文化遺産）、平成21年、全1079頁
52 横須賀の文化遺産を考える会『横須賀鎮守府123年の歩み』、平成20年、全68頁
53 吉田律人『軍隊の対内的機能と関東大震災――明治・大正期の災害出動』日本経済評論社、平成28年、全378頁
54 文化振興懇話会（中央地域）『よこすか中央地域　碑を歩く』平成5年、全108頁
55 NPO法人アクションおっぱま『東京湾第三海堡物語、追浜の歴史遺産　見学のしおり』、平成26年、全27頁
56 北原糸子『日本震災史――復旧から復興への歩み』、平成28年、全334頁
57 山北町『山北町史』通史編、平成18年、全1056頁
58 青木貞男「懐旧の文命用水」『開成町史研究』第3号、平成元年、1～18頁
59 秦野市『秦野市史』通史編第3巻近代、平成4年、全806頁
60 秦野市『秦野市史』第5巻近代史料、昭和61年、全943頁
61 清川村教育委員会『清川の伝承』、昭和63年、全222頁
62 小山真人『富士山宝永噴火と土砂災害』国交省中部地方整備局富士砂防事務所、平成15年、全143頁
63 大井町『大井町史』通史編、平成13年、全998頁
64 緒方英彦「土地改良事業に係わる法制度の変遷とその概要」
（鳥取大学農学部講義資料、平成13年　http://muses.muses.tottori-u.ac.jp/faculty/ogata/）
65 長坂村太郎『神奈川県足柄上郡川村震災記念誌』川村役場、昭和2年、全147頁

66 内務省社会局『大正震災志』下巻、大正15年、全836頁
67 山北町文化財保護委員会『山北の石造物』山北町教育委員会、平成8年、全388頁
68 山北町文化財保護委員会『山北の石造物2』山北町教育委員会、平成10年、全23頁
69 歴史地震研究会『地図にみる関東大震災』日本地図センター、平成20年、全67頁
70 葉山郷土史研究会『郷土誌葉山』第8号「続堀内」、平成23年、全126頁
71 三浦市市民の歩みを記録する会『遠い日のふるさと2思い出三浦』、昭和56年、全60頁
72 那波光雄「国有鉄道震害調査報告」『震災予防調査会報告』第100号丁、大正15年、145〜214頁
73 山北町地方史研究会「関東大震災の50周年特集」『足柄の文化』第9号、昭和48年、全55頁
74 川崎市『川崎市史』通史編3近代、平成7年、全471頁
75 武村雅之「東南海地震を歩くin愛知・静岡」『電力土木』第367号、平成25年、3〜9頁
76 鎌倉市市史編さん委員会、『鎌倉市史』近代通史編、吉川弘文館、平成6年、全590頁
77 浪川幹夫「中世鎌倉の烈震と復興——鎌倉時代末期から戦国時代の地震災害と復興の姿」
『鎌倉』第114号、平成25年、16〜35頁
78 川口謙二『日本の神様読み解き辞典』柏書房、平成11年、全510頁
79 神奈川県神社庁『神奈川県神社誌』、昭和56年、全474頁
80 東京都公文書館「昭和四年七月学部長事務引継書」『都史資料集成』第7巻の1、平成20年、515〜541頁
81 東京都公文書館「東京府震災復興概要（昭和5年3月24日）」『都史資料集成』第7巻の2、平成20年、450〜482頁
82 鶴岡八幡宮社務所『鶴岡八幡宮年表』、平成8年、全619頁
83 小坂宣雄『鎌倉近現代史年表稿-明治・大正・昭和』クラフトワーク、平成22年、全318頁

84 報国寺『報国寺』、平成17年、全68頁
85 横須賀市『横須賀市史』資料編近現代II、平成21年、全1075頁
86 浜田勘太『初声の歴史探訪記』三浦の歴史シリーズ1、昭和57年、全293頁
87 今井清一『成金天下』日本の百年5（1912〜1923）、ちくま文芸文庫、平成20年、全532頁
88 平塚市博物館『冬季特別展図録「星々のみちびき――大雄山参道二十八宿灯」』、平成23年、全40頁
89 文化振興懇話会（久里浜地域）『久里浜の寺院と仏像』、平成6年、全82頁
90 横須賀市教育委員会「有形文化財ペリー上陸記念碑」
『平成18年新指定重要文化財等調査報告』横須賀市文化財調査報告書第45集、平成20年、20〜21頁
91 真鶴町『真鶴町史』通史編、平成7年、全860頁
92 足柄下郡教育会『足柄下郡史』、昭和4年、全334頁
93 服部清道『藤沢市史資料』第25集（藤沢震災誌）、藤沢市教育委員会、昭和56年、全167頁
94 腰越小学校『開校120年記念誌　腰越のむかし』、平成5年、全38頁
95 小貫修一郎『青淵回顧録』下巻、青淵回顧録刊行会、昭和2年、全768頁
96 芥川龍之介「大震に際せる感想」『芥川龍之介全集6』岩波書店、昭和53年、182〜184頁
97 柳田國男『青年と学問』岩波文庫、昭和51年
98 大和市立大和小学校創立百周年記念誌部会『創立記念誌　和小百年のあゆみ』、平成15年、全122頁
99 大和市教育委員会『新版　神奈川大和教育史』、平成8年、全616頁
100 大矢喜三郎「大震災と修身教授について」『神奈川県教育』震災記念号、大正13年、108〜112頁
101 西区の今昔・編集委員会『ものがたり西区の今昔』西区観光協会、昭和48年、全426頁

102 小田原市立図書館『小田原市史ダイジェスト版　おだわらの歴史』、平成19年、全239頁
103 望月郁文『宝安寺五百年』、平成5年、全62頁
104 藤原治「津波堆積物から見た関東地震の再来間隔」『地震予知連絡会報』88巻、平成24年、531〜535頁
105 来迎寺『西御門来迎寺　本堂特別参拝・講話（平成26年3月4日）』、平成26年、全17頁
106 浦谷裕明、小川典芳、久永哲也ほか「明応年間の関東地方における津波被害像と明応関東地震について」
『歴史地震』第31号、平成28年、177頁
107 石橋克彦『大地動乱の時代』岩波新書、平成6年、全234頁
108 内閣府元禄地震検討会『1703元禄地震報告書』内閣府（防災担当）、平成25年、全286頁
109 武村雅之「遠隔地に建立された関東大震災の慰霊碑――名古屋市の日泰寺・照遠寺と長野市の善光寺における調査」
『地質工学』第13巻、平成27年、1〜15頁
110 武村雅之「兵庫県西宮市、加古川市における関東大震災の慰霊碑調査」
『中部「歴史地震」研究年報』第5号、平成29年
111 武村雅之『手記で読む関東大震災』古今書院、平成17年、全190頁
112 寺田寅彦「日本人の自然観」『東洋思潮』（昭和10年10月号）岩波書店、昭和10年
113 岡本正『震災復興法学』慶應義塾大学出版会、平成26年、全320頁

武村雅之　Masayuki Takemura

名古屋大学教授、地震学。1952年生。東北大学大学院博士課程修了、理学博士。小堀鐸二研究所副所長、内閣府中央防災会議専門委員会委員、歴史地震研究会会長などを経て、名古屋大学減災連携研究センター・エネルギー防災寄附研究部門教授。

おもな著書に『地震と防災――〝揺れ〟の解明から耐震設計まで』（中公新書）、『関東大震災を歩く――現代に生きる災害の記憶』（吉川弘文館）、『未曾有の大災害と地震学――関東大震災』（古今書院）、『関東大震災――大東京圏の揺れを知る』（鹿島出版会）、『天災日記』（編著、鹿島出版会）など。おもな受賞に日本地震学会論文賞、日本地震工学会功績賞、日本建築学会著作賞、文部科学大臣表彰など。

復興百年誌《ふっこうひゃくねんし》　石碑《せきひ》が語《かた》る関東大震災《かんとうだいしんさい》

2017年9月15日　第1刷発行

著者　武村雅之《たけむらまさゆき》

発行者　坪内文生

発行所　鹿島出版会

〒104―0028　東京都中央区八重洲2―5―14

電話03―6202―5200　振替00160―2―180883

印刷　壮光舎印刷

製本　牧製本

造本　渡邉　翔

ISBN 978-4-306-09448-2 C1020

本書の内容に関するご意見・ご感想は下記までお寄せ下さい。

URL: http://www.kajima-publishing.co.jp/

e-mail: info@kajima-publishing.co.jp

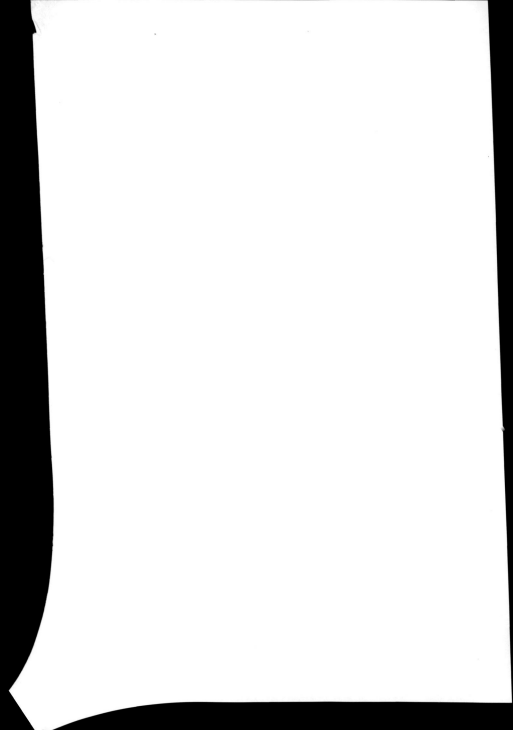